2024
한국경제 대전망

2024

한국경제 대전망

류덕현 · 이근 외 경제추격연구소 편저

21세기북스

추천의 말

● 　미중 갈등으로 인해 세계 경제의 탈동조화 현상이 가속화되고 있고, 미국 주도의 공급망 구조의 재편과 함께 세계 경제의 흐름이 크게 변하고 있다. 더욱 복잡해진 세계 시장 질서에 대한 종합적인 고찰이 반영된 한국경제의 이해와 예측이 필요하다. 이 책은 지난 수년간 우리 경제와 산업의 방향성을 제시해온 지침서로, 정부 정책당국자, 학계, 기업계뿐만 아니라 자산 및 금융 관리에 지혜를 찾는 독자들에게도 큰 도움이 되리라 생각한다.

박상규 | 중앙대학교 총장

● 　저출산·고령화 등으로 인한 잠재성장률의 지속적인 하락 추세와 탈세계화 및 경제블록화 등 급변하는 세계 경제 환경에 직면한 한국경제에 대해 각 분야의 최고 전문가들이 해법과 전망을 제시하는 책이다. 정책당국자와 기업 경영자들에게 적극적으로 추천한다.

황윤재 | 한국경제학회장, 서울대학교 경제학부 교수

● 　국제 경제체제의 지경학적 환경이 지속적으로 악화되는 요즘 주요국들은 다양한 분야에서 자국중심적인 산업정책을 도입하고 있다. 올해로 시리즈 여덟 번째 도서를 출간하는 《2024 한국경제 대전망》이 더욱 알차고 풍부한 내용으로 돌아왔다. 산업, 에너지, 금융, 서비스 부문을 망라하여 우리 경제에 대한 시사점을 다양한 전문가들의 시의성 있는 분석으로 진단한다. 2024년을 준비하는 산업계 및 관심 있는 독자들에게 일독을 권한다.

안덕근 | 통상교섭본부장, 서울대학교 국제대학원 교수

● 2023년도 어김없이 새로운 도전에 직면하고 이를 극복하는 시간이었다. 한 치 앞을 볼 수 없는 어려운 세상이 되었지만, 매년 계절이 바뀌는 이즈음 나오는 《한국경제 대전망》 시리즈가 기다려진다. 대한민국 석학들의 분야별 전망은 불확실한 내년을 미리 생각해보고 혜안을 갖게 한다. 그럼 점에서 이 책은 한국경제에 대한 방향과 흐름을 잡는 데 도움을 주는 필독서다.

신용화 | 고려해운 대표이사

● 오랜 기간 경제 콘텐츠를 다루며 수많은 경제 전망을 듣다 보면 얼마나 허망하게 그 예측이 빗나갔는지도 지켜보게 된다. 결국 사람이다. 누가 더 성실하고 진정성 있는 자세를 견지하며 경제를 다루느냐에 따라 판이한 결과를 낸다. 《2024 한국경제 대전망》의 최고의 전문가들은 각 분야를 총망라하여 간명하고도 깊이 있는 분석을 제시하고 있다. 이 책이 2024년 우리의 결정과 실행에 의미 있는 준비가 되길 바란다.

김동환 | 《삼프로TV_ 경제의신과함께》 의장

● 변동성이 커져가는 금리, 물가, 환율이라는 3고의 파고를 어떻게 슬기롭게 넘느냐가 2024년 새해 경제의 불확실성을 해소할 열쇠가 될 것으로 생각된다. 특히 새로운 세계 경제 질서의 흐름과, 기존 이론으로는 이해하기 어려운 변화가 일상적으로 발생하는 현실이 새로운 노멀을 형성해 나가고 있다. 이 책은 큰 변화의 흐름과 미세한 변화를 놓치지 않고 잘 따라갈 수 있는 가이드서이다. 새해 경제 전망을 가늠해볼 수 있는 각 분야의 핵심만을 집대성하여 독자들에게 다양한 지식과 인사이트를 주기에 충분하다. 내년도 사업 계획을 세우고 준비하는 이 시기에 반드시 읽어봐야 할 책이다.

서지훈 | 한화손해보험 기업보험부문장/부사장

한국경제, 봄은 오는가

│ 춘래불사춘春來不似春, 無노멀의 시대

코로나 팬데믹이라는 겨울이 끝나고 물리적으로 자유롭고 활기찬 봄이 오기를 기대했다. 금리와 물가는 낮아지고 중국경제는 충분히 회복되고 우리 경제의 주된 수출상품인 반도체 경기가 되살아나기를 기원하였다. 정점이나 저점에 달했으니 예전처럼 이제 곧 반전되고 정상화되리라고 모두가 희망하고 기대했지만 그 희망은 2023년에도 이미 한번 우리를 배신한 바 있다. 2024년도 마찬가지다. 고금리 상황의 끝이 보이지 않고 이미 오른 금리가 언제 다시 낮아질지 예측하기 어렵다. 한번 깨진 저물가 시대가 쉽게 돌아올 것 같지도 않다. 기대했던 중국경제의 회복도 충분하지 않고 미중 갈등은 그 형태와 표현만 달라졌을 뿐 세계 질서의 상수로 깊숙이 자리를 잡아버렸다. AI가 변화시키고 있는 반도체시장의 구조 변화가 예전과 같은 하락과 반등의 사이클을 어떻게 변화시키고 있을지도 판단하기 어렵다. 이런 정황으로《2024 한국경제 대전망》의 핵심 키워드를 춘래불사춘春來不似春으로 잡았다. 팬데믹 이후 봄은 왔지만 봄기운을 제대로 느낄 수가 없는 것이다. 이런 상황에서 정부라도 나서서 따뜻한 불을 지펴 온기를 느끼게 해줘야 하는데 도무지 그런 정황이 느껴지지 않는다.

글로벌 금융위기 이후에 우리는 이른바 뉴노멀의 시대를 경험했다. 그런데 뉴노멀이 한 번에 그치지 않고 반복되면 無노멀이 된다. 코로나 경제위기가 지나고, 인플레이션과 금리 인상의 끝도 보인다지만, 겨울이 지나고 봄이 와도 과연 그 봄이 예전의 봄과 같은 것인지 알 수 없는 시대가 되고 있다. 세계 경제에도 어쩌면 기후 변화가 발생하고 있는지 모른다.

無노멀이란 초불확실성이다. 경제정책에서는 수출 회복만 기다리지말고 내수를 키워야 하고, 자산시장에서도 시장 회복에 운을 걸지 말고 거시건전성을 손보아 두어야 한다. 미국이 산업정책을 부활시키며 제조업 투자 회복의 동력으로 삼고, 유럽이 기후 변화 대응을 혁신투자의 테마로 전환시키고 있으며, 일본은 임금 인상과 소비의 선순환을 통해 내수 회복을 기대하고 있다.

작은 나라일 때야 뾰족한 수가 없으니, 대외환경의 개선을 기다릴 수밖에 없었다. 한때 우리 경제를 천수답 경제라고 했던 것은, 유가나 수출경기에 우리 경제의 안정성과 활력이 좌우되었기 때문이다. 하지만 한국은 세계 10위권의 경제대국이고 세계 5위권의 제조업 강국이다. 그동안 글로벌 기업도 세계적인 산업도 많이 키웠다. 가뭄에 비가 오면 좋지만 그것만 기다릴 필요는 없다. 안정적인 통화정책으로 건전성을 관리하면서 적극적인 재정정책으로 내부에서 엔진을 돌릴 수 있다. 無노멀 시대가 온다면 봄이 와도 봄 같지 않을 수 있다.

2024년 3개의 분기점:
금리와 물가, 중국경제의 회복, 반도체

2024년 한국경제 전망에 가장 중요한 변수이자 모니터링의 포인트는 금리와 물가, 중국경제의 회복, 그리고 반도체 시장의 회복이다.

먼저 금리와 물가. 한국의 금리정책은 물가를 통화정책 목표인 2%대로 안정화시키는 과제, 미국과의 금리 차이가 불러 오는 긴장관계 해소, 시한폭탄과 같은 가계부채 관리, 거시경제 하방리스크 관리 등을 모두 고려하여 풀어야 하는 고차원 방정식이다. 2024년에 미국의 금리가 완화 기조로 간다 하더라도 우리가 쉽게 따라갈 수 없는 문제가 바로 높은 수준의 가계부채 때문이다.

미국 금리정책과 관련하여 중요하게 고려해야할 할 거시경제학의 논쟁이 하나 있다. 바로 미국의 중립금리 상승 논쟁이다. 중립금리란 경제를 뜨겁게도, 차갑게도 하지 않는 적절한 기준금리 수준이다. 미국에서 긴축 통화정책을 충분히 펼쳤음에도 불구하고 물가와 고용시장이 여전히 견조한 것은 바로 중립금리의 상승 가능성 때문인 것으로 보는 시각이 존재한다. 즉, 기준금리가 중립금리보다 높다면 향후 경제는 위축되는 것이 자연스럽다. 그러나 중립금리가 상승하여 현재의 기준금리보다 높다면 현재의 금리 수준이 충분히 긴축적이지 않은 것이 된다. 미국 연준의 강도 높은 긴축에도 불구하고 경제가 잠재성장률을 웃도는 것은 중립금리가 상승했기 때문에 현재의 기준금리가 충분히 긴축적이지 않다는 것이다.

두 번째 키워드는 중국경제의 충분한 회복 여부이다. 이미 미국과 중국의 경쟁 그리고 이로 인한 지정학/지경학/글로벌 금융체제의 경쟁은 세계 경제 질서의 상수가 되었다. 달러패권의 누수화, 중국 위안화 결제 비중 확대 및 중국 주도 국제은행 간 결제망 CIPS Cross-Border Interbank Payment System 등장, 미중 간 지정학적 갈등 요인은 지속될 전망이다. 작년 발간된《2023 한국경제대전망》에서는 미국과 중국의 경쟁으로 인한 천하양분의 세계 경제에 대해 논의하였다. 중국경제가 일견 주춤해 보이는 것은 사실이지만 이것이 중국경제의 몰락이나 미국 및 서방의 일방적인 주도를 의미하는 것은 아니다. 여전히 미국경제의 75% 규모에 달하는 중국경제와 중국주도의 제조업 가치사슬이 건재할 것이다. 다만 미국 내에서 중국과의 경쟁과 갈등으로 인해 기업이나 국민들이 느끼는 피로감이 늘고 있다. 향후 미국 경기가 침체국면으로 접어든다면 미국정부는 대중 압박의 속도를 조절할 수밖에 없고 양측 모두 갈등 수준 관리에 나설 가능성이 높다. 현 수준의 체제경쟁이나 상호견제와 규제의 범위와 높이가 강화되기보다는 약화되는 방향으로 작용할 것이다. 하지만 2024년 11월에 있을 미국 대선정국에서는 다시 한번 더 중국 봉쇄 및 중국 견제가 중심 의제로 등장할 개연성이 있어 상호견제 약화를 장담하기는 어렵다. 2024년에도 미중 G2의 치열한 경쟁과 갈등은 세계 경제 환경을 형성하는 가장 중요하고도 본질적인 요인이고 이러한 과정 중에 중국경제의 회복 여부는 한국경제 회복의 중요한 키 중 하나이다.

세 번째 키워드는 한국경제에 가장 중요한 산업인 반도체 산업의 경기회복 여하이다. 한국 반도체 산업은 메모리 반도체 시장에 특화되어 있어 글로벌 경기 침체, 스마트폰의 추세적 판매 감소, 서버 고객들의 재고 과다 축적 등으로 2023년 큰 폭의 적자로 전환되어 막대한 손실을 보고 있다. 한시라도 빨리 적자 탈피가 필요하며 메모리에서 벗어난 혁신 신제품 개발 및 산업 확장을 모색해야 하는 시기이다. 2024년 글로벌 반도체 업계는 세 가지 새로운 국면과 마주칠 것이고 한국 반도체 산업이 어떻게 대응하느냐에 따라 성패가 달려 있다. 이는 내년 이후 한국경제 성과를 흔들 중요한 전망의 전제가 되기도 할 것이다. 첫째, 영국 반도체 설계자산 기업인 Arm의 상장으로 인해 Arm

기술 활용이 예전처럼 쉽지 않을 수 있다는 것이다. 둘째, 미국 CHIPS 법안으로 반도체 공장 건설을 둘러싼 미국 정부와의 줄다리기가 예상된다. 셋째, 미래 반도체의 핵심수요처인 AI에서 발생하는 수혜를 한국 반도체 산업이 어느 정도 받을 수 있을 것인가 하는 것이다. 한편, 일본에서는 잃어버린 30년 동안 고용과 설비투자를 동시에 달성할 수 있는 산업이 없었다. 하지만 최근 미중 갈등으로 인한 반도체 분야에 대한 관심이 일본에 대한 해외기업들의 투자로 이어질 가능성이 높아 이런 추세가 역전될 가능성이 높다. 만약 TSMC, 인텔, 마이크론, 삼성 등 반도체 제조기업이 일본에 투자하고 일본 내 관련 기업들의 설비투자가 이루어지면서 양질의 고용 창출과 높은 수준의 임금을 통한 소비 촉진이 일어날 경우 일본이 직면한 총수요 부족 문제가 일거에 해결될 가능성이 높다. 이처럼 한국과 일본 모두에게 2024년 반도체 산업의 회복은 경제의 중요한 모멘텀이 될 것이다.

〈2024 한국경제 대전망〉에 담긴 글

이 책은 총 28편의 글이 비슷한 성격의 글과 함께 묶여 5개의 장으로 구성되어 있다. 각 장들은 글로벌 산업환경의 변화, 국내 자산시장 전망, 한국 산업(이른바 K-산업)의 전망, 정책환경의 변화, 그리고 세계 경제의 동향과 전망 및 한국경제 전망으로 구성되어 있다. 각 장별 내용을 간략하게 소개하면 다음과 같다.

먼저, 1장은 새로운 세계 경제 질서의 변화에 대한 새로운 전략을 논의하고 있다. 이를 한 마디로 요약하자면 시장의 퇴조와 국가의 귀환이다. 이러한 관점에서 미국과 중국의 경쟁과 갈등, 그리고 새로운 지정학과 지경학을 논의하고 있다. 아울러 세계 경제 시장의 질서의 변화와 전망을 탄소중립과 에너지 안보라는 측면에서도 논의하고 있다. 미국을 위시한 서방의 중국과의 체제 경쟁과 갈등을 다룰 때 최근 많이 사용하는 용어는 디리스킹이다. 세계 경제 질서를 보호주의 진영화로 파악하고 이것은 미국이 주도하는 글로벌 밸류체인GVC의 수정된 형태인 신뢰가치사슬TVC로 투영되어 나타난다. TVC하에서 디리스킹을 바라볼 때 한국의 산업과 가장 밀접한 분야가 바로 반도체와 배터리 산업이다. 결론적으로 반도체 분야는 미국이 강력하고 배터리 분야는 중국이 강력하다. 한국기업은 두 분야 모두 경쟁력이 있다. 그러므로 디리스킹 논의에서 한국기업이 중요한 역할과 실리를 챙길 공간이 충분히 있는 만큼 전략적 선택이 중요하다

2장은 지속되는 고금리 상황에서 양극화되어 가는 자산시장을 다루고 있다. 우선 통화금융정책의 운용 방향은 그 어느 때보다 험난할 것으로 전망된다. 앞서 언급하였듯이 미국 연방

기금금리와 한국의 기준금리와의 격차가 2%p 차이가 나는 현실에서 고려해야할 것들이 많아 통화금융정책의 운용폭이 매우 좁은 것은 사실이다. 금리를 내리는 것도 그렇고 올리는 것도 그렇고 그 어떤 것도 한국은행으로서는 선뜻 선택하기가 쉽지 않다. 이런 상태에서 가계부채를 안정적으로 관리하면서도 부동산시장이 재점화되지 않도록 하는 운영의 묘가 필요하다. 주식시장은 봄이 오려면 아직도 멀었다. 한국 코스피는 여전히 2500 포인트의 박스권에서 장기적으로 횡보할 전망이다. 하지만 이런 와중에도 성장주에 대한 발탁은 의미가 있을 것이다. 그런데 성장주 투자에는 높은 변동성이라는 리스크를 감수해야 한다. 2024년 주식시장은 숲보다는 나무를 잘 고르는 안목이 필요하다. 2020년대 미국경제의 뉴노멀은 고금리·고물가·고성장으로 특징지워지는데 이 흐름은 당분간 지속될 수 있다. 채권시장 투자자들은 장기금리 하락에 대한 자본차익을 기대하기보다는 2008년 이후 최고 수준까지 높아진 이자수익, 즉 채권투자의 본질에 집중하는 것이 필요하다. 부동산시장은 주식시장과 마찬가지로 비수도권과 수도권의 양극화와 수도권 내에서의 양극화가 진행될 것이다. 가상화폐시장의 경우 세계최대 자산운용사인 블래록의 비트코인 현물 ETF 상장 승인 여부가 최대 관심사이다.

3장은 불확실한 경제 여건 속에서도 약진하는 특정 한국산업에 대한 전망이다. 한국의 대표산업으로 간주되어 이른바 K

자 별칭이 붙은 분야인 콘텐츠, 방위산업, 반도체, 전기차 배터리 전문가들의 2024년 시장 전망과 위기 극복 방안 등이 담겨 있다. 콘텐츠 산업에서 영화(와 극장) 산업의 위기는 어떻게 극복할 수 있을지, OTT 등장과 영화산업의 공존은 가능한지, 좋은 콘텐츠 공급 못지 않게 이를 담는 구조의 문제 등에 대한 고민을 해야 한다. 러시아-우크라이나 전쟁의 특수로 한국 방산 제품에 대한 수출은 큰 폭으로 증가하였다. 하지만 이런 추세가 지속될 것을 기대하기는 어렵다. 대신 한국의 방위산업이 수출주력 상품으로 자리매김하기 위해서는 새로운 수출 방식에 대한 고민, 전략적 산업으로 육성하기 위한 정책과 혁신 노력이 필요하다. 글로벌 전기차시장의 급성장으로 한국 배터리 산업의 성장세는 2023년에 이어 2024년에도 지속될 것으로 전망된다. 하지만 중국 업체들과의 치열한 경쟁에 이기기 위해서는 배터리 광물에 대한 확보와 전기차 완성 업체들 간의 협력이 필수적이다. 한국기업의 리쇼어링의 조건도 논하고 있다. 너무나 당연한 일이지만 집 나간 기업이 돌아오기 위해서는 한국 자체가 투자처로서 매력적인 환경과 조건이 되어야 한다는 것이다. 중앙과 지방정부의 탄력적 인세티브 제공과 아울러, 복귀한 기업이 산업 생태계에 대한 기여를 어떻게 할 수 있을지 제도적으로 고려해야 한다. 미국과 중국에 이어 우리나라는 초거대 생성형 AI 생태계가 구축된 3개 나라 중 한 곳이다. 이는 또 다른 K-산업으로의 가능성이 높은 분야라고 할 수 있는데 초거대 생성형 AI가 글로벌 국가 대항전의 양상으로 진행되고 있는 즈음 어떤 제도적 지원과 생태계 환경 조성이 필요한지를 논의한다. 기업에서 시작된 혁신의 노력이 정책과 만날 시간이 다가오는 것이다.

4장은 ChatGPT, EGS와 기술혁신, 외국인 노동자 활용과 이민의 문제, 그리고 올 한해 정책계를 뜨겁게 달구고 있는 세입 결손을 다루고 있다. ChatGPT로 인해 일자리 감소가 심화될지 아님 이로 인해 새롭게 창출될 일자리가 많을지는 4차산업 혁명과 일자리 문제와 유사한 범위를 가지는 주제이다. ChatGPT와 같은 생성형 AI 기술이 기회의 창이 되기 위해서 필요한 것이 무엇인지를 노동시장의 분석에 입각하여 다루고 있다. 유럽발 ESG 규제는 2024년 우리 기업 환경에 거세게 몰려올 가능성이 크다. 이에 대비하기 위해서는 우리 기업의 연구개발과 기술혁신이 소중하다. 즉, ESG 규제에 대해 능동적으로 대처하고 ESG 규제의 위기를 기회의 창으로 변경하여 오히려 시장 확대의 기회로 삼는 전략이 필요하다. 외국인 노동자 문제를 보다 근본적으로 외국인 이민자 정책으로 전향적으로 볼 필요가 있다는 시각의 글도 참조할 만하다. 노동시장의 양극화, 수도권과 비수도권의 격차 확대, 저출산 고령화 등으로 외국 인력 수요는 더욱 커지고 있다. 하지만 외국 인력 문제를 이민의 문제를 결부시키기 위해서는 서구 사회가 겪었던 이민자와의 사회문화적 갈등 및 동화정책에 대한 충분한 선행학습과 사회적 합의가 필요하다. 인력부족에 대한 대응으로 외국 인력 문제는 단기적인데 반해, 인구 변동에 대응한 중장기 이민 전략은 장기적인 과제이므로 이를 논의하는 사회적 담론이 필요하다. 세수오차란 정부와 국회가 확정한 예산안의 세입과 실제 걷히는 세입의 차이를 말한다. 예산안보다 많이 걷히면 초과세수, 적게 걷히면 세입결손이다. 세수오차 그 자체는 정부의 재정 운용에 제약이 되기도 하지만 행정부와 국회의 재정권한 배분이라는 맥락에도 큰 문제가 된다. 2021년과 2022년은 큰 규모의 초과세수로 61.4조 원과 52.5조 원이 예산안보다 더 걷혔으며 오차율로는 21.7%와 15.3%를 기록하였다. 2023년 올해에는 그 반대로 59.1조 원의 세수결손(오차율 14.8%)을 보일 것으로 전망되고 있다. 무려 3년 연속으로 대규모의 세수오차가 발생한 것이다. 왜 이렇게 대규모의 세입결손이 생겼는지, 이럴 경우 어떤 문제가 생기는지에 대한 논의도 매우 흥미롭다

마지막 5장은 세계 경제와 한국경제에 대한 전망이다. 전세계 GDP를 기준으로 4등분하면 대략 미국, 한국/중국/일본, 유럽, 그리고 나머지 국가들이 1/4씩 전 세계 GDP를 차지하고 있다. 이들 국가들은 통상《한국경제 대전망》에서 늘 챙겨보는 국가와 경제권들로 올해의 경제현실과 내년도 전망을 담아 보았다. 미국의 내년 대선, 중국의 중국정점론Peak China 논의, 유럽의 탄소중립 주도 노력과 ESG 규제, 일본경제의 비상 가능성 등에 대해 논의할 뿐만 아니라 몇 년 안에 세계 3위의 경제대국으로

비상하는 인도경제에 대한 전망을 하였다. 한국경제는 반도체 산업의 회복 여부, 중국경제의 안정세, 그리고 가계부채 문제 등이 중요한 전제가 될 것으로 전망하였다.

《2024 한국경제 대전망》 시리즈 활용법

이 책은 매우 다양한 시각과 입장을 가진 34명의 독립적인 전문가들이 자기 관점과 연구 결과를 담아 작성하였다. 편집위원회의 편집 과정을 거치긴 했지만 필자들의 글에 대해 최대한의 독립성을 존중하고 전문성을 보장하려고 하였다. 개별 필자들의 전문성과 개성을 발휘하면서도 하나의 전망서가 될 수 있도록 편집위원들은 최선을 다했다. 그렇지만 개별 필자들의 전문분야뿐 아니라 이론적, 정치적 스펙트럼이 다양하기 때문에 모든 글은 해당 필자의 판단과 책임 아래 출판되는 것이며 글에 대한 판단은 독자의 몫이다. 경제추격연구소는 필자들의 전문성을 독자와 연결하는 공간을 제공하는 데 역할을 한정하였다.

글쓴이 34명을 살펴보면 국내외 대학교수, 경제연구소와 연구원, 중앙과 지방정부 공무원, 기업의 현장 전문가 등 매우 다양하다. 한국경제 대전망은 순서에 맞게 차려서 나오는 정찬식이기 보다는 뷔페식이다. 원하는 것을 골라서 맛볼 수 있다. 하지만 하나하나 다 맛보기를 강력하게 추천한다.

이 책의 필자들만큼이나 독자들의 요구도 다양하다고 믿는다. 독자들 중 정책전문가들은 현실 실물경제(자산시장, 산업, 지정학 지경학 등)에 대한 이해를 높일 수 있고, 실물경제 전문가들은 도저한 세계경제의 흐름과 정책에 대한 이해도를 높일 수 있으며 전문적 식견을 추구하는 시민과 학생들은 국내경제의 흐름과 글로벌 시각에서의 세계 경제의 흐름을 체계적이고 종합적으로 캐치할 수 있다. 한 권의 책으로 복잡한 세계 경제 질서의 변화와 이와 유기적으로 연결된 한국 산업과 기업에 대한 전망까지 아우를 수 있는 책은 흔하지 않다.

2024년에도 여전히 어려운 경제 환경이 펼쳐질 가능성이 높다. 그렇지만 그 어떤 역경도 이겨내는 DNA를 가진 우리 국민들의 저력과 기업인들의 용기 그리고 책임감을 가지고 혁신을 이끄는 공공부문 종사자들의 노력을 기대해 본다. 이 책이 담고 있는 글들이 작은 도움이라도 되었으면 좋겠다. 무려 8년 동안 굳건하게 《한국경제 대전망》 출판을 맡아주신 21세기북스의 김영곤 사장님과 강문형 편집자님께 감사드린다.

2023년 10월
필자들을 대신하여,
류덕현, 이근, 지만수, 오철, 박태영, 정문영, 정무섭

2024

CONTENTS

1장
새로운 경제 질서의 서막

2장
지속되는 고금리, 양극화되는 자산시장

3장
K-산업의 전망과 새로운 기회

4장
2024년 핫 이슈와 정책 대응

5장
2024년 주요국 경제의 핵심 변수

1장

새로운 경제 질서의 서막

세계 경제 질서의 변화에 대한 새로운 전략이 필요한 2024년

오철

상명대학교 글로벌경영학과 교수

전략Strategy과 전술Tactics이라는 용어는 본디 군사학에서 유래했지만, 현대 경영학에서 기업과 정부를 비롯한 여러 조직의 의사결정을 표현할 때 흔히 사용하는 용어가 되었다. 기업의 경우는 실행에 대한 기안을 하고, 전산 시스템을 설계하고, 고객을 응대하고, 광고를 하는 일 등이 전술에 해당한다. 기업의 일상적인 활동과 시급하게 벌어지는 일들을 어떻게 처리할까에 대한 의사결정이 전술의 영역이다. 반면, 전략은 장기적이고 근본적인 계획을 의미한다. 미래에 대한 변화를 읽고, 현재의 상태보다 더 나은 방향을 제시하고, 다가오는 위험을 피할 수 있는 일련의 계획이 바로 전략이다.

국내외의 큰 경제적 변화의 흐름을 읽지 못해 전략을 잘못 세우는 경우, 한 국가에 속한 기업과 개인이 아무리 훌륭한 전술을 수행한다고 해도 그 변화의 파고를 넘지 못해 실패하는 일이 흔히 발생한다. 1987년 노동자대투쟁시기 이후 2년 동안 생산성의 2배에 이르는 임금 상승이 급격히 일어났고, 그 흐름을 제대로 읽지 못한 부산의 수많은 신발 제조업체들이 도산했다. 1997년 11월 시작된 IMF외환위기는 기준금리 30%라는 고 이자율의 경제 상황과 급격한 불황을 가져왔다. 이후 2년 동안 한국의 30대 대기업 중에서 3분의 1이 파산했고, 재계 서열 2위의 대우그룹은 해체되었다. 기업과 개인, 더 나아가 국가적 차원에서도 경제적 변화를 읽고 그 흐름에 대비하는 전략을 세우는 일이 경제 질서의 변혁기에는 더욱 중요하다. 바로 우리가 거시경제를 배우고 경제를 흐름을 읽으려는 이유이다. 아무리 훌륭한 전술을 구사해도 전략에 실패하면 결국 실패하기 마련이다. 전략은 전술이 어떤 곳을 지향해야 하는가를 알려주는 나침반의 역할을 하고, 전략이 정해지면 전술은 그 방향으로 향하면서 서로 유기적으로 연결되어야 한다.

현재 세계 경제 질서는 '그 이전과는 매우 다른' 변화의 흐름을 보이고 있다. 그리고 그 변화는 속도도 빠르며 매우 복잡한 변수를 내포하고 있다. 그 흐름은 여섯 가지 정도로 정리될 수 있다. 첫째, 세계적인 시장경제의 퇴조 현상과 국가주의 부활의 경향이다. 팬데믹이 종료되면서 세계 경제가 2019년 이전으로 돌아갈 거라는 일반적인 예상과는 달리 경제 회복은 부진하고 글로벌 인플레이션이 미국과 EU를 중심으로 발생했다. 이에 서방의 주요국가들은 통화정책은 긴축으로 가지만, 팬데믹 이후 확립된 확장적인 재정정책은 지속해왔고, 이런 기조는

2024년에도 계속될 것이다. 2024년 미국과 EU 모두 엄청난 규모의 재정정책을 예고하고 있다. 또한, 2022년 시작된 러-우 전쟁 이후에 미국이 국가안보를 내세우면서, 러시아와 중국을 배제하는 공급망을 확립하기 위한 정책으로 급격히 전환화고 있다. 결국 세계 경제의 흐름은 당분간 시장의 역할보다는 국가의 역할이 강화되고 세계화는 후퇴하는 방향으로 가게 될 것이다. 둘째로, 미국과 유럽에서 '산업정책'이 부활하는 현상이다. 원래 산업정책은 신자유주의 경제 질서하에서는 오랫동안 정책 순위에서 밀려나 있었고, WTO 국제 무역 규범에서 산업정책은 특히 서구에서 약간은 금기시 되어왔다. 하지만, 팬데믹과 러-우 전쟁을 겪으면서 돌발 상황으로 인한 공급망 단절이 얼마나 위험한지 새롭게 인식되게 되었고, 미국은 반도체, 이차전지, 희토류 등을 중심으로 CHIPS 법안, IRA 등 대응정책을 만들기 시작하였다. 유럽도 마찬가지로 대응정책을 마련하고 있다. 이 과정에서 산업정책이 첨단산업의 전면으로 부상하고 있다. 산업정책 부활의 추세는 자국 산업 보호주의와 결부될 것이고, 이는 우리의 기업은 물론 산업정책을 수행하는 우리 정부에 새로운 도전이 될 것이다. 셋째, 미중 경제 관계에서 중국은 2023년부터 반격을 시작하고 있고, 우리는 2024년에 중국이 어떤 반격을 할 것인가에 주목해야 할 것이다. 몇 년간 미중 관계는 대부분 미국이 중국을 공격하는 양상을 띠었다. 트럼프 시대의 관세전쟁에서 중국이 어느 정도 대응 조치를 했지만, 2021년 이후 바이든 정부의 수출 및 투자 제한 조치에 대해서는 중국이 의미 있는 반격을 하지 않다가, 2023년 5월 중국에서 미국의 마이크론 반도체 사용을 제한했고, 7월에는 갈륨과 게르마늄의 수출통제 조치를 발표했다. 또한 중국은 기존의 국제은행 간 결제망SWIFT에 대응하는 '중국 주도의 국제은행 간 결제망CIPS'을 강화하기 시작했고, 2009년 탄생한 경제 공동체 브릭스에 중국이 주도적으로 사우디아라비아와 이란을 참여시킴으로써 중국의 영향력을 확대하고 있다. 이는 결국 지정학적 대결로 이어질 수 있다. 넷째로, 에너지시장의 질서 변화 양상이다. 석유의 경우 오랜 기간 동안 미국이 사우디아라비아 중심의 석유수출국기구OPEC와 밀월 관계를 유지하면서 석유시장 질서를 주도하였다. 하지만, 미국의 셰일석유 개발 확대, 최근 미국과 사우디아라비아 간 외교 관계 악화, 러-우 전쟁으로 인한 러시아 석유의 제재조치 등으로 석유시장 질서가 급변하고 있다. 또한, 석유의 수요에 상당한 영향을 주는 기후 합의는 순항하기 어려워 보인다. 기후 합의에 대한 방향은 전적으로 미국의 대선 결과에 달려 있다. 공화당 유력 대선후보 모두 탄소에 의한 기후변화에 매우 부정적인 입장이다. 한국의 에너지 안보에 대한 전략이 더욱 강조되는 2024년일 것이다. 다섯째, 미국의 디리스킹의 방향성에 주목해야 할 것이다. 국내 일각에서는 디리스킹의 방향성으로 서방의 대중對中 전략 전환 신호로 해석하고 있지만, 유력한 다른 견해가 존재한다. 지금의 세계 경제는 신냉전이나 탈세계화가 아닌 미국이 주도하는 '보호주의 진영화'의 심화 과정에 있고, 이 전략이 투사된 '신뢰가치사슬TVC' 구축 전략이 바로 '디리스킹'이라는 것이다. 미국이 추진하는 TVC는 그 품목에 따라 한미 양국의 이해관계가 다른 만큼 디테일한 접근이 필요할 것이다. 마지막으로는 달러패권이 어떻게 될 것인가에 대한 궁금증일 것이다. 달러패권은 2차 세계 대전 이후 국제 정치 무대에서 미국의 패권을 지켜주는 강력한 힘의 원천이 되어왔으나, 최근 20년 동안 각국의 중앙은행 외환보유고에서 달러가 차지하는 비중은 73%에서 58%로 하락해왔다. 또한 중국의 위엔화가 미국의 달러패권에 도전하고 있다는 기사들로 종종 등장하고 있다.

1장은 위에서 언급한 세계 경제 질서 변화에 따른 여섯 가지 흐름에 대해 이 분야 국내 최고 전문가들의 예측을 담고 있다. 이를 통해 독자들이 2024년 한 해 기업과 개인, 국가의 전략을 세우는 데 큰 도움을 받기를 바란다.

01

새로운 세계 경제 질서의 출현: 시장의 퇴조와 국가의 귀환

이강국

리쓰메이칸대학교 경제학부 교수

부진한 세계 경제와 거시경제정책 레짐의 변화

2020년 팬데믹을 겪은 이후 세계 경제는 경제 회복이 지지부진하다. 2023년 10월 국제통화기금IMF은 세계 경제 전망 업데이트에서 2023년 세계 경제 성장률을 3%, 선진 경제는 1.5%, 신흥시장과 개도국 경제는 4%로 전망했다. 한편 2024년 경제 성장률 전망치는 각각 2.9%, 1.4%, 그리고 4%로 2023년과 비슷하고 2022년보다 하락한 수치였다. 각국 중앙은행의 금리인상 여파와 중국경제의 회복 부진 등이 경제 회복에 걸림돌이

되고 있는 것이다. 세계의 소비자물가 상승률은 2023년 5.9%에서 2024년 4.8%로 낮아지겠지만 여전히 높게 유지될 전망이다.

2024년 주요 국가들의 거시경제정책은 팬데믹 이후 확립된 확장적인 재정정책과 긴축적인 통화정책이 지속될 것이다. 인플레이션에 대응하여 2022년부터 각국의 중앙은행들은 금리를 인상했는데 이는 2010년대의 확장적인 통화정책과 반대되는 커다란 변화였다. 반면 재정정책은 긴축에서 확장으로 정반대의 변화를 보여주었다. 2020년 팬데믹 이후 2년간 전 세계의 정부들은 GDP의 약 10%에 달하는 재정확장을 실시했다. 특히 글로벌 금융위기 이후와 달리 팬데믹 이후에는 각국이 중장기적 공공투자를 포함하여 확장재정을 지속하고 있다. 미국은 2022년 IRA를 통해 10년 동안 4,370억 달러를 지출할 계획이다. EU는 2021년에서 2027년 사이 1.2조 유로 규모의 재정확장과 함께 8,069억 유로 규모의 Next Generation EU 펀드를 통해 공공투자를 확대하고 있다. 일본도 인플레종합대책 이후 재정확장을 지속하여 2025년 기초재정수지 균형을 달성하겠다는 계획을 연기했다. 유럽 국가들은 인플레이션에 대응하여 에너지 보조금이나 세금 감면 등 다양한 형태의 재정지출을 실행하고 있다.

미국 의회예산국의 2023년 5월 전망치에 따르면 2023년 미국의 재정적자는 1.54조 달러, 2024년은 1.57조 달러로 전망되는데 이는 각각 GDP의 5.9%, 5.8% 수준이다. 이 기관은 2033

년까지 향후 10년간 미국의 재정적자가 평균적으로 GDP의 6.1%에 달할 것이고 정부부채비율도 계속 높아질 것으로 전망한다. IMF에 따르면 일본은 2024년에도 재정적자가 GDP의 약 4.1%에 이를 것이고 프랑스도 4.8%에 이를 전망이다. 다만 독일은 2024년 재정적자가 GDP의 1.9%로 2023년보다 크게 줄어들 것으로 보인다. 한편 미국과 유럽의 중앙은행은 인플레이션에 대응하여 인상한 금리를 당분간 유지할 가능성이 높다. 마이너스금리를 지속하고 있는 일본 중앙은행도 2023년 7월, 10년 국채금리 상단을 1%까지 높였다.

결국 〈이코노미스트〉가 지적하듯 팬데믹 이후 거시경제정책 질서는 확장적 재정정책과 긴축적 통화정책이라는 새로운 레짐이 확립되었고 2024년에도 이어질 전망이다. 일각에서는 고령화를 배경으로 한 재정지출의 확대가 인플레이션을 촉진하고 금리를 높일 수 있다고 우려하지만, 여전히 역사적으로 국채금리는 낮은 수준이다. 정부부채비율 상승을 걱정하는 목소리도 있지만 불황에 대한 적극적 대응이 장기실업과 신기술 투자 정체 등 이력효과hysteresis effect*를 억제하고 경제성장을 촉진하여 재정에 도움이 될 수도 있다고 강조하여 재정확장을 지지하고 있다.

---

* 불황의 악영향이 여러 경로를 통해 장기적으로 공급 측의 생산성 상승과 산출을 저하시켜 경제성장률을 떨어뜨리는 현상.

국가의 역할 강화와 세계화의 후퇴

한편 거시경제정책의 변화를 넘어 근본적으로 세계 경제 질서의 변화, 즉 시장과 국가의 경제적 역할에 관한 패러다임 전환이 나타나고 있다는 데 주목해야 한다. 팬데믹 이후 과거 30년 동안 지배적이었던, 시장의 역할 확대와 국제무역과 투자에 기초한 세계화의 질서가 약화되었다. 과거 여러 국가는 자유로운 시장과 경제 개방이 경제적 효율성을 극대화시킨다는 전제에 기초하여 무역과 자본 흐름에 규제를 완화했고 정부의 역할을 축소했다. 그러나 팬데믹과 러-우 전쟁은 글로벌 공급망 마비가 상품 부족 사태를 가져올 수 있고 세계적인 공급망 구축이 위험을 높일 수 있다는 교훈을 가져다주었다. 따라서 각국에서 효율성보다 회복, 경제통합보다 안보를 중시하는 흐름이 강화되었고 전략적인 상품의 무역관계는 신뢰할 수 있는 우방국들 사이에서 확립하고자 하는 노력이 나타나고 있다.

미국 예일대학의 골드버그Pinelopi Goldberg 교수에 따르면 2015년경부터 중국 충격에 대한 우려가 미국에서 높아졌고 팬데믹으로 글로벌 공급망의 불안이 커졌다. 특히 2022년 초 러시아의 우크라이나 침공 이후 국가안보와 관련하여 세계화를 재고하는 흐름이 뚜렷이 강화되었다. 러시아와 중국을 배제하는 공급망을 확립하기 위해 디커플링*과 프렌드쇼어링** 주장이 높아졌고 이는 미국 정부의 뚜렷한 정책 전환으로 이어졌다. 2022년 10월 미국 백악관은 '국가안보전략'을 발표했고 며칠 후 중국에 대한 반도체 수출규제를 도입했다. 그는 이러한 전환이 세계 경제의 새로운 시대의 시작이라고 지적한다.***

정치적으로도 세계화의 진전에도 불구하고 러-우 전쟁이 발발했으며 최근 세계적으로 오히려 권위주의 국가들이 늘어났다. 장기적으로는 자연재해와 식량 가격 급등의 배경이 되는 급속한 기후변화가 인류의 생존을 위협하고 있다. 이러한 도전에 대해 시장논리만으로 대응하는 것은 불가능하며 정부의 적극적인 경제개입과 정책이 필요하다는 합의가 강화되었다. 결국 역사적으로 1980년대 케인스주의 복지국가의 퇴조 이후 주류가 된 신자유주의 질서가 종말을 고했고, 시장보다 국가의 역할이 강화되고 세계화가 후퇴하는 새로운 질서가 확립되고 있는 것이다.

이러한 흐름은 미국의 바이든 정부가 주도하고 있다. 미국 정부는 팬데믹에 대응하여 대규모의 재정확장을 시행했고 공공투자를 통해 지속가능하고 포용적인 경제를 추진하며 반도

---

* 한 나라의 경제가 다른 국가나 세계경제의 흐름과 분리되는 현상.
** 신뢰가 쌓인 국가들 사이에서 공급망을 구축해 글로벌 공급망 교란 문제를 해결하는 방식.
*** Pinelopi K. Goldberg and Tristan Reed, 〈Is the global economy deglobalizing? And if so, why? And what is next?〉, BROOKINGS, 2023.03.29.

체와 같은 첨단산업을 육성하겠다는 산업정책을 도입했다. 미국 정부는 특히 과거와 달리 금융자본이나 초국적자본이 아니라 국내의 노동자와 중산층, 그리고 산업자본에 대한 지원을 강조하고 있다. 정부의 경제적 역할 강화와 공공투자 확대는 유럽과 일본 등에서도 찾아볼 수 있다. 일본의 기시다 정부는 성장과 분배가 선순환하는 '새로운 자본주의'를 추진하고 있다. 일본 정부는 2022년 이후 새로운 자본주의의 성장전략으로서 디지털전환과 그린전환을 위한 공공투자를 제시했고 분배전략으로서 취약한 노동자들의 임금상승을 강조한다. 유럽도 미국과 같이 신재생에너지 전환을 위한 대규모 공공투자를 추진하고 있다. 결국 2024년에는 세계화와 시장의 후퇴 그리고 국가의 역할 확대로 대표되는 새로운 세계 경제 질서가 더욱 강화될 전망이다.

미국의 새로운 산업정책과 대외정책: 새로운 워싱턴 컨센서스

위에서 지적한 세계 경제 질서의 변화를 가장 잘 보여주는 것은 바이든 정부의 최근 정책인데 국내적으로 새로운 산업정책, 대외적으로는 첨단산업에서 중국에 대한 무역규제가 핵심이다. 2023년 4월 미국의 국가안보 보좌관 제이크 설리번Jake

Sullivan이 브루킹스연구소에서 발표한 '바이든 정부의 국제경제 정책 아젠다'라는 연설은 새로운 세계 경제 질서를 주도하고 있는 미국의 지향을 잘 보여준다.* 그에 따르면 미국은 규제완화와 무역자유화 등 시장논리를 추구하여 공공투자와 산업기반이 약화되고 전략적 상품의 생산과 일자리가 해외로 이전되었다. 또한 중국과 러시아의 부상으로 세계의 평화와 안보가 불안해지고, 가속화되는 기후위기와 불평등 그리고 민주주의의 위기에 직면해 있다. 특히 국제무역의 이득이 공유되지 않았으며 감세나 노조에 대한 공격과 같은 낙수효과 경제정책이 불평등을 심화시켰다.

따라서 그는 바이든 정부가 생산과 혁신, 공공재를 공급하는 산업기반, 기후위기와 지정학적 충격에 대응하는 회복성, 그리고 중산층과 노동자의 기회를 확대하는 포용성을 재건하고자 한다고 주장한다. 그 첫 번째 단계는 미국 내에 현대적인 산업전략의 기초를 놓기 위해 공공투자를 통해 반도체와 청정에너지 산업을 발전시키는 것이다. 바이든 정부는 이미 2021년 신규투자 5600억 달러 규모의 인프라투자 및 일자리법IIJA, Infrastructure Investment and Jobs Act을 제정했다. 또한 보조금과 세금 감면을 통해 반도체산업과 청정에너지 산업을 발전시키기 위한 산업정책을 도입했다. 2022년 반도체와 과학 법CHIPS and Science Act

*   Sullivan, J. 2023. The Biden administration's inernational economic agenda. Brookings Institution.

은 반도체 산업 보조금 등 527억 달러와 첨단 분야 지원 2,000억 달러를 포함하여 2,800억 달러 규모였다. 또한 인플레이션 감축법IRA, Inflation Reduction Act은 기후 변화와 에너지 전환에 3,690억 달러의 공공투자를 추진할 계획을 제시했다. 설리번은 이러한 정책을 배경으로 향후 10년 동안 공공과 민간 포함 총 3.5조 달러의 투자가 이루어질 것이라 전망한다.

두 번째 단계는 에너지전환과 노동친화적이고 안전한 공급망의 확립, 그리고 반도체산업에서 유럽, 캐나다, 일본 그리고 한국 등의 우방국들과 협력하는 것이다. 세 번째 단계는 주로 관세인하에 집중했던 기존의 무역질서를 넘어 다변화된 공급망을 건설하고 에너지전환을 위해 투자를 촉진하며 좋은 일자리를 창출하는 새로운 국제경제 파트너십을 만들어내는 것이다. 이는 기업의 탈세를 규제하고 노동과 환경기준을 강화하는 협정을 추진하는 진보적인 무역정책을 포함한다.

특히 미국은 핵심적인 기술의 보호를 위해 국가안보를 고려하여 최첨단 반도체 기술의 대중수출을 제한했고 안보와 관련된 외국인투자 선별을 강화하고 대외투자를 감시하고 있다. 그는 이러한 정책이 일부 기술에 한한 선별조치이며 중국에 대한 디커플링보다는 디리스킹과 다변화라고 주장한다. 그럼에도 첨단산업에서 중국의 추격을 막고 공급망에서 중국을 배제하고자 하는 미국의 의도는 분명하다. 또한 미국은 IRA를 통해 중국의 지배력이 큰 전기차 배터리나 태양광 패널 원료 등의 전략부문에서 보조금을 통해 국내나 우방국 생산을 촉진하며 공급망 다변화를 추구하고 있다. 결국 바이든 정부의 지향은 공공투자를 통해 중산층을 복원하고 에너지전환을 촉진하며, 핵심공급망을 안정화하고 민주주의를 복원하는 것이다. 그는 이것을 새로운 워싱턴 컨센서스라 부른다.

이를 배경으로 2022년 이후 컴퓨터와 전자산업 중심으로 기업의 신규공장 건설투자가 크게 증가했고, 2022년 8월 IRA와 CHIPS 법안이 통과된 이후 2023년 4월까지 약 2,000억 달러의 신규 투자가 발표되었다. 미국 경제분석국 자료에 따르면 공장건설 투자가 2022년 6,510억 달러에서 2023년 1분기 연율로 7,230억 달러로 증가했다. 일각에서는 여전히 설비투자는 증가하지 않았으며 산업정책의 실효성과 첨단제조업에서 일자리 창출 효과도 불투명하다는 비판을 제기한다. 그러나 산업정책과 수출확대는 경제 전체의 노동수요와 임금을 높일 수 있고 기후변화 대응이나 안보와 같은 여러 목표를 지니고 있음을 잊지 말아야 할 것이다.

국제무역에서 미국의 대외정책 변화도 반도체 등 첨단산업 분야에서 뚜렷하게 확인된다. 반도체 공급망에서 중국을 배제하기 위해 미국 정부는 2022년 10월 18나노급보다 정밀한 최첨단반도체 제품과 생산설비에 대해 대중 수출규제를 실시했다. 이는 네덜란드의 ASML의 노광장비 수출규제나 일본의 첨단반도체 제조장치 수출규제 등 우방국으로 확대되었다. 한편 중국

정부는 2023년 5월 마이크론 제품의 중국 내 사용을 사실상 금지했고 8월부터 반도체 소재인 갈륨과 게르마늄, 그리고 9월부터 고성능 드론의 수출을 규제하기로 했다. 이에 대해 미국은 2023년 8월 9일 반도체, 인공지능, 양자컴퓨터 등 방위산업과 관련된 부문에서 중국에 대한 투자를 제한하는 행정명령을 발표했다. 반도체산업에 대한 미국과 우방국의 대중국 무역규제와 중국의 반발이 경제에 미칠 효과는 2024년 본격적으로 나타날 전망이다. 이러한 변화는 세계화에 기초한 과거의 경제 질서를 약화시키고 글로벌 공급망 재편과 새로운 경제 질서를 강화시킬 것이다.

02
산업정책의 부활

김계환

산업연구원 선임연구위원

새로운 산업정책의 배경

요즈음 산업정책의 부활을 이야기하지만, 산업정책을 경제의 부문별 구조나 기술 선택에 영향을 미치는 정책으로 정의하든, 혁신·생산성·성장을 목적으로 경제 활동의 구조 전환을 명시적 목표로 하는 정부 정책으로 정의*하든 산업정책이 없어진 적은 없었다. 그럼에도 불구하고 산업정책의 부활을 이야기

---

*   R. Juhasz, N. Lane, D. Rodrik

하는 것은 산업정책이 신자유주의적 경제 질서하에서 오랫동안 정책 우선순위에서 밀려나 있었을 뿐 아니라 WTO 국제 무역 규범에서 터부시되어 왔기 때문이다. 특히 미, 유럽 등 신자유주의 국제 경제 질서를 주도한 선진국에서 그러했다.

선진국에서 산업정책 부활의 주요 동인은 지정학의 역할이 컸고 팬데믹과 같은 돌발 상황은 공급망 단절의 위험이 얼마나 큰지 새롭게 인식하는 계기가 되었다. 미국은 2021년 공급망 행정명령을 통해 반도체, 이차전지, 의약품, 희토류 등 핵심 광물 등 주요 품목과 부문을 대상으로 공급망 취약성 원인을 분석하고 CHIPS 법안, IRA 등의 대응 정책을 만들기 시작했다. 유럽도 비슷한 시기에 공급망 정책이 본격화되어 유럽 반도체법, 탄소중립산업법, 핵심광물법 등의 대응 정책을 마련했다.

이와 같은 과정에 산업정책이 강대국 간 경쟁과 결합하게 되면서 첨단 기술 및 산업의 주도권 경쟁이 전면에 부상하게 되었다. 글로벌 공급망 재편을 둘러싼 강대국 간 산업정책 경쟁은 세계 산업 지도를 다시 그리는 산업 군비경쟁이라고 해도 과언이 아니다.[*] 공급망 안보와 정책, 산업 및 기술 경쟁력, 혁신 경쟁력과 정책 등 서로 밀접하게 연관되어 있는 정책의 초점에는 언제나 신흥 기술과 첨단 산업이 있다.

---

[*] Andy Haldane이 Financial Times에서 사용한 표현.

│ 새로운 산업정책의 특징과 함의

미국 대통령 국가안보 보좌관인 제이크 설리번은 2023년 4월 말에 브루킹스연구소에서 중산층을 위한 대외정책을 발표하면서 이것을 "새로운 워싱턴 컨센서스"로 명명하였다. 1990년대 이후 민영화, 자유화와 같은 미시적 정책과 거시경제 안정화정책, WTO로 대표되는 자유무역 확대정책 등의 '과거의 워싱턴 컨센서스'와 확실한 선을 긋는 단절을 선언한 것이다. 산업정책과 통상 정책의 분리 불가능한 성격을 분명히 하면서 동맹 및 유사 입장국과 협력, 전통적 무역 협상을 넘어서는 등 새로운 국제 경제 파트너십과 신흥국에 대한 투자 확대, 그리고 대중국 기술 유출 차단을 핵심 목적으로 하는 기반 기술 보호 정책이 주요한 내용이다.

여기서 '미국의 새로운 산업정책'이 가진 몇 가지 공통된 방향을 추출할 수 있다. 미국의 새로운 산업정책은 특정 산업을 넘어 공급망 안보, 탄소중립 달성, 양극화 해소 등 미션 중심이라는 점, 불확실성과 정부의 시장 창출 기능의 중요성, 수요측면 정책 수단의 중요성, 1960년대 아폴로 계획과 같은 문샷moonshot형 대규모 기술개발 투자, 장기계획 등을 주요 특징으로 한다는 점에서 신자유주의 시대는 물론 과거 추격 성장기의 산업정책과도 매우 다른 특징을 보이고 있다.

이러한 맥락에서 산업정책의 부활은 결국 경제정책의 재정

렬을 의미하는데 재정렬의 주요 방향은 경제와 외교·안보가 결합되어 경제안보가 핵심 정책 분야로 부상한 점이다. 또 다른 방향은 국가의 시장 창출market making, 시장 조정market shaping 역할 강화이다. 따라서 선진국에서 산업정책 부활은 19세기 산업화 구축 경험, 미소 냉전기 신기술 투자 정책과 비견될 만큼 경제정책의 중요한 전환으로 보아야 하고, 우리에게 주는 영향과 함의도 매우 클 수밖에 없다.

첫째, 제조와 생산에 대한 태도의 변화이다. 선진국은 최근까지 탈산업화를 불가피하거나 중립적인 태도로 봐왔다. 미국 산업정책의 필요성을 오래전부터 강조해 온 본빌리언William Bonvillian 교수는 이를 '혁신은 안에서, 생산은 밖에서'* 접근이라고 표현하였다. 하지만 이제 첨단 기술과 산업에 관한 한 '혁신도 안에서, 생산도 안에서'로 접근이 바뀐다는 것을 의미한다.

전략 산업의 공급망은 군사적 위협, 취약성은 물론, 기술, 산업, 경제적 위협, 취약성으로부터도 안전해야 한다고 보고, 국가와 기업이 한 팀이 되어 반도체, 이차전지, 핵심 광물 등 국가안보와 미래산업 경쟁력에 결정적인 기술, 산업의 생산을 내재화하겠다는 뜻으로 읽힌다.

---

* Bonvillian W. and C. Weis, 2015, Technological innovation in legacy sectors, Oxford University Press, "Innovate here, produce there"와 "innovate here, produce here"를 의역한 것.

둘째, 기술 리더십을 향한 경쟁은 리더가 결정되기까지 계속될 가능성이 크다. 세계가 상이한 기술 경제 블록으로 나누어지는 현상은 부분적이고 선별적이라고 하더라도 점차 범위를 확대해나갈 것이다. 글로벌 공급망의 재편 과정은 효율성 중심에서 리질리언스 중심으로 공급망 전략의 원리가 바뀌는 과정, 국가안보와 경제가 융합하면서 공급망이 상이한 블록으로 갈라지는 과정이다. 따라서 이 과정이 동반할 효율성의 하락, 생산비용의 상승, 다양한 형태의 위기들에 선제적으로 대비해야만 한다.

셋째, 산업정책의 부활을 세계 경제 차원에서 주도산업의 교체기, 미래산업 주도권 경쟁의 맥락에서 볼 필요가 있다. 주도산업의 이러한 교체는 약 50년 주기의 장기파동을 따라 반복적으로 일어나는 경향이 있다. 지금도 디지털, 바이오, 녹색 기술 등 새로운 기술혁명에 기초하는 새로운 장기파동의 선상에 있다고 볼 수 있다. 반도체, 이차전지는 물론, 바이오, 인공지능, 양자컴퓨팅 등 첨단 산업 및 신흥 기술이 선진국에서 산업정책의 타겟이 되는 것도 이 때문이다. 주요 산업 강국은 대규모 정책수단을 동원하여 자국 기술 및 산업을 육성하고자 한다.

미션 중심 산업정책의 방향

우리나라에서도 특정 산업이나 기술을 타겟으로 하는 산업 정책 관련 법들이 마련되고 있다. 첨단전략산업 및 국가전략기술 분야에서는 '국가첨단전략산업 경쟁력 강화 및 보호에 관한 특별조치법', '국가전략기술 육성에 관한 특별법', 자원안보와 관련해서는 '국가자원안보 특별법안', '국가자원안보에 관한 특별법안', 탄소중립산업에 대해서는 '탄소중립산업 보호 및 경쟁력 강화에 관한 특별조치법안' 등 관련 법들이 제정 또는 개정 중에 있다. 새로운 산업정책의 3대 미션을 경제안보, 생태경제, 스마트그린산업 전환이라고 본다면 위 입법은 이 3대 미션에 대체로 부합하는 것들이다.

그렇다면 미션 중심의 산업정책의 시대에 우리나라의 산업정책의 방향이 어떻게 되어야 하는가? 첫째, 정책의 대상, 범위가 특정 산업을 넘어 미션으로 확대되어야 한다. 한국의 탄소중립산업 보호 및 경쟁력 강화 법을 예로 들면, 정책의 대상을 탄소중립 제품으로 규정하고, 이 제품을 생산하는 데 직접 참여하는 기업 및 관련 소재, 부품, 서비스로 보고 있다. 이러한 범위 설정은 탄소중립산업정책이 대부분 공급 측면 수단에 초점이 있고, 기업 지원 정책의 성격이 강하며, 수요 측면의 정책 수단은 충분하지 않다는 특징과 관련되어 있다. 즉 공급에서는 경쟁력 강화에 초점을 맞춘 정책 수단이 대부분이라는 것이다.

이것은 또한 탄소중립산업정책의 목적을 산업 육성에 두느냐, 아니면 더 나아가 탄소중립의 달성이라는 보다 범위가 넓은 목적에 두느냐의 차이를 반영한다. 탄소중립산업의 육성은 탄소중립 달성을 위한 수단 중 하나이기는 하지만, 후자는 정책의 범위가 훨씬 넓다. 경제 전체의 탄소중립 달성을 목표로 한다면 탄소중립산업의 범위를 넘어, 저탄소 기술이 제조업은 물론 에너지, 농업, 수송 등 전반을 아우르는 경제 사회 시스템 전체로 확산되어야만 한다. 이러한 기술 확산이 바로 탄소중립산업에 대한 수요 시장을 형성하고, 이것이 공급의 확산, 공급 효율성의 개선을 통해 다시 시장을 확대하는 선순환이 가능해지기 때문이다.

그리고 이렇게 산업에서 미션으로 범위가 확장될 경우 필연적으로 거버넌스 문제가 제기될 수밖에 없다. 기존의 법은 그 대상, 범위를 고려할 때 산업 육성 주무 부처인 산업부가 주관하게 되어 있다. 그러나 대상 범위를 기술과 제품의 확산으로 확대하고, 수요 정책 수단으로 확대할 경우 기존의 전담 부처의 범위를 넘어서는 부처 간 협력과 조정이 정책 효과성의 필수 요소가 된다. 이러한 정부 부처 간 조정과 협력은 물론 투자 정책을 둘러싼 정부와 민간 부문의 협력이 훨씬 강화되어야 한다.

둘째, 미션의 안정성을 높이고 정책의 시계를 확장해야 한다. 에너지 전환과 원전을 둘러싼 작금의 논란은 미션의 우선순위와 정책 수단에 대한 사회적 합의가 얼마나 어려운 것인지 보여준다. 더욱이 미션을 달성하는 데 훨씬 오랜 시간이 걸리기 때문에 미션의 안정성, 정책의 예측 가능성을 높이는 것이 무엇보다 중요해지며, 이를 위해 미션에 대한 사회적 합의를 이루고, 이 합의를 제도화할 필요가 더욱 커질 수밖에 없다. 이해 당사자 간 신뢰와 협력이 시계 확장의 조건이 되고, 시계의 확장이 다시 협력의 조건이 되는 물고 물리는 관계이기 때문이다.

더구나 미래에 대한 불확실성이 큰 것도 시계 단축의 원인이고, 협력을 어렵게 하는 원인이기 때문에 국가는 불확실성의 진원지가 되어서는 안 되는 것은 물론, 민간부문이 불확실한 미래에 대해 투자를 계획할 때 의존할 수 있는 방향성을 제시하는 역할을 해주어야 한다. 이른바 유도계획indicative planning이 필요한 이유가 여기에 있다. 국가의 방향 제시는 사전에 결정되어 전문가 그룹에 의해 발견만 하면 되는 것이 아닌 불확실성하에서 투자의 방향을 결정하는 기업가적 판단animal spirit*을 필요로 한다. 국가는 이러한 기업가적 판단이 다수의 컨센서스가 되고, 공공부문과 민간부문이 공통의 방향을 향하게 만드는 돛의 역할을 해야 하는 것이다.

셋째, 혁신을 중심에 두는 기업가형 거버넌스로 바꾸어야한다. 과거 추격성장기의 산업정책을 돌이켜 보고 혁신 중심의

---

* 야성적 충동Animal Spirit이란, 경제가 인간의 합리적이고 이성적인 판단에 의해서만 돌아간다고 보지 않고, 비합리적이고 비경제적인 인간의 야성적 충동이 경제를 움직이는 하나의 요인이 될 수 있다는 케인스의 개념.

산업정책으로 이행하는 데 걸림돌이 되는 것이 무엇인지 자세히 점검해야 한다.

혁신 중심의 산업정책에서 중요한 것 중 하나는 불확실성을 전제하는 접근이다. 위험을 감수하지 않고 혁신을 원하는 것은 논리적 모순이다. 경제가 시스템으로서 기꺼이 감당하고자 하는 위험 수준을 높여야 하는데 산업정책의 관점에서는 이러한 위험 시장을 어떤 방향으로 어떻게 만드느냐가 주요한 이슈가 된다. 혁신은 미래에 대한 투자를 전제하고 위험을 감수하는 투자자를 필요로 하기 때문에, 금융시장의 중심도 추격성장에 맞춰진 저위험 모델에서 고위험 모델로 이동해야 한다. 부문별, 기술별로는 물론 연구개발-시제품, 생산-사업화로 이어지는 혁신 사이클의 단계별로 위험의 성격이 다르기 때문에 파이낸싱 방식, 정부 공공부문의 역할도 단계별로 달라져야 하며, 동시에 전 과정이 중단 없이 이루어지도록 촘촘히 연계되어야 한다.

한편 불확실성을 전제하는 혁신 산업정책이 거버넌스 개혁에 주는 함의도 중요하다. 새로운 산업정책은 불확실성하에서 정부의 시장 창출을 주요한 목표로 하고 있고, 이를 위해 리스크를 감수하는 기업가형 국가가 강조되고 있다. 위험 감수 수준을 높인다는 것은 동전의 양면처럼 실패에 대해서도 다른 접근을 한다는 의미이다. 위험이 큰 혁신의 시도가 실패로 귀결된다고 하더라도 이 시도에 들어간 비용이 아무런 효과 없이 완전히 사라지는 것이 아니라 긍정적인 경제적 효과를 낳는다는 관점이 필요하다. 오히려 실패를 학습의 기회와 장치로 용인하고, 실패의 비용을 낮추는 정책과 더불어 정책 효과를 평가할 때 실패의 긍정적 효과를 고려하는 방향으로 변화되어야 한다. 또 미션의 목표에 대한 합의가 이루어지면, 그 수단에 대한 합의가 아직 불충분하더라도 공동의 행동이 가능하도록 거버넌스 체계를 만들어야만 한다. 주요한 원칙에 대한 합의가 이루어지면, 최소한의 합의에 기초한 공동행동(정책)을 실행하고, 정책 실행 과정을 통해 추가로 얻어지는 정보를 토대로 추가적인 합의를 만들어 합의의 범위를 확장하는 실험적이고 학습 지향적인 메커니즘을 내장한 거버넌스가 만들어져야 한다.

산업정책의 부활을 위해 결국 중요한 것은 국가의 실패를 최소화하면서 미션을 달성하려는 노력이다. 기존 산업정책은 새로운 도전에 대응하기에는 많은 한계를 갖고 있다. 그동안 산업정책이 쇠퇴했다고 하기가 무색할 정도로 여러 부처가 관할 산업을 육성하는 정책을 확대해오면서 산업정책의 범위가 확장되었다. 그러나 이 과정에서 안타깝게도 정책의 전략성이 약화되면서 하위 정책과의 정합성과 산업정책 실행에 필요한 조직, 인적 역량 또한 약화되었다.

여기에 산업정책에서 지방정부의 역할이 대폭 강화되면서 중앙정부와 지방정부 사이의 산업정책 역할에도 변화가 있었다. 그러나 중앙과 지방정부 사이의 역할이 적절하게 배분되었는지, 분업과 협업에 따른 정책 효과성은 있었는지에 대해서도 다시 검토해야 한다.

산업정책의 부활은 자국 산업 보호주의와 결부되어 있다. 그러나 정부 공공투자를 마구 늘린다거나 자유무역 체제를 무력화하는 보호주의로 가는 것은 결코 능사가 아니다. 산업의 과잉 안보화는 나라 경제 전체의 낭비의 위험을 증가시켜 국가 실패의 위험을 증가시킬 수도 있다. 국가 실패의 위험을 어떻게 최소화하면서 미션을 달성할 것인가가 중요한 과제이다.

이제 산업정책이 필요한가를 둘러싼 낡은 논쟁은 미, 유럽 등 선진국의 주요 정책으로 부상하면서 무의해졌다. 성공 사례로 자주 인용되었던 우리의 산업정책도 목표와 추진체계, 인력·정보·조직 등을 새롭게 정비하여 경제안보, 탄소중립, 양극화 해소 등의 새로운 도전에 대응해야 한다. 이 도전을 산업구조의 전환과 새로운 발전모델 전환의 기회로 만들 미션이 우리에게 주어져 있다.

03
지정학 시대의 글로벌 경제

박복영
———
경희대학교 국제대학원 교수

2023년 글로벌 경제 지정학의 변화

미중 갈등이 심화하고 있다. 러-우 전쟁을 계기로 이 갈등은 더욱 복잡해졌지만, 진영 간 분열 양상은 더욱 선명해졌다. 새로운 지정학 시대new geopolitical epoch가 도래했다. 국가의 전략적 판단이나 정치군사적 요인이 세계 경제 상황과 질서에 결정적 영향을 미치고 있다. 그래서 전통적 경제학만으로는 세계 경제를 제대로 이해하기 어렵게 되었다. 미국과 중국은 물론이고 다른 주요국의 전략적 선택, 동맹 관계, 지정학적 변수들을 같이 고려하여 경제를 이해하고자 하는 지경학geo-economics이 필요한 시대가 되었다.

2022년이 중국 첨단산업에 대한 미국의 견제가 제도화되고 본격화된 시기였다면, 2023년은 이 갈등이 한편으로는 확산하면서 다른 한편으로는 양측 모두 갈등 악화를 관리하려는 노력도 보인 해이기도 하다. 2022년 바이든 정부는 CHIPS 법안과 IRA 제정을 통해 중국의 반도체 산업 성장을 억제하고 배터리 공급망에서 탈脫중국 노력을 본격화했다. 2023년은 미국의 중국 억제 혹은 탈중국 정책이 강화되었다. 수출통제 대상 중국 기업을 추가하고, 투자제한 대상 산업을 지정했다. 미국은 대중 압박 전선에 동맹국을 참여시키기 위해 노력했다. 네덜란드와 일본에 첨단반도체 장비의 대중 수출 제한에 동참할 것을 요청하고, 한국에 대해서도 첨단장비의 중국 내 반입과 반도체 수출 제한에 동참할 것을 요청했다. 미국은 5월 히로시마 G7 정상회의와 8월 한미일 캠프 데이비드 정상회의를 중국 견제를 위한 동맹국 간 결속 강화의 기회로 활용했다.

하지만 대중 압박의 경제적 부담과 그와 연결된 진영 내 반발이 가시화하기도 했다. 대중 수출 및 투자 제한은 미국 기업에는 사업 기회의 상실을 의미했다. 그래서 바이든 정부의 정책을 비판하는 목소리들이 미국 기업, 특히 반도체 기업에서 터져 나왔다. 동맹국들 역시 미국의 대중 압박 전선 확대에 부담을 느끼기 시작했다. 특히 독일과 프랑스 등 유럽 국가들은 미국의 대중 압박에 동조하면서도, 한편으로는 정상 방문 등을 통해 중국과의 협력관계 유지에 적극적으로 나섰다.

2023년 지정학 경제에서 주목할 만한 또 하나의 변화는 중국의 반격이 시작되었다는 점이다. 지난 몇 년간 미중 관계는 대부분 미국이 중국을 공격하는 양상을 띠었다. 트럼프 시대의 관세전쟁에서는 중국이 대응조치를 했지만, 2021년 이후 바이든 정부의 수출 및 투자 제한 조치에 대해서는 중국이 의미 있는 반격을 하지 않았다. 그런데 2023년에 중국은 대응조치를 시작했다. 5월에는 미국의 마이크론 테크놀로지 반도체를 보안상 이유로 공공시설에서 사용하지 못하도록 했고, 7월에는 반도체 및 태양광 장비 생산에 사용되는 갈륨과 게르마늄의 수출통제 조치를 발표했다.

마지막으로 주목해야 할 변화는 미국 자신도 대중 압박과 동시에 갈등 관리에 나섰다는 점이다. 대중 압박의 경제적 비용, 동맹국 내부의 부담, 미국 기업의 반발 등이 종합적으로 작용한 결과라고 할 수 있다. 미국의 갈등 억제 노력을 상징적으로 보여주는 것은, 중국과의 디커플링 대신 디리스킹이 대중정책의 목표임을 천명한 것이다. 대중 압박을 안보와 밀접히 연관된 분야에만 한정하고, 나머지 분야에서는 경제협력 관계를 유지하겠다는 뜻이다. 물론 중국 첨단산업의 성장을 억제하고 공급망 의존도를 줄이겠다는 근본적 목표에는 변함이 없다고 봐야 할 것이다. 국무장관, 재무장관, 상무장관 등 미국 고위급 인사의 중국 방문도 이런 관계 관리 노력의 일환이었다. 특히 8월 러몬도_{Gina Raimondo} 미 상무장관의 중국 방문을 계기로 양국이 수출통제 정보교환 및 무역 실무그룹 구성을 합의한 것은 갈등 관리의 시작을 의미했다.

요약하면 2023년에는 경제 분야에서 미중 간 지정학적 대결이 확대 및 심화하면서도, 다른 한편에서는 과도한 갈등을 막으려는 움직임이 동시에 나타났다. 이것은 미중 간 경제의 상호 의존이 지난 30년간 심화된 상황에서, 공급망 분리나 보호주의를 통해 자국 경제안보를 강화하겠다는 전략이 갖는 현실적 어려움을 보여주는 것이다.

| 글로벌 금융체제의 균열 징후

지금까지 세계는 지정학적 시대에 무역과 국제투자의 균열, 원자재 및 부품 공급망의 분리, 그리고 에너지 공급망의 재편에 주목했다. 미국과 중국은 상대국에 대한 수출입과 투자를 선별적으로 제한했다. 명목적인 이유는 국가 안보와 공급망 안전이지만, 그 이면에는 자국 산업의 보호, 기술 유출의 억제, 상대국 첨단산업 제어의 목적이 있다. 러-우 전쟁은 유럽 에너지 공급망의 급속한 재편을 가져왔다. 유럽은 천연가스 도입선을 러시아산 파이프라인 가스에서 중동과 북아프리카의 액화천연가스로 빠르게 전환했다. 대신 중국과 인도는 저렴해진 러시아산 원유의 도입을 확대했다. 지정학적 상황 변화가 글로벌 에너지 흐름을 크게 바꾼 것이다.

지정학적 대결은 여기에 국한되지 않고 글로벌 금융질서에도 영향을 미치고 있다. 금융질서에도 균열의 조짐이 나타나고 있다. 기존의 글로벌 금융체제는 달러의 압도적 지위를 바탕으로 한 미국 중심의 질서였다. 유로 출범 이후 유럽 지역에서 유로의 비중이 빠르게 증가했지만 2010년대 전반 유럽 재정위기를 기점으로 유로의 영향력은 시들해졌다. 국제은행망을 통한 결제의 80% 이상은 달러로 이루어졌고, 국제 채권이나 은행의 국제 자산 역시 80%가량이 달러 표시 자산이었다. 각국 중앙은행이 보유한 외환보유고의 약 60%도 달러 자산이었다. 지난 10년간 달러 비중은 10%포인트가량 줄었지만, 대부분은 중앙은행의 포트폴리오가 호주나 캐나다, 그리고 유럽 국가의 통화로 다변화되었기 때문이다.

2008년 글로벌 금융위기 이후 중국은 위안화를 국제통화로 만드는 작업에 본격 착수했다. 무역 결제에 위안화를 사용하도록 독려하고, 역외 위안화 외환 및 금융시장의 형성, 위안화를 이용한 외국인 투자 확대를 위해 노력했다. 해외 중앙은행의 위안화 준비금 보유를 유도하기 위해 위안화 통화스왑 체결에도 공을 들였다. 이런 정책 덕분에 위안화의 국제적 사용은 점진적으로 늘었지만, 그 비중은 여전히 2~3% 수준에 머물렀다.

그런데 러-우 전쟁과 미중 갈등 심화는 달러 중심의 글로벌 금융질서에 균열을 가속화할 수 있는 요인으로 등장했다. 러시아의 우크라이나 침공 직후 미국은 러시아의 미국 내 달러 자산을 동결하고, 러시아를 SWIFT에서 퇴출했다. 이런 조치가 갖는 의미는, 안전한 투자처safe haven로서 미국 금융시장의 지위와 국제결제망이라는 글로벌 공공재public goods를 적대국에 대한 공격 수단으로 사용할 수 있다는 뜻이다. 이런 조치는 러시아 경제에 큰 충격을 주었지만, 다른 한편으로는 국제통화로서 달러가 가진 신뢰에 손상을 가져왔다. 미국과 대립하는 상황이 오면 자신들의 달러 자산과 금융결제망도 안전하지 않을 수 있음을 제3국들이 인식하게 되었다. 그리고 달러와 미국 중심의 결제망을 우회할 수 있는 수단이 필요함을 깨닫게 되었다.

중국의 위안화, 그리고 중국 주도의 국제은행간결제망인 CIPScross-border interbank payment system가 그 대안이 될 수 있었다. 러시아는 전쟁 전부터 위안화 외환보유고를 늘리고 있었는데 전쟁 이후 그 규모를 확대했다. 러-우 전쟁 이후 중국과 러시아 사이 무역에서 위안화 결제가 급속히 증가했다. 중국 전체 무역에서도 위안화 결제 비중이 전쟁 이후 증가했다. 석유를 비롯한 원자재 무역에서 탈脫달러 경향이 강화되고 있다. 서방 국가들은 미국을 중심으로 결속하는 반면, 브릭스를 비롯한 여러 신흥국은 중국을 중심으로 모이고 있다. 8월 브릭스에 사우디아라비아, 이란 등 6개국이 추가로 가입한 것은 주목할 만한 사건이다. 중국은 신흥국들이 미국과 거리를 두려는 움직임을 포착하고, 이것을 위안화 영향력 확대의 기회로 활용하려고 할 것이다. 실제로 미국과 전략적 관계가 약한 신흥국일수록 위안화 보유 비중을 늘리는 경향이 이미 나타나고 있다. 이런 것들은 지정학적 대립이 기존 글로벌 금융 체제에도 변화의 씨앗을 뿌리고 있음을 의미한다.

│ 2024년 글로벌 경제 지정학 전망

미중 갈등은 장기간 지속될 것이다. 장기지속을 뒷받침하는 요인들이 있기 때문이다. 중국의 경제적, 기술적 추격은 앞으로도 미국을 위협할 것이며, 미국이 불공정하다고 느끼는 중국식 산업지원정책은 계속될 것이다. 시진핑 시대에 중국의 정치 체제는 미국과 조화를 이루기 어려울 것이다. 중국의 인권 문제와 '하나의 중국' 정책은 미국 등 서구 국가의 시민들이 수용하기 어려울 것이다. 중국에 대한 서구 사회의 반감은 지난 몇 년간 큰 폭으로 증가했는데, 이것이 미국을 비롯한 서구 국가들이 대중 압박 정책을 계속할 수 있는 근저의 요인이다. 이런 반감이 약화하지 않는 한 지정학적 갈등을 타오르게 하는 연료는 계속 남아있을 것이다. 계속되는 갈등 상황과 중국 내 애국주의 분위기 속에서 미국에 대한 중국인들의 반감 역시 완화될 가능성이 작다. 2024년에는 미국 대통령 선거가 있는데, 중국에 대한 공격은 양당 모두에게 득표를 위해 나쁘지 않을 것이다. 중국의 반격으로 인해 미국 기업이 생산에 실질적 타격을 입는다면 여론은 더욱 악화하고 보복의 악순환이 나타날 수도 있다.

하지만 앞에서 설명한 것처럼 중국과의 부분적 경제 단절과 중국의 대미 보복 조치는 미국 경제에 부정적인 영향을 미칠 수밖에 없다. 대중 수출이 감소하고 미국 기업들이 중국 시장이나 중국 내 투자 기회를 다른 나라에 빼앗길 수 있다. 대중 압박의 범위가 확대하면서 최근 이런 손실에 대한 기업들의 반발이 점차 고조되고 있다. 만약 긴축 정책의 결과 미국 경기가 침체 국면에 접어든다면 이런 반발이 더 확산할 수 있다. 그러면 미국 정부는 대중 압박의 속도를 조절하거나 완화해야 하는 부담에 직면할 것이다.

서유럽이나 한국, 일본 등 동맹국들이 대중 압박에 피로감을 나타낼 가능성 또한 높다. 글로벌 경기 둔화는 중국 시장의 중요성을 더 절실히 느끼게 할 수 있다. 또한 러-우 전쟁이 현재와 같은 상황에서 장기화하면 가치를 기초로 한 진영 내 결속력도 차츰 약화할 것이다. 반대로 중국을 중심으로 확대된 브릭스 회원국들이 미국과 대립적인 전선을 더욱 분명히 한다면, 이 또한 미국 및 그 동맹국들에 외교적으로나 경제적으로 큰 부담이 될 것이다. 이런 요인들은 모두 미국이 대중 압박을 이어가거나 강도를 높이는 데 부담으로 작용할 것이다. 따라서 2024년에 미국은 대통령 선거를 앞두고 겉으로는 중국에 대한 공격을 계속할 수 있겠지만, 실질적인 압박을 강화하기는 쉽지 않을 것이다. 중국 역시 경기가 매우 어려운 상황에서 미국과의 경제적 대립을 되도록 피하면서 대미 수출을 회복하고자 노력할 것이다. 체제 갈등과 패권 경쟁이라는 전략적 측면에서 지정학적 갈등은 불가피할 수도 있지만, 그에 따른 경제적 손실 또한 명확하다. 따라서 군사적 충돌과 같은 예외적 사건이 발생하지 않은 한 양측 모두 갈등 수준 관리에 나설 가능성이 크다.

04

세계 에너지시장 질서의 변화와 전망: 탄소중립과 에너지안보

조영탁

한밭대학교 경제학과 교수

에너지시장 질서 변화의 예고편:
'글래스고 합의'와 '러-우 전쟁'

2021년 11월 유엔기후협약 제26차 총회에서 탄소중립 구현을 위한 1.5도의 기후 목표 강화, 석탄발전의 점진적 축소, 화석연료 소비와 보조금 축소를 골자로 하는 '글래스고 기후 합의Glasgow Climate Pact'가 채택되었다. 하지만 불과 3개월 후 합의서의 잉크가 마르기도 전에 러-우 전쟁이 발발하였다. 소비량의 절반에 해당하는 천연가스와 석탄 그리고 상당량의 석유를 러시아에 의존하던 유럽은 초유의 대혼란을 겪었고 모두가 경험한 바와 같이 그 위기는 전 세계로 파급되었다.

물량 부족과 가격 폭등이란 에너지안보 위기에 직면하여 세계 각국은 축소하던 석탄발전을 확대하고 가격부담을 경감하기 위한 보조금을 대폭 확대하였다. 탈석탄의 선두주자인 독일이 석탄발전을 늘리고, 2022년 세계 화석연료 보조금은 1년 만에 2배 이상 증가하여 역사상 처음 1조 달러를 돌파하였다.

이는 위기 타개를 위한 일시적 조치이긴 하나 글래스고 기후 합의에 정면으로 어긋나는 것이다. 문제는 전쟁이나 수급 위기가 진정되더라도 이번 기후 합의가 순항하기만은 어렵다는 점이다. 우선, 초유의 위기를 경험한 유럽은 전쟁 종료 여부와 무관하게 2027년까지 러시아의 천연가스와 절교하는 'REPowerEU'를 발표했다. 더 중요한 저변의 변화는 공급망 재편이란 미중 갈등에서 미국에 다소 미온적이었던 유럽이 이번 위기를 계기로 에너지문제에서 미국 쪽으로 기울었다는 것이다. 이로 인해 에너지시장에서 미국·유럽과 중국·러시아 간 진영대립이 심화되고 천연가스 등 화석연료 수출대국 러시아가 한쪽의 시장에서 배제되면 화석연료의 물량이나 가격의 변동성이 이전보다 심해질 가능성이 크다.

이러한 변동성 증가로 세계 각국은 당분간 화석연료 축소보다는 에너지안보를 위한 화석연료의 안정적 확보와 개발에 지중하고 일부 국가에서는 그동안 화석연료의 투자와 확보에 너무 소홀했다는 자성의 소리까지 나오는 실정이다. 이런 측면에서 이번 기후 합의와 러-우 전쟁은 향후 에너지시장의 질서 변화와 함께 '탄소중립과 에너지안보 간의 긴장 관계'를 시사하고 있다.

물론 중장기적으로 불확실성이 증가한 화석연료를 재생가능에너지 등 청정에너지로 전환하면 탄소중립과 에너지안보가 '긴장 관계'가 아닌 '상생 관계'로 전환할 수 있다. 하지만 이 경우에도 에너지안보는 광물안보라는 변형된 형태로 탄소중립과 긴장 관계를 지속할 가능성이 있다. 이하에서 탄소중립과 에너지안보라는 두 개의 키워드를 통해 이를 가늠해 보기로 하자.

에너지시장의 질서 변화와 에너지안보

〈그림 1〉은 국제에너지기구의 'World Energy Outlook 2022'(이하 IEA 2022)가 현재 각국의 감축정책이 그대로 유지된다는 시나리오STEPS하에 전 세계 화석연료 추이를 전망한 것이다. 이에 따르면 석탄은 2020년대 중반, 석유는 2030년대 중반에 정점에 도달하고 천연가스의 경우 증가율은 상당히 둔화되나 2050년까지 증가한다. 따라서 세계 에너지 공급에서 화석연료가 차지하는 비중은 점차 줄어들지만 향후 10년에 해당하는 2030년대 중반까지는 석유, 천연가스 등 화석연료가 70% 내외

그림 1 세계 화석연료의 수요 전망(STEPS 시나리오)

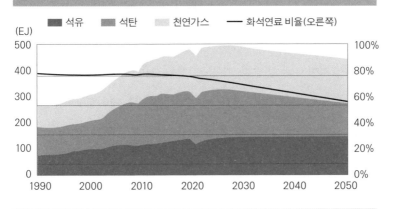

자료: IEA, World Energy Outlook 2022

로 여전히 주도적인 위치를 차지한다. 탄소중립에 필요한 강화된 감축정책을 전제로 하는 시나리오NZE의 경우 2050년 전망은 상당히 달라지지만 2030년대 중반까지 상황은 아주 큰 차이가 없다. 이는 향후 10여 년간 석유와 천연가스 등 화석연료의 에너지안보 문제가 중요함을 시사한다.

우선, 석유의 경우 오랜 기간 미국이 사우디아라비아 중심의 OPEC과 밀월관계를 유지하면서 석유시장 질서를 주도하였다. 하지만 미국의 셰일석유 개발 확대, 미국과 사우디아라비아 간 외교관계 악화, 러-우 전쟁으로 인한 러시아 석유의 제재 조치 등으로 석유시장 질서도 급변하고 있다. 미국의 셰일석유는 유가 하락을 통해 석유 가격이 재정수입을 좌우하는 OPEC과 대립하는 상황을 연출한 바도 있다. 여기에 미국과 사우디아라비아 간의 외교관계가 악화되고 러시아 등의 OPEC 가세로 출범한 OPEC+가 입지를 강화하면서 미국과 대립관계를 지속하고 있다.

에너지안보에 중요한 가격의 경우 OPEC 국가들의 재정수입 확보에 필요한 유가 수준이 배럴당 80달러 내외임을 감안하면 향후 유가는 이 수준 이상에서 유지될 가능성이 크다. 개발비용이 배럴당 40달러 내외의 미국 셰일석유 증산이 변수로 작용할 수 있지만 최근 탄소중립과 팬데믹으로 개발이 다소 부진한 상황이다. 같은 이유로 OPEC 국가의 신규 개발 역시 저조하여 화석연료 감축에 차질이 발생하거나 세계 경기 상승이 있을 경우 유가는 상승할 가능성이 높다.

불확실성이 더 커진 것은 최근 위기의 시발점이자 시장 질서상 큰 변화가 예상되는 천연가스다. 유럽이 파이프라인을 통해 러시아에서 수입하던 천연가스Pipeline Natural Gas, PNG를 러시아 이외의 지역에서 선박으로 수입하는 천연가스Liquefied Natural Gas, LNG로 전량 대체하기 때문이다. 수송 여건의 차이로 인해 PNG와 분리되어 있던 LNG시장에 유럽이 대규모 수요자로 등장하여 전통적인 LNG 수입 지역인 아시아와 도입 경쟁을 벌일 경우 가격 등 거래 조건상 판매자에게 유리한 시장이 될 가능성이 크다(이른바 Seller's Market).

이는 아시아 지역에서 후술하는 바와 같이 러시아의 천연가스라는 선택지가 있는 중국·인도를 제외한 한국·일본 등에 더

불리하게 작용한다. 물론 2020년대 중반 이후에 전통 천연가스나 셰일가스의 신규 개발이 예정되어 물량상 다소 숨통을 틀 가능성은 있으나 대규모 수요자인 유럽이 LNG시장에 등장한 것 자체가 변동성과 불확실성을 증폭시킬 수 있다.

반면 러시아는 유럽으로 향하던 대량의 천연가스를 중국이나 인도로 수출선을 돌리는 방식으로 대응할 가능성이 높다. 이로 인해 중국이나 인도는 같은 아시아의 LNG 수입국이면서 석유는 물론 천연가스에서 러시아의 수출물량 처리로 인해 한국이나 일본보다 상대적으로 안정적인 가격 및 물량 혜택을 누릴 것으로 전망된다.

재생가능에너지 확대와 에너지안보의 차원 변화

한편 불확실성이 증가된 석유나 천연가스를 줄이고 지역적으로 고른 분포의 태양광, 풍력, 수력, 바이오매스의 재생가능에너지를 대폭 확대하면 탄소중립과 에너지안보를 함께 달성하는 일석이조를 누릴 수 있다. 하지만 그 상황에 도달하기까지 많은 시간이 걸릴 것으로 예상되며, 그런 상황이 되더라도 에너지안보는 다른 차원으로 전이되어 탄소중립과 또 다른 긴장관계를 형성할 가능성이 크다. 재생가능에너지 등 청정에너지 확대와 활용에는 이와 관련된 광물 확보가 필수적이기 때문이다.

우선, 대부분 전력 형태의 재생가능에너지는 자연조건에 의한 간헐성과 변동성으로 발전과 소비 시점 간에 괴리가 발생하고 전 세계적으로 재생에너지의 송전선로 건설상 애로가 증가하는 상황이어서 이차전지와 같은 저장설비가 필수적이다. 발전부문만이 아니라 가전이나 산업부문에서도 4차산업혁명의 모바일 기술 확대로 휴대폰은 물론 가전제품이나 로봇, 드론, 산업용 공구 등에도 이차전지가 필수적이다. 무엇보다 가장 큰 혁명적 변화는 수송부문 탄소중립의 핵심 수단, 즉 재생가능에너지의 전기 충전으로 움직이는 전기차의 부상이다. 전기차는 다른 부문과 비교되지 않을 만큼 대량의 이차전지가 필요하고, 이로 인해 이차전지가 메모리 반도체 시장 규모를 능가하고 자동차 산업구조의 대변혁을 유발할 수도 있다는 전망까지 나오

그림 2 핵심 광물 수요 증가와 청정에너지 관련 비중

자료: IEA, Critical Minerals Market Review 2023

고 있다.

〈그림 2〉는 이차전지 보급 확대와 관련하여 지난 5년간 광물 수요에서 청정에너지와 관련된 요인의 비중 변화를 나타낸 것이다. 이차전지의 핵심 광물인 리튬, 니켈, 코발트 모두 수요가 증가하고 청정에너지에 의한 수요 비중도 급증하고 있음을 알 수 있다. 향후 전기차, 전력저장장치, 모바일 기기 등의 보급

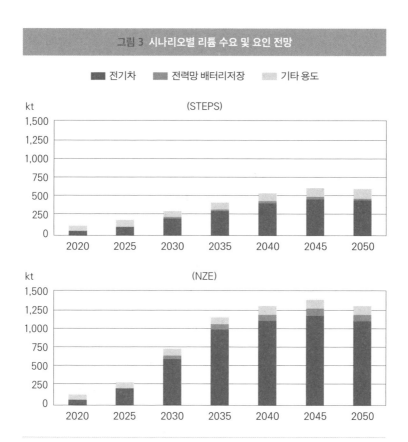

그림 3 시나리오별 리튬 수요 및 요인 전망

자료: IEA, Critical Minerals Market Review 2023

속도에 따라 달라지겠지만 이러한 증가 추세 자체는 지속될 가능성이 크다. 〈그림 3〉은 전술한 IEA2022의 에너지 전망 시나리오 중 STEPS와 NZE 별로 이차전지의 핵심 광물이자 '하얀 석유'라 불리는 리튬의 수요증가량을 전망한 것이다. 어느 시나리오에 따르든 전기차와 전력저장이 리튬 수요를 견인할 것으로 전망하고 있다.

이러한 추세와 전망은 수송부문의 전기차, 발전부문의 재생가능에너지 확대로 탄소중립을 가속화할 경우 이에 필요한 광물의 안정적인 가격 및 물량 확보가 중요함을 의미한다. 더구나 리튬, 코발트 등 핵심 광물이 지역적으로 편재되어 있고 현재 진행 중인 미국·유럽과 중국·러시아 간의 대립 구도가 강화될 경우 광물 확보의 불확실성 역시 증가한다. 일례로 미국의 IRA에서 중국의 이차전지 소재를 사용한 전기차에 대한 보조금을 제한하는 조치라든지 미국이 주도하여 중국이나 러시아를 배제하고 유럽과 아시아의 우호적인 국가들(한국 참여)로 구성한 핵심 광물안보파트너십Minerals Security Partnership, MSP은 그 단적인 사례다.

이상에서와 같이 화석연료시장 질서의 변화에 따라 당분간 탄소중립와 에너지안보 간의 긴장관계는 고조될 가능성이 크다. 중장기적으로 화석연료 축소와 재생가능에너지 확대가 지속될 경우 탄소중립이 화석연료 안보와는 긴장관계가 완화될 수 있으나 광물 안보와는 긴장관계가 지속될 것으로 보인다.

| 에너지시장의 질서 변화가 우리에게 주는 시사점

세계 경제의 진영대립이 강화되는 분위기 속에서 탄소중립에서 에너지 혹은 광물안보는 매우 중요하다. 현재의 대립구조가 중장기적으로 고착화될지 완화될지 가늠하기 어렵지만 어느 경우가 되든 당분간 우리나라는 중국·러시아와 적대적 관계가 되지 않게 관리하면서 미국·유럽과 협력하여 탄소중립과 에너지 혹은 광물안보 간의 긴장관계를 최소화시킬 필요가 있다.

우선, 화석연료의 경우 유럽과 경합하게 될 LNG시장에서 적정한 가격으로 안정적인 물량을 확보하는 것이 매우 중요하다. 현재 우리나라가 유럽에 비해 천연가스 수입선이 다변화되어 있기는 하나 현재 소수의 도입업체를 다양화시켜서 수급 확보의 불확실성에 대비할 필요가 있다. 이와 함께 현재 정부계획상 무탄소의 재생가능에너지나 원전의 확대에 불확실성이 있고 이로 인해 전력수급상 공백이 발생할 가능성이 있기 때문에 이에 대비하는 차원에서도 안정적인 천연가스 확보가 필요하다. 이 경우 천연가스 발전에 따른 탄소배출은 증가하겠지만 이는 에너지안보를 위한 불가피한 선택으로 생각해야 한다.

한편, 광물에서 리튬은 해외자원 확보에 주력하고 이미 확보된 리튬은 해당 국가와 우호적인 관계를 유지하여 자원의 무기화로 나가지 않도록 관리해야 한다. 같은 이차전지로서 우리

나라의 삼원계(니켈, 코발트, 망간)가 중국의 인산철(인산염과 철)에 비해 기술 수준, 에너지 밀도, 사용 후 재활용 측면에서 장점이 있으나, 이에 필요한 핵심 광물(니켈, 망간, 코발트)의 안정적 확보에는 약점이 있다. 현재 미국 IRA가 규제 대상을 중국이라는 국가가 아니라 중국 내의 일부 특정 업체를 겨냥한 '우려대상기관foreign entity of concern'으로 지칭하고 있기 때문에 관련 소재 분야에 강점이 있고 미국시장 진출에 제한이 있는 중국의 소재 관련 기업과 국내 합작을 통해 IRA 규제 요건을 충족하면서 안정적인 소재 확보를 도모할 필요가 있다. 이와 함께 국제관계의 불확실성에 대비하여 광물 소재의 중국 의존도는 신규 해외자원 개발이나 차세대 이차전지의 소재 대체를 통해 지속적으로 줄여나갈 필요가 있다. 그럼에도 불가피하게 발생하는 광물 수급의 변동성은 광물-양/음극재-셀-리사이클링 등의 수직계열화를 통해 흡수할 필요가 있다.

이상에서처럼 세계 경제의 진영대립이 지속되는 상황에서 에너지와 광물의 부존 여건이 매우 취약한 우리나라로서는 탄소중립을 지향하되 화석연료 안보와 광물 안보를 이전보다 중시하는 입장을 취할 필요가 있다. 탄소중립이 매우 중요한 목표이기는 하나 에너지안보가 담보되지 않는 탄소중립은 사회적 수용성과 정책상 추진력을 확보할 수 없기 때문이다.

05
반도체에 비해 난항 예고되는
배터리의 '디리스킹'

김양희

대구대학교 경제금융학부 교수

디커플링 vs 디리스킹

2023년 3월 폰 데어 라이엔Ursula Gertrud von der Leyen EU 집행위원장이 방중을 앞두고 "탈중국은 가능하지도 않고 유럽의 이익에도 반한다. 우리의 대응은 디커플링이 아닌 디리스킹이다"라고 언급했다. 이를 계기로 2023년에 '디리스킹'이라는 용어가 유행하기 시작했고 국내 일각에서는 이를 서방의 대중전략전환 신호로 읽었다. 결론부터 말하자면, 이는 부정확한 해석이다.

두 개념의 사전적 의미부터 간단히 살펴보자. 원래 미 재무성이 주로 사용하는 개념인 디리스킹이란 특정 금융기관이 거래하는 고객의 신용을 평가할 때 거래 관련 리스크를 엄밀히 세분해 식별하기보다 광범위하게 포괄하여 거래관계를 끊어버리는 행위를 가리킨다.[*] 국제경제와 관련하여 '디커플링'이란 '탈동조화', '디리스킹'이란 '탈위험'을 각기 의미한다. 이를 서방의 대중 경제 관계에 대비시켜 보자면 전자는 탈중국, 후자는 중국 관련 탈위험이다.

서방이 '디커플링이 아니라 디리스킹'이라고 하는 것은 대중 전략 기조의 전환이 아니라 그들의 의도를 정확히 설명해주는 개념의 탐색 차원으로 보는 게 타당하다. 사실 그간 미국에서 대중 디커플링을 말한 고위 관료는 트럼프 정부 당시의 마이크 폼페이오Mike Pompeo 국무장관 정도다. 2023년 5월 히로시마에서 개최된 G7 회의 공동선언문도 "디커플링 아니고 디리스킹"이라 적시하고 경제적 회복력과 경제안보를 위한 것으로만 디리스킹 대상을 한정했다. 즉 "small yard high fence(좁은 범위 높은 강도)" 제재다. 하지만 중국 측은 양자는 외교적 수사가 완곡해진 것일 뿐 본질적으로 다르지 않다며 냉담한 반응을 보였다.

2023년 8월 28일 러몬도 미국 상무부 장관은 중국을 방문해 '수출통제 시행 정보교환'을 위한 미중 차관보급 실무그룹

---

[*] New York Times, May, 20, 2023, "How 'Decoupling' From China Became 'De-risking'"

구성에 합의했다. 당시 허리펑何立峰 부총리를 만난 자리에서 그는 거듭 미국이 국가안보에 위협이 되는 부문에 한정해 대중 수출통제를 할 것이며 공급망 디리스킹은 중국과의 디커플링이 아니라는 점을 분명히 했다.* 미국의 이러한 움직임은 2024년 11월 대선을 앞두고 미중 갈등이 미국 경제에 미칠 악영향을 최소화하려는 의도로도 풀이된다. 중국 또한 경기침체가 발목을 잡고 있는 상황에서 과도한 미중 갈등이 바람직하지 않은 상황이라 양국 간 대화채널 마련을 마다할 이유는 없다.

따라서 최근 일련의 흐름을 미중 관계의 국면전환이라고 볼 필요도 없다. 애초부터 미중 양국은 경제력 및 군사력을 좌우하는 반도체, 인공지능, 양자컴퓨팅 등 국가안보에 중요한 첨단 핵심 품목과 핵심 광물, 전기차 배터리와 같이 기후 위기 대응에 긴요한 품목에 한해서만 '선별적 디커플링' 즉 디리스킹을 추구한다.

필자는 지금의 세계 경제 질서를 신냉전이나 탈세계화보다 '보호주의 진영화'로 파악하고 이것이 투사된 미국 주도의 GVC 재편의 지향성을 TVC라는 개념을 통해 파악한다.** 양 진영 모두 이중용도·횡단기술(산업횡단적 범용기술) 분야에 국한해 기존의 GVC에서 중국을 배제하고 신뢰할 만한 동맹이나 우방과

---

* Inside US Trade, September 1, 2023

** '보호주의 진영화' 및 '신뢰가치사슬(TVC)'에 관한 상세 논의는 김양희, 2022, '글로벌공급망 재편과 한국의 선택', 류덕현·박규호 외 《2023 한국경제 대전망》을 참조하라.

배타적인 TVC를 만들려 한다. 이것이 다름 아닌 디리스킹이다. 미국이 자주 사용하는 프랜드쇼어링은 이를 추진하기 위한 방식이라 하겠다. 그러나 엄밀하게 리스킹이 무엇이고 뭘 기준으로 디리스킹을 해야 하는지는 여전히 모호하다.

▎품목별로 다른 양태를 보이는 디리스킹

2023년 8월 9일과 18일 미국 산업정책 부활의 대명사인 CHIPS 법안과 IRA가 각기 시행 1년째를 맞았다. 전자는 반도체를 후자는 그린 전환 관련 품목 전반을 대상으로 한다. 한국 입장에서는 IRA 중 특히 한국이 경쟁력이 있는 전기차 배터리 산업에 관심이 지대하다.

그런데 주목할 만한 현상은 미중 디리스킹 양태가 두 품목별로 다르게 나타난다는 점이다. 이는 품목별 특성의 차이에 기인한다.

첫째, 양국 기업의 위상과 경쟁력 차이이다. 반도체 GVC에서는 미국의 위상과 경쟁력이 강하나 배터리에서는 정반대다. 단적으로 반도체와 배터리 분야에서 세계시장 점유율 10위 기업을 〈표 1〉에서 비교해 보면 그 차이가 선명하게 드러난다. 먼저 반도체 시장 점유율 10위 기업의 점유율은 총 53.9%이며 이 중 미국기업이 7개사로 34%를 점하는 반면 10위권에 중국 기업은 전무하다. 11위 이하 나머지 기업의 점유율은 46.1%다. 하지만 배터리는 정반대일 뿐 아니라 중국의 경쟁력 우위가 반도체에서의 미국에 비해 더욱 강력하다. 배터리시장 상위 10위 기업의 점유율은 무려 94%에 달하는데 이 중 중국기업은 6개사로 이들의 점유율이 61.1%나 되어 반도체보다 산업집중도가 훨씬 높다. 이와는 대조적으로 상위 10위권에 미국기업은 전혀 없다.

둘째, 반도체와 배터리 각각의 GVC에서 전후방에 누가 포진해 있는가도 중요한 차이점이다. 반도체의 경우 반도체 설계

표 1 2022년 반도체와 배터리의 상위 10대 기업(세계시장 점유율 기준)						
	반도체			배터리		
순위	사명	국가	점유율(%)	사명	국가	점유율(%)
1	삼성	한국	10.9	CATL	중국	36.3
2	인텔	미국	9.7	BYD	중국	16.1
3	SK하이닉스	한국	6.0	LG 에너지솔루션	한국	13.9
4	퀄컴	미국	5.8	파나소닉	일본	8.0
5	마이크론 테크놀로지	미국	4.6	SK온(K)	한국	5.2
6	브로드컴	미국	4.0	CALB	중국	4.3
7	AMD	미국	3.9	삼성SDI	한국	4.2
8	텍사스 인스트루먼트	미국	3.1	Guoxuan	중국	2.2
9	미디어테크	대만	3.0	EVE에너지	중국	2.2
10	애플	미국	2.9	Sunwoda	중국	1.6
	기타		46.1	기타		6.1

출처: 반도체는 Statista, Semiconductor companies market revenue share worldwide from 2008 to 2022, 배터리는 SNE Research, "Press Release – Insight –SNE Research"를 토대로 작성

및 디자인은 미국이 압도적인 경쟁력을 지니고 있으나 반도체 장비는 미국 외에 일본, 네덜란드가, 소재는 일본 등 미 우방들이 강자다. 〈표 1〉에는 드러나지 않으나 퀄컴, 브로드컴, AMD 등 소위 팹리스 기업의 반도체를 제조하는 기업은 대만의 세계적 파운드리 기업 TSMC다. 즉 TVC가 나름의 자기완결성을 지니고 있어 GVC 대체 가능성이 높다. 반면 배터리의 경우는 중국이 그 후방인 핵심광물 및 배터리 소재에서도 강력한 독점적 지위를 점하고 있다. 더욱이 리튬이온 배터리의 핵심소재를 제공하는 중남미 리튬삼각지(아르헨티나, 칠레, 볼리비아) 중 아르헨티나와 볼리비아는 미국의 우방이라 보기 힘들며 양극재 원료인 코발트의 전세계 공급량의 약 60%를 수출하는 콩고민주주의공화국은 중국이 대부분의 광산 개발권을 쥐고 있다. 그로 인해 GVC에서 중국을 배제할 경우 자기완결적인 TVC가 되기 힘든 상황이다.

이러한 차이는 미국 정부가 일본과 네덜란드에는 자국 수출통제 규정의 역외적용을 통해 대중 첨단반도체 장비 수출을 압박할 수 있지만, 배터리와 관련해서는 IRA의 비현실적인 대중 봉쇄 요구에 대한 우방의 반발을 최대한 수용하는 모습에서도 드러난다. 후자에서는 그만큼 우방의 대미 발언권도 커진다.

셋째, GVC상에서 보호주의 진영 내 한국기업의 위상과 경쟁력 차이다. 반도체에서는 상위 10위권 내에 미국기업이 우위를 보이는 가운데 한국기업(16.9%)도 수위에 포진하고 있다. 반면 배터리의 경우는 중국이 압도적 우위를 점하는 가운데 미국 우방인 한국(23.3%)이 들어 있으며 양국 모두 반도체에 비해 점유율이 높다. 즉 두 품목 모두 한국은 나름 세계적 경쟁력을 지니고 있으나 전자보다 후자에서 더 미국에 비해 강한 존재감을 드러낸다.

넷째, 용도의 차이다. 반도체는 첨단 무기체계 생산시 필수 불가결하다. 배터리도 국방 및 항공우주에 긴요하나 반도체만큼은 아니다. 다만 기후 위기 대응 및 관련 차세대 성장동력 확보에 관건이 된다. 즉 미국에 반도체는 국가안보와 기술패권에, 전기차 배터리는 그린 전환에 사활이 걸린 것으로 각각의 쓸모가 다르다.

| 2024년에도 디리스킹은 난항 속 확대 기조 유지

종합하면, 2023년 디커플링에서 디리스킹으로의 전환은 현재 미국과 서방이 추진하는 바를 보다 명확히 하려는 시도의 일환이다. 즉 지금의 세계 경제 질서는 신냉전이나 탈세계화가 아니라 미국이 주도하는 '보호주의 진영화'의 심화 과정에 있고 이 전략이 투사된 TVC 구축전략이 달리 말하자면 디커플링이 아니라 디리스킹이라고 이해할 수 있다.

2024년에도 TVC 대상과 진영은 확대될 전망이다. 서방뿐 아니라 중국도 핵심 품목의 TVC 구축 페달을 밟고 있기 때문이다. 러-우 전쟁 장기화로 서방의 대러 경제제재가 강화되다 보니 보호주의 진영화의 외연이 확대되고 있다. 이로 인해 미국의 디리스킹 분야는 에너지, 방산, 금융 등으로 확산 중이다. 미국은 말로는 TVC 구축 시 "small yard high fence(좁은 범위 높은 강도)"를 강조하나 실제로는 "bigger yard, higher fence(더 넓은 범위, 더 높은 강도)"로 치닫는 듯하다. 이렇게 되면 보호주의 진영 내 우방 간에 디리스킹을 위한 실효적인 국제 공조가 난관에 부딪힐 가능성이 높아진다.

지난 2023년 미국은 여러 시행착오를 겪으며 TVC 구축에 비싼 수업료를 지불했고 지금도 이 과정은 현재진행형이다. 2024년에도 미국이 이를 지속하고자 한다면 관건은 미국이 국내외 복수의 이해 관계자 사이에서 '신뢰'라는 추상적 개념을 '공동이익'이라는 구체적 개념으로 가시화할 수 있느냐이다. TVC에는 국내외 파트너 정부뿐 아니라 자국 혹은 상대 국가의 경쟁기업도 중요한 이해당사자로 얽혀 있기 때문이다.

지난 1년간 디리스킹이라고 해도 반도체와 전기차 배터리는 여러모로 달랐다. 반도체에서는 미국과 미 우방의 압도적 우위로 인해 TVC 구축이 용이하겠으나 전기차 배터리는 내년에도 난항이 예상된다. 더욱이 배터리의 TVC는 핵심 광물 채굴과 제련, 배터리 생산에 이르기까지 곳곳에 반환경적·반인권적 생산공정이 숨어있어 노동자, 지역사회, 환경단체 등도 강한 이해

**월터 아이작슨의 2년간의 밀착 취재와
130여 명의 인터뷰를 통해
처음 공개되는 놀랍도록 솔직한 이야기!**

공상과학 소설과 비디오 게임에 탐닉하던 괴짜 소년은
어떻게 시대의 혁신가가 되었는가?

독서는 일론에게 심리적 안식처가 되었다. 때때로 그는 오후부터 밤늦은 시간까지 9시간 내내 독서에 몰두하기도 했다. 가족 전체가 누군가의 집에 저녁 초대를 받기라도 하면 일론은 그 집의 서재에 틀어박혀 있곤 했다. 시내에 나간 날에는 거리를 배회하다 결국에는 서점에 들어가서 바닥에 앉아 자기만의 세계로 빠져들곤 했다. 그는 만화책도 깊이 탐닉했다. 하나의 목적에 매진하는 슈퍼히어로들의 열정이 특히 그를 매료시켰다. "다들 항상 세계를 구하려고 하잖아요. 생각해보면 속바지를 겉에 입거나 몸에 딱 붙는 철제 수트를 입은 게 이상하지만, 어쨌든 세상을 구하려고 애쓰잖아요." 일론의 말이다.

— [3장. 아버지의 집으로] 중에서

**공감 능력 제로, 지킬 박사와 하이드 같은 양면성의 비밀을 밝혀낸다!
일론 머스크를 다양한 관점과 균형 잡힌 시각으로 바라볼 수 있게 하는 책**

**이 책을 읽지 않고는 감히
일론 머스크를 안다고 논하지 말라!**

 〈타임〉 선정
'올해의 인물'
(2021)

 〈파이낸셜타임스〉
선정 '올해의 인물'
(2021)

 3년 연속
전 세계 부자
순위 1위!

**"머스크보다 지구상의 생활에 더 지대한 영향을 미친 인물은 거의 없다.
그는 지구 밖 생활에도 누구보다 큰 영향을 미칠 것으로 보인다."
— 〈타임〉**

**테슬라, 스페이스X, 솔라시티, 보링컴퍼니,
뉴럴링크, 오픈AI, 휴머노이드 로봇까지…
'지하에서 우주까지' 모든 걸 바꾸는 남자, 일론 머스크!
그가 만드는 지구의 미래는 어떤 모습일까?**

인공지능에 대한 머스크의 관심은 다양한 관련 프로젝트의 출범으로 이어졌다. 인간의 뇌에 마이크로칩을 심는 것을 목표로 하는 뉴럴링크, 인간을 닮은 로봇인 옵티머스, 수백만 개의 영상으로 인공신경망을 훈련시켜 인간의 뇌를 시뮬레이션할 수 있는 슈퍼컴퓨터 도조 등이 여기에 포함된다. 그는 또한 테슬라 자동차의 자율주행 기능을 개발하는 데 집착하게 되었다. 처음에는 이러한 노력들이 다소 독립적으로 진행되었지만, 결국 머스크는 인공일반지능이라는 목표를 추구하기 위해 엑스닷에이아이(X.AI)라는 새로운 챗봇 회사를 설립해 그 모든 것을 하나로 통합하기에 이른다.

— [40장. 인공지능] 중에서

관계를 지닌다. 이들은 OECD의 '지속가능한 광물 공급망을 위한 기업실사 지침Due Diligence guideline for Responsible Mineral Supply Chains'이나 EU 및 주요국의 ESG 기업실사 등을 매개로 정부나 기업을 압박할 것이다.* 그로 인해 복잡한 이해관계 조정이 어디까지 가능할지, 가능하더라도 그 비용은 또 얼마나 될지도 불투명하다.

미국이 추진하는 TVC가 품목에 따라 다르다는 점은 한국에도 매우 중요한 시사점을 던진다. 이 점에 착목하면 한국은 품목별로 입체적이고 유연한 공급망 재편 접근법도 고려해 볼 수 있다.

첫째, 한국은 반도체와 배터리에서 각각 상이한 미국과 중국의 위상 차이에 주목해야 한다. 전자에서는 한국에 긴요한 핵심 공정을 서방이 거의 공급하므로 이들이 속한 TVC에 합류하는 것이 불가피하다. 반면 배터리의 경우는 미국이 중국을 배제하고 TVC를 구축하는 것 자체가 요원하다. 단, 그것이 가능하다면 한국은 강력한 경쟁자인 중국을 배제하고 미국 및 EU 등 성장이 유망한 시장을 선점할 기회가 생겨난다.

둘째, 한국은 반도체와 배터리에서 미중 양국뿐 아니라 한

---

* 기업실사란 실무적으로 기업의 인수합병시 발생할 구조적 위험성이나 문제점을 사전에 파악하는 절차를 말한다. 한편 인권실사란 기업활동이 인권에 미치는 부정적 영향을 감지하여 예방하거나 완화하기 위한 일련의 절차를 말한다. OECD는 2018년 "기업책임경영을 위한 기업실사 지침Due Diligence Guidnace for Responsible Business Conduct을 마련, 다국적기업의 책임 있는 기업행위를 위한 권고안을 제시하였으나 이는 법적 강제력이 없는 것이다. 반면 EU, 프랑스, 영국, 미국 등 주요국은 ESG 관련 공급망 기업실사를 의무화하는 법을 적극 도입하였다.

국의 경쟁력 차이에도 주목해야 한다. 대미 관계에서는 한국이 반도체보다 배터리에서 상대적으로 강한 레버리지를 지닐 수 있다. 대중 관계에서는 반대로 전자에서 레버리지를 지니고 있다. 이에 한국 정부는 대미 관계 및 대중 관계에 양 품목을 별개로 취급하기보다 모두 같은 테이블에 올려놓고 적절히 동시 활용하는 방안을 고민해야 한다.

셋째, 양자의 용도별 차이도 중요한 지점이다. 반도체의 경우 안보적 함의가 지대하므로 미국이 아닌 한국을 위해서도 첨단 반도체는 대중 디리스킹이 불가피하다. 그로 인한 손실은 미국 주도 보호주의 진영 내에서 편익을 확보해 상쇄해야 한다. 배터리의 경우는 안보적 함의가 상대적으로 약하므로 미중 관계의 추이를 봐가며 그 후방에서 압도적 경쟁력을 보유한 중국과 제3국 및 한국에서 제한적인 협력을 고려할 수 있다.

06

흔들리는 달러패권,
미국의 대응전략은?

박종훈

KBS 기자

달러패권은 제2차 세계 대전 이후 미국이 세계 질서를 좌우하는 패권국가로 떠오르면서 본격적으로 시작되었다. 제2차 세계 대전의 피해가 가장 적었던 미국이 세계 경제의 중심지로 떠오르면서 자연스럽게 기축통화의 지위를 차지한 것이다.

미국은 이렇게 얻게 된 달러패권으로 그동안 엄청난 경제적·정치적 이득을 누려왔다. 경제적으로는 달러를 찍어내 자신들의 실제 경제역량보다 훨씬 더 많은 재화와 서비스를 소비할 수 있었다.

게다가 미국은 달러패권을 활용해 다른 국가들에게 막강한 영향력을 행사해왔다. 미국과 대립하던 국가가 외환시장 공격을 받거나 달러 결제망에서 퇴출되면 엄청난 경제적 어려움을 감수해야 했다. 이처럼 달러패권은 국제정치 무대에서 미국의 패권을 지켜주는 강력한 힘의 원천이 되어 왔다.

달러패권의 조용한 침식이 시작됐다

그러나 2000년대 들어서면서 막강하던 달러패권에 조금씩 균열이 나타나기 시작했다. 2022년 3월 IMF가 펴낸 워킹페이퍼 '달러 지배력의 은밀한 침식The Stealth Erosion of Dollar Dominance'[*]에 따르면 1999년 이후 20년간 각국 중앙은행의 외환보유고에서 달러가 차지하는 비중은 73%에서 58%로 하락한 것으로 나타났다.

그렇다면 이렇게 달러화의 빈자리를 차지한 통화는 어떤 통화였을까? 흔히 중국의 위안화라고 속단하기 쉽겠지만 우리의 예상과 달리 위안화는 달러 대신 보유한 외환의 4분의 1밖에 되지 않았다. 나머지 4분의 3은 호주달러, 캐나다달러, 한국 원화, 스웨덴 크로나 등 다양한 통화들이 차지했다.

위안화의 역할이 커지고 있다고는 하지만 그 속도는 매우

---

[*]   Serkan Arslanalp, Barry Eichengreen, Chima Simpson-Bell, "The Stealth Erosion of Dollar Dominance: Active Diversifiers and the Rise of Nontraditional Reserve Currencies", International Monetary Fund(IMF), Working Paper, WP/22/58, March 24, 2022.

느린 편이다. SWIFT에 따르면 2022년 1월을 기준으로 국제 거래에서 달러가 39.9%로 1위를 차지했고 그다음으로 유로화가 36.6%, 파운드화가 6.3%를 차지하고 있는 것으로 나타났다. 이에 비해 위안화는 고작 3.2%를 차지해 국제통화시장에서 위안화의 위상은 여전히 낮은 상황이다.

달러화 비중이 다소 줄어들기 시작한 것은 맞지만 그 속도는 여전히 느리고 위안화의 도전 역시 달러를 위협하기에는 아직 이르다고 할 수 있다. 다만 오랫동안 굳건하게 지켜져 왔던 달러화의 위상에 작은 틈새가 생겼고, 이로 인해 언젠가는 달러화의 패권도 흔들릴 수 있다는 의구심이 생기기 시작했다고 할 수 있다.

달러패권을 갉아먹는 것은 미국 자신

그동안 달러패권을 위협하는 가장 큰 원인을 제공한 것은 중국이나 위안화가 아닌 미국정부와 금융당국이라고 할 수 있다. 가장 큰 문제는 경제위기를 빌미로 너무 많은 달러화를 풀었다는 점이다. 미국 연준은 2008년 글로벌 금융위기와 2020년 팬데믹 위기 등 두 차례의 위기를 겪으면서 9조 달러에 가까운 천문학적 규모의 양적완화를 단행했다.

2008년 미국발 글로벌 금융위기 때만 해도 세계 각국이 기축통화인 달러화를 확보하기 위해 안간힘을 쓰면서 달러화 품귀 현상이 일어나 달러의 위상이 오히려 더 높아지는 아이러니가 일어났지만, 2020년에도 똑같은 현상이 반복되자 위기 때마다 돈을 풀고 이를 회수하지도 못하는 미 연준에 대한 불신의 씨앗이 자라나기 시작했다.

게다가 러-우 전쟁 이후 미국이 러시아 정부의 자산은 물론 러시아 민간 재벌의 자산까지 동결한 탓에 비서방권 국가와 기업들은 달러화를 보유할 유인이 크게 떨어졌다. 중국이나 인도, 중동국가 등 언제든 미국과 갈등을 겪을 수 있는 나라에서 섣불리 미국 달러 자산에 투자했다가 자칫 자산 동결이라는 제재조치를 받을 수도 있다는 불안감이 생겼기 때문이다.

게다가 미국이 러시아를 글로벌 금융거래를 위한 통신망인 SWIFT에서 퇴출시킨 것도 달러패권에는 장기적으로 악영향을 주었다. 당장 큰 스위프트망에서 퇴출되어 국제 은행 간 거래를 하기가 어렵게 된 러시아만 큰 어려움을 겪는 것처럼 보이지만, 달러를 기반으로 한 국제 거래에 대한 불신이 커지면서 달러패권에 틈을 허용한 셈이 되었다. 이는 CIPS를 내세워 미국 주도의 스위프트망에 도전하려는 중국에 위안화 세력권을 확장할 기회를 주었다.

또 다른 문제는 미국 달러패권을 지켜왔던 사우디아라비아와 미국과의 동맹에 큰 균열이 생겼다는 점이다. 1971년 닉슨 Richard Nixon 전 대통령의 금태환 중단 선언 이후 사우디아라비아가 미국에 안보를 보장받는 대신 원유와 천연가스 판매를 달러로만 하겠다는 협정이 달러패권을 뒷받침하는 강력한 버팀목이 되어 왔다.

그러나 2023년 사우디아라비아가 숙적 이란과 베이징에서 국교 정상화에 합의하면서 상황이 크게 달라졌다. 사우디아라비아가 자국 안보에 가장 큰 위협이 되어 왔던 이란과 화해한 이상 미국이 제공하는 안보 보장이 예전만큼 절실하지 않게 되었기 때문이다. 사우디아라비아의 실권자인 빈 살만Mohammed bin Salman 왕세자는 이에 그치지 않고 사우디아라비아를 위협해온 주변 시아파 국가들과의 외교관계를 복원하는 광폭외교에 나서고 있다.

게다가 사우디아라비아가 원유나 천연가스를 거래할 때 위안화 결제를 허용하려는 움직임까지 보이면서 달러패권을 뒤흔들 중대 요인으로 떠오르고 있다. 여기에 브라질과 아르헨티나 등 주요 남미국가들마저 위안화 결제 시스템에 참여하려는 움직임을 보이고 있다는 점도 향후 달러패권을 약화시킬 변수 중에 하나라고 할 수 있다.

달러패권이 약화되더라도 쉽게 무너지지 않는 이유

향후 달러패권과 관련해 헤지펀드의 제왕으로 불리는 레이

달리오Ray Dalio 브릿지워터어소시에이트Bridgewater Associates 창립자나 스티븐 로치Stephen Roach 예일대 교수는 장기적으로 미국이 달러패권을 잃게 될 것이라고 점치고 있다. 로마제국이나 대영제국처럼 과도한 통화발행으로 결국 통화패권을 잃게 될 것이라는 주장이다.

하지만 단기간 안에 달러패권이 무너진다는 예상은 시기상조로 보인다. 가장 큰 이유는 달러를 대체할 만한 통화가 여전히 등장하지 않고 있다는 점이다. 유로화가 달러를 대체하기에는 유로 지역의 경제 상황이 녹록하지 않다. 특히 미국과 같은 강력한 연방정부가 없기 때문에 10여 년마다 반복되는 금융위기에 너무나도 취약하다. 게다가 유럽연합에서 탈퇴하려는 강력한 원심력이 끊임없이 작동하고 있어서 유로화의 치명적 약점이 되고 있다.

위안화 역시 달러화를 대체하기에는 아직 이르다고 할 수 있다. 위안화는 국제결제통화로서 파운드화의 지위조차 따라잡지 못하고 있다. 게다가 중국이 추진했던 '신 실크로드 전략 구상', 즉 일대일로에 참여했던 국가들이 잇따라 심각한 국가부도 위기에 빠지면서 중국과의 협력에 대한 회의가 커졌다. 더구나 중국에서 부동산 버블 붕괴 위험까지 커지면서 위안화에 대한 신뢰가 크게 약화된 상황이다.

두 번째 이유는 최근 나타난 달러화 패권의 균열 현상이 미국의 금융정책과 외교정책에서 기인한 만큼 미국 스스로 예전과 같은 달러패권을 되찾을 기회가 여전히 남아 있다는 점이다. 특히 미국의 금융당국의 강력한 긴축 정책으로 달러 품귀 현상이 일어날 경우 2008년 글로벌 금융위기 때처럼 달러 확보를 위한 각축전이 재현될 가능성도 있다.

또한 미국이 달러패권을 지키기 위한 외교 전략을 다시 가동하기 시작했다는 점도 주목할 필요가 있다. 2023년 현재 미국은 사우디아라비아와 이스라엘의 국교 정상화를 통해 중동 지역에서 잃어버린 영향력을 다시 회복하려는 시도를 하고 있다. 이와 동시에 이란을 국제사회에 복귀시켜 중국 사이를 갈라놓기 위한 노력도 함께 진행하고 있다.

물론 달러패권이 가장 탄탄하던 시기인 동아시아 외환위기 직후에 비해서는 약화된 측면이 있지만, 그렇다고 쉽게 무너질 성질의 것이 아니다. 또한 달러화의 몰락을 점치며 달러화 가치가 크게 하락할 것이라고 단언하는 일부 달러 약세론자들의 견해는 아직 섣부른 전망으로 보인다.

다만 달러패권을 위협할 잠재적 요인을 꼽자면 향후 금융위기에 대처하는 연준의 통화정책이라고 할 수 있다. 아직 미국의 금융부실 문제가 해소된 것이 아니기 때문에 언제든 미국 금융시스템의 불안이 재현될 위험성이 있다. 만일 이를 빌미로 미 연준이 2008년과 2020년에 이어 세 번째 대규모 천문학적인 양적완화를 시도한다면 이번에는 달러패권에 큰 상처를 남기게 될지 모른다.

지속되는 고금리,
양극화되는 자산시장

저성장과 고금리,
투자가치를 유지할 수 있는 자산은?

정문영
한국기업평가 은행/국가신용등급 담당 실장

2022년 한 해 동안 이어진 가파른 금리 상승은 자산시장에 하나의 충격이었다. 그러나 시장에는 1년이나 1년 반 뒤에는 금리가 다시 하락하고, 세계가 몇 년 안에 이전의 저금리 상태로 돌아가리라는 기대를 품고 있는 참여자가 많았다. 2023년이 저물어가는 지금, 고금리는 상당 기간 지속될 하나의 현실로 자리 잡고 있다. 바뀐 세상의 자산시장에서는, 주식도, 채권도, 부동산도, 가상자산도, 이전의 저금리 시대와는 다른 움직임을 보일 것으로 전망된다. 자산 전반의 가격 상승세가 둔화된 가운데 양극화 현상이 심화될 것으로 예상되며, 신용리스크가 크지 않으면서 높은 쿠폰 금리를 향유할 수 있는 장기우량채권, 국내외 테크기업 주식 등 일부 성장주에 대한 투자 선호가 높아질 것으로 판단된다. 부동산은 서울 요지의 신축 아파트 위주로 수요가 유지될 전망이며, 가상자산이 성장주와 동일한 흐름을 보이는지에 대해서는 모니터링이 필요하다.

2022년은 지정학적 에너지 위기와 함께 시작되었으며, 에너지와 농산물의 부족은 80년대 이후 선진국에서 자취를 감추었던 인플레이션을 몰고 왔다. 미 연준은 80년대 수준의 초고속 기준금리 인상으로 인플레이션에 대응하였고, 전 세계의 시장금리 역시 동반 상승하였다. 그러나 시장은 기대를 버리지 않았다. 조만간 물가가 안정될 것이고, 기준금리 인상은 종료될 것이고, 금리는 다시 하락할 것이라고.

2023년 1월, 2023년 4월…… 미국 기준금리 인하 기대가 커질 때마다 미국을 중심으로 주요국 시장금리가 하락하였지만, 하락 폭은 크지 않았고, 시장금리는 매번 재반등하였다. 미 연준의 강도 높은 긴축에도 미국의 경제와 노동시장은 견조하고, 2023년 7월 이후 미국의 2년 만기 국채금리는 5% 내외를 기록하며, 2001년 4월 이후 최고 수준을 보이고 있다. 지금은 2024년 말까지도 고금리가 지속될 것이라는 예상이 지배적이다.

경기를 과열 또는 위축시키지 않는 적정 수준의 금리를 중립금리라 하는데, 지금 미국에서는 2022년 이후 중립금리 자체가 상승한 것이 아닌가에 대한 논의가 한창이다. 기술 진보와 전 세계적인 공급망 재편으로 투자 수요가 늘어나고 있고, 미국과 서유럽 등 정부 채무가 과중한 국가가 고금리 상황에서의 이자 부담을 위해 채권 발행을 늘리면서 고금리에도 불구하고 자금수요는 늘어났다는 것이다.

문제는 한국의 경제가 미국처럼 견조한 흐름을 보이지 못한 상황에서 중립금리 상승의 공격을 받고 있다는 것이다. 한국은행은 2023년 8월 23일, 2023년 실질GDP 전망치를 1.4%로 하향 조정했으며, 2024년도 2.2%에 그칠 것으로 예상했다. 글로벌 금융 위기의 여파가 닥쳐왔던 2009년과 팬데믹으로 전 세계의 경제활동이 얼어붙었던 2020년을 제외하면 1.4%의 실질경제성장률은 한국경제가 경험한 가장 최저치이다. 게다가 2023년 상반기 경상수지 흑자는 24.4억 달러로 전년 동기의 10% 수준을 기록하였다. 2023년 8월 말 외국인의 상장증권(주식·채권 합계 기준) 투자액이 94.5조 원으로 2022년 중 감소한 후 회복세를 보이고 있으며, 환율도 1,300원 내외에서 안정세를 보이고 있다. 그러나 과거 대비 크게 낮아진 경제성장률과 크게 감소한 경상수지, 한미 기준금리 격차는 언제든 국내 자산시장에 불안 요인이 가시화될 때 변동성을 증폭시키는 요인으로 작용할 수 있다.

한국은행의 고민이 커지고 있다. 부진한 국내 경기에 대응하기 위해서는 더 이상의 금리 인상이 어려우나, 2023년 7월 말 이후 2.00%p에 달하는 한미 기준금리 역전 폭은 부담스러운 수준이며, 시장 상황에 따라 자본이 해외 유출되거나 환율이 상승할 가능성을 배제할 수는 없기 때문이다. 지금까지는 기준금리를 3.5%로 유지하면서, 부동산PF 부실화 방지와 새마을금고발 리스크 현실화를 막기 위해 시장에 유동성을 공급하는 정책이 부동산 경기의 급격한 하강을 막는 데 효과적이었다는 평가를 받고 있으나, 2024년에도 이와 같은 평가가 지속될지는 불확실하다. 고금리하에서 가계의 부담이 크게 늘어나고 있기 때문이다. 한국은행은 2023년 2분기 말 금융기관과 판매회사에 대한 가계부채 총액을 1,863조 원(GDP의 85%)으로 집계하였지만 전세보증금 부채 등을 감안한 실질적인 부채 부담은 GDP의 105% 내외로 세계 최고 수준이라는 추산이 일반적이다. 2023년 1분기 중 소폭 감소하였던 가계부채 총량은 2분기 이후 다시 증가하여 2022년 말과 비슷한 수준을 보이고 있으며, 2022년 하반기 이후 가계 신용대출과 개인사업자 대출의 연체율이 취약차주를 중심으로 빠른 속도로 상승하고 있으며, 이 부분이 저축은행 등 2금융권에 부담으로 작용하고 있다.

고금리 아래에서 자산시장에서 가장 두드러지는 현상은 양극화이다. 주식시장은 성장주 중심으로, 채권시장은 장기 국채 등 초우량채 중심으로, 부동산 시장은 서울 요지의 신축 아파트 위주로 양극화가 심화될 전망이다. 가상자산은 규제 환경의 영향을 받을 전망이나, 성장 잠재력이 확인된다면 수요 기반이 확대될 수 있을 것으로 예상된다.

고금리가 지속되는 환경하에서 주식시장의 대세 상승을 기대하기는 어렵다. 1%대 중반의 실질경제성장률이 예상되는 2023년에도, 2%대 초반의 실질경제성장률이 예상되는 2024년에도 코스피 지수는 박스권에 머무를 가능성이 높다. 'Buy&Hold(매수 후 보유)' 전략의 유효성은 낮아질 것이며, 코스피 변동의 진폭이 매우 축소되어 트레이딩을 통한 수익 제고도 여의치 않은 상황이 지속될 전망이다. 이러한 상황에서 주식 투자는 미래의 꿈이 투영될 수 있는 성장주 위주로 양극화될 것이다. 2023년에 성장에 대한 기대는 이차전지 관련 주식에 집중되었고, 2024년에도 실물 경제에서 충족되지 못하는 성장에 대한 욕구가 주식시장에서 테마주의 형태로 분출될 가능성이 높다.

성장주는 초기에 발굴 투자한 경우가 아니라면 성장에 대한 높은 프리미엄이 가격에 반영되어 있을 가능성이 높다. 미래에 대한 기대를 어느 시점에 얼마나 반영해야 할 것인가에 대한 판단은 투자자 각자의 몫이기 때문에, 적정 주가에 대한 시장의 의견은 다양할 수 있다. 그리고 이러한 견해 차이는 거의 필연적으로 '버블' 논란과 변동성을 불러온다. 2024년, 코스피 전반은 정체 양상을 보이겠지만, 성장주로 각광받는 소수의 종목이 높은 변동성을 나타내는 현상은 2023년에 이어 계속될 것이다.

2021년 이전과 같이 저금리에 수빈되는 매매차익을 기대할 수는 없지만, 장기채에 투자하면 높아진 쿠폰금리를 장기간 확보할 수 있다는 점에서 채권시장의 환경은 여타 자산시장 대비 우호적이다. 최근 금융기관들은 예금상품 설계 시 1년 정도만 고금리를 보장하고 2년이나 3년 만기 상품에 대해서는 훨씬 더 낮은 금리를 지급하고 있다. 그런데 장기국채는 만기에 따라

10년이나 20년 동안 높은 수준의 쿠폰금리를 보장하므로, 자산가 고객의 장기국채 선호는 지속될 것으로 예상된다.

세계 각국, 특히 아시아와 유럽권 중앙은행들이 한국 국채에 대한 투자 비중을 유지 확대하는 것도 같은 맥락에서 이해할 수 있다. 경기 부진 전망이 제기되면서 한국 국채금리가 동일 만기 미국 국채 대비로는 낮은 수준에 머무르고 있다. 그러나 여전히 독일 등 주요 유럽 국채 대비로는 금리가 높고, 다수 아시아 국가 대비로는 한국 정부의 재정건전성, 한국경제의 안정성과 예측가능성이 우수하다. 포트폴리오 다각화의 관점에서 충분한 투자가치가 있다.

부동산 역시 주식과 마찬가지로 양극화가 심화될 전망이다. 비수도권에서는 적체된 미분양 리스크가 해소되지 않았고 주택 인허가 및 착공실적이 급감하며 건설시장 전반의 위축이 지속되고 있다. 정부 주도로 부동산PF 대주단 협약이 추진되면서 유동성 위기에 대한 우려는 완화되었으나, 금리가 하락하지 않는 한, 2024년 어느 시점에는 공사 진행이 중단된 부동산PF 사업장을 순차적으로 정리하는 것이 불가피하다. 다만 2024년의 상황이 부동산으로 보유하고 있는 자산을 주식으로 이동시킨다고 해서 수익을 확보할 수 있는 시기가 아니고, 거액 자산가가 아닌 경우에는 여전히 채권 투자의 문턱은 높기 때문에, 기존 부동산 보유자는 시장에서 철수하기 보다는 서울 요지에 존재하는 신축 고가 아파트 위주로 점진적으로 재산을 재편하는 양상을 보일 가능성이 높다. 따라서 전반적인 주택 부동산 시장의 횡보세 혹은 경기 회복 둔화 흐름과는 달리 이들 아파트에 대해서는 공급이 감소하면서 가격 상승세가 지속될 가능성이 있다. 부동산R114 입주 통계를 기준으로 보면, 서울의 신축 아파트 입주량은 2023년에는 2만 6,499가구이지만 2024년에는 1만 4,094가구로 감소할 전망이다.

양극화되는 자산시장에서 가상화폐가 어느 쪽에 설지는 다소 불확실하다. 미국 증권거래소 SEC가 규정 위반을 근거로 대형 가상화폐 거래소인 바이낸스Binance와 코인베이스Coinbase를 고소하면서 암호화폐에 대한 규제 강화를 예고하고 있는 점은 부담요인이다. 그러나 안정적이지만 큰 폭의 실적개선을 기대하기 어려운 가치주보다 다소 불안정하더라도 미래 성장 가능성이 있는 성장주 위주로 시장이 재편되고 있는 주식시장의 흐름을 감안한다면, 가치주와 같은 맥락에서 가상자산은 다시 주목받을 가능성이 상당하다.

세계 최대 자산운용사인 블랙록BlackRock은 SEC에 비트코인에 대한 현물 ETF를 신청하였으며, SEC는 승인 여부를 법성 시한인 2024년 3월 15일까지 밝힐 예정이다. 블랙록의 현물 ETF가 승인되면, 기업과 기관투자자들의 비트코인에 대한 접근성이 향상되며, 이는 비트코인의 가격 안정성으로 이어질 수 있다. 2024년 4~5월경에 비트코인의 네 번째 반감기가 도래하여 공급량이 감소할 것으로 기대되는 점도 긍정적이다. 공급 감소는 가격 상승으로 이어질 것으로 예상되기 때문이다. 2023년 6월부터 시행된 홍콩증권선물위원회의 가상자산 라이선스 제도의 효과가 본격적으로 나타나고, 2024년부터 EU에서 가상자산 기본법MiCA이 시행되는 점도 규제 불확실성에 대한 우려가 제거된다는 점에서 가상자산시장에 호재로 작용할 것으로 전망된다.

01
그 어느 때보다도 험난할
2023~2024년의 통화·금융정책 운용

허준영

서강대학교 경제학부 부교수

2022년 1년은 1970년대 말 이후 40년 만에 처음으로 전 세계가 고인플레이션에 고전한 한 해였다. 미 연준은 이에 대응하기 위해 2000년 이후 가장 가파른 금리 인상을 단행하여 2022년 1월 0.25%였던 연방기금금리를 12월 말 4.25%까지 끌어올렸다. 2000년대 이후 연준의 가장 가파른 금리인상이 이루어진 것이다. 그사이 미국의 소비자물가지수 상승률은 2022년 6월 9.1%를 정점으로 서서히 하강하였으나 2023년 1월에도 6.4%의 높은 수준을 기록하였다.

2023년 통화정책:
고인플레이션과 경기부진 대응의 딜레마

인플레이션의 상승으로 인해 금리를 2022년부터 본격적으로 올리기 시작했던 미국과 달리, 한국은행은 주택가격 상승과 가계부채 누증 등 금융불균형을 이유로 2021년 중반부터 금리를 올리기 시작했다. 그러나 인플레이션 상승이 본격화된 2022년에는 미국에 비해 상대적으로 금리를 서서히 인상했는데, 부동산 프로젝트 파이낸싱PF의 부실 가능성과 국내 경기 부진 등 금리를 올리기 어려운 거시경제 환경이 존재했기 때문이다. 여기에 인플레이션이 미국 등에 비해 상대적으로 낮았다는 점과 고정금리 대출의 비중이 높은 미국 및 선진국과는 달리 변동금리 대출이 가계대출의 대부분을 차지하고 있는 우리 경제의 특성상 금리상승의 부담이 가계에게 그대로 전달된다는 점도 완만한 금리 인상의 이유로 작용하였다.

2023년의 첫 금융통화위원회가 열렸던 1월, 한국은행은 0.25% 금리 인상을 단행하였으며 그 결과 기준금리는 3.5%가 되었다. 〈표 2〉에는 당시의 통화정책과 관련된 한미 주요 경제지표들을 요약하고 있다.

이후 2023년 2월부터 7월까지 네 번의 금통위에서 한국은행은 기준금리를 3.5%에서 동결하였다. 같은 기간 동안 미 연준이 금리를 지속적으로 인상하여 2023년 8월에는 상단 기준

표 2 2023년 1월 말 기준 한미 주요 거시경제 지표				
한국 인플레이션	한국 기준금리	미국 인플레이션	미국 연방기금금리	원/달러 환율
5.2%	3.5%	6.4%	4.25%	1,233.30

출처: 한국은행, Federal Reserve Economic Data(St. Louis Fed)

5.5% 기준금리 수준에 이른 것과는 대조적인 선택이었다. 이러한 결정의 배경에는 양국 간의 거시경제 상황이 다른 것이 가장 큰 이유로 판단된다. 미국은 지속적인 금리 인상에도 불구하고 신규 일자리가 계속해서 창출되고 실업률이 낮게 유지되는 등 노동시장이 견조한 것으로 나타나, 인플레이션을 안정화하기 위한 연준의 꾸준한 긴축이 필요했다.* 반면 한국은 중국의 리오프닝 효과가 더디게 나타나고, 수출의 주력상품인 반도체 경기가 좀처럼 살아날 기미가 보이지 않는 상황이 지속되며 국내 및 해외 정책기관들의 우리나라 2023년 경제성장률 전망치가 지속적으로 하향 조정되었다. 여기에 7월 새마을금고의 뱅크런bankrun으로 촉발된 금융시장의 불안이 경제의 하방리스크로 작용하기도 하였다. 이와 같은 상황에서 한국은행이 인플레이션에 대응하기 위한 금리 인상에 나서기는 힘든 상황이었던 것이 사실이다. 다행히 한미 간의 기준금리 역전(2% 차)에도 불구하고 급격한 외국자본의 유출은 없었으며, 오히려 2023년

---

* 물론 2023년 3월의 실리콘밸리뱅크 파산 등 금융시장이 불안한 모습이 있었으나, 위기가 빠르게 수습되며 이후 금융시장이 상대적으로 안정된 모습을 보였다.

1~3분기 동안 외국인 투자 자금은 순 유입을 보였다. 원/달러 환율은 동기간 동안 상승 추세를 보이며 2023년 8월 중순 기준 연초보다 100원 이상 상승한 달러당 1,342원 수준에 근접하고 있다.

2023년 금융정책: 거시경제 하방리스크와 가계부채 증가 사이의 딜레마

한편 앞에서 언급한 것처럼 2023년 중반기까지의 금융정책은 거시경제의 하방리스크 차단에 집중하였다. 부동산PF 부실화를 방지와 새마을금고발 리스크 대응을 위해 시장에 유동성을 공급하고, 부동산시장 경착륙을 막기 위해 전세금 반환 대출 등을 통해 대출규제를 완화하는 정책을 폈던 것이다. 2023년 7월 말, 이와 같은 정책은 부동산시장의 급격한 하강을 막는 데 효과적이었던 것으로 평가되고 있다.

그러나 2023년 3분기에 들어 이와 같은 금융정책의 부작용이 관측되고 있다. 대출금리가 상승하는 추세임에도 불구하고 7월 가계대출이 2021년 9월 이후 1년 10개월 만에 가장 큰 증가세를 보인 것이다. 정부의 규제 완화로 부동산시장 회복 기대감이 커지면서 주택 구입 수요가 증가한 것이 이러한 현상의 원인으로 지목되고 있다.

통상적으로 한 나라의 가계부채 수준은 GDP(소득) 대비 비중으로 나타낸다. 2022년 3분기 말 기준 우리나라의 GDP 대비 가계부채 비율(이하 '가계부채 비율')은 105.3%로 전 세계적으로도 가장 높은 수준이다. 100%를 상회하는 가계부채 비율을 보이는 나라는 우리나라를 포함하여 스위스(128.9%), 호주(113.6%) 및 캐나다(103.2%)뿐이다. 소득 가운데 조세 납부 등을 제외하고 개별 경제주체가 처분가능한 소득을 의미하는 순 가처분소득Net Disposable Income 대비 가계부채 비율을 보면, 2022년 말 기준 우리나라는 206%를 기록함으로써 평균적으로 가처분소득의 2배가 넘는 가계부채를 보유하고 있는 것으로 나타났다. OECD 국가 중 우리나라보다 더 높은 가처분소득 대비 가계부채를 보이는 나라는 노르웨이, 스위스, 네덜란드, 덴마크, 호주뿐이다.

우리나라 가계부채는 2008년 글로벌 금융위기 이후 본격적으로 증가하기 시작하여, 팬데믹 이후 더욱 빠르게 확대되어왔다. 특히 이러한 국내 가계부채 증가세는 글로벌 금융위기 이후 디레버리징을 경험한 주요 선진국과 상반된 패턴이다. 주요 선진국들의 GDP 대비 가계부채 수준 평균은 2008년 3분기 85.7%를 정점으로 2022년 3분기 기준 70%로 감소한 반면, 국내 가계부채 비율은 동기간 70.7%에서 105.3%로 대폭 확대되었다. 다만 우리나라의 가계부채 총량은 2022년 동안 감소해왔는데, 2023년 3분기 들어 다시 증가세로 전환하는 모습을 보였다는 점에서 향후 가계부채로부터 비롯된 경제적 부작용에 대한 '경고등'이 다시 나오고 있는 실정이다.

2024년 통화·금융정책, 정책 간 조화가 그 어느 때보다도 중요

2022년부터 지속된 공격적 금리 인상에도 불구하고 미국 경제의 연착륙 가능성이 커지면서, 연준이 인플레이션을 안정화시키기 위해서는 고금리를 더 오랫동안 가져가야 할 것이라는 기대가 형성되고 있다. 이러한 상황에서 내외 금리차를 신경 써야 하는 한국은행의 고민이 커지고 있다. 부진한 국내 경기에 대응하기 위해서는 더 이상의 금리 인상이 힘든 환경이나, 만약 미국이 추가 긴축에 나설 경우 더욱 커지는 한미 간의 기준금리 차이로 인해 자본이 유출되거나 환율이 상승하는 상황을 배제할 수 없기 때문이다. 한국은행은 2023년 남은 기간 금리를 동결하는 방향으로 통화정책을 펼 확률이 높다. 미국이 2024년에 금리를 인하하더라도 시간을 두고 소폭 인하할 가능성이 높아서, 한국은행도 급격한 급리 인하 기조로 전환할 가능성은 크지 않은 것으로 보인다. 더구나 현재와 같은 가계부채 증가세가 이어질 경우, 한국은행의 금리 인하는 자칫 가계부채 누증을 더욱 심화시킬 가능성이 존재한다. '물가안정'과 함께

'금융안정'을 책무로 가지는 한국은행의 선택이 어느 때보다도 힘든 2023년 남은 기간과 2024년이 될 것이다.

부동산시장 경착륙이라는 큰 시름을 던 금융정책은 향후 서서히 가계부채 증가세에 대응하는 방향으로 정책을 선회할 것으로 보인다. 가계부채 누증과 주택가격의 상승은 서로 밀접한 관계를 맺고 있으며, 이와 같은 현상이 단기적으로 발생했을 때의 사회적 비용을 우리는 팬데믹 직후의 부동산시장으로부터의 경험으로부터 목격한 바 있다. 따라서 금융정책의 목표 변화가 감지될 것이나, 2024년 4월에 제22대 국회의원 선거가 있는 만큼 정책 변화는 완만한 속도로 이루어질 가능성이 크다.

2023년 하반기로 접어들면서 발표되고 있는 글로벌 투자 은행들의 2024년 한국경제 성장률 전망치는 여전히 어둡다. 중국 경제의 반등이 생각보다 더디며, 반도체 등 우리의 수출 주력 상품의 글로벌 수요회복 또한 아직 느리게 나타나고 있기 때문이다. 여기에 미중 갈등의 심화 등 수출의존도가 높은 우리 경제에 부정적으로 작용할 국제 요인들이 상존해 있는 상황이다.

국내 인플레이션은 하강 중이나 여전히 한국은행이 목표하고 있는 2% 수준은 상회하고 있다. 가계부채는 다시 증가세로 돌아섰으며 한미 기준금리 역전 폭은 그 어느 때보다도 높다. 이러한 상황에서 중앙은행이 쉽게 금리 인하 모드로 전환하기는 쉽지 않을 것이다. 가계부채가 증가세로 전환된 지금의 상황이 2024년에도 지속된다면, 이에 대한 정책적 대응이 반드시 필요할 것이다. 그러나 전 연준 이사였던 제레미 스타인Jeremy Stein은 "이자율 변화는 바위의 모든 틈새로 파고든다."라고 하였다. 통화정책의 효과가 경제 전 범위에 영향을 미치는 광범한 것이라는 말을 은유하는 의미일 것이다. 거시경제가 부진한 지금의 상황에서 가계부채 대응을 위해 경제 전체에 영향을 주는 금리를 움직이는 것에는 큰 위험이 따른다. LTV·DSR 등 거시건전성 정책을 통해 가파른 가계부채 누증 및 주택가격 상승 등에 대응하는 동시에 고인플레이션 고착화를 방지하기 위한 통화정책과 금융정책의 조합이 요구된다. 이렇게 거시경제의 안정성을 확보하면서 우리 경제의 중·장기적 활로를 모색하는 2024년 한 해가 되어야 할 것이다.

02

주식:
코스피 정체 속 성장주 강세

김학균

신영증권 리서치 센터장

2023년 주식시장은 반등세를 나타냈으나 그 폭은 크지 않았다. 국내외 인플레이션 압력의 완화와 주요 중앙은행들의 긴축정책 종결에 대한 기대가 주가 상승의 동인이었다. 2023년 코스피 상승률 12.6%(~8월 17일, 이 글에 사용되는 모든 주가 데이터는 2023년 8월17일 기준)는 일견 무난한 성과였지만 2022년에 나타났던 -24.9%의 급락세를 감안하면, 직전 하락폭의 약 38%를 회복하는 정도의 반등에 그쳤다. 반도체 경기의 회복 지연과 중국 경제에 대한 우려가 줄곧 주가의 탄력적 상승을 가로막는 악재로 작용했다. 2023년 장세는 상승 추세로의 전환이

라기보다는 낙폭 과대 직후에 나타나곤 하는 기술적 반등으로 해석해야 하지 않을까 싶다.

이차전지주 급등, 경기 침체 우려 속의 극심한 성장주 장세

2023년에 나타났던 특징적 현상은 이차전지 관련주의 급등이었다. 에코프로가 981%나 급등했고, 에코프로비엠과 포스코퓨처엠도 각각 245%와 135% 상승했다. LG에너지솔루션은 SK하이닉스와 현대차 등을 제치고 삼성전자의 뒤를 잇는 한국 증시 시가총액 2위 자리에 올라섰다.

이차전지 산업의 성장성에 대해서는 이견이 크지 않지만, 관련주들의 고평가 여부와 관련해서는 많은 논란이 벌어졌다. 2023년과 2024년 예상 실적을 함께 고려한 포스코퓨처엠의 PER(주가수익비율)은 87.4배, 에코프로비엠과 에코프로의 PER은 70.3배와 60.9배에 달했다. 코스피의 PER이 10.8배라는 점을 감안하면 이차전지 관련주들은 예측 가능한 향후 1~2년의 이익으로 설명하기 힘든, 더 먼 미래에 대한 기대를 당겨와 주가에 반영했던 셈이다.

역사적으로 보면 경기에 대한 비관론이 클 때 성장주들이 부각되고, 가치주들의 디스카운트는 더 심화되곤 했다. 가치주는 성장주에 배치되는 개념으로, 기업이 보유하고 있는 자산과 단기간 내 벌어들일 것으로 기대되는 이익에 비해 주가가 저평가되고 있는 종목군을 지칭한다. 저평가라는 단어가 매력적으로 들릴 수도 있지만 시장이 바보가 아니라면 저평가되고 있는 종목들은 그 나름의 이유가 있는 경우가 많다. 철강주들의 저평가는 중국 경제의 장기 성장 둔화에 대한 우려가 반영된 결과이고, 은행과 통신주의 저평가에는 규제 리스크에 대한 걱정이 녹아들어 있다. 경제가 강하게 성장하면 개별 기업들에 내재돼 있는 여러 핸디캡이 경기 사이클과 상쇄되면서 저평가가 희석될 수 있지만, 경기에 대한 비관론이 크면 저평가 상태가 고착화되는 경우가 많다.

경제 전반에 대한 비관론이 큰 상황에서 성장성이 높은 특정 산업과 기업이 부각되면, 주식시장은 이들 종목에 높은 프리미엄을 부여한다. 성장이 희소해질 때 성장주들이 시장의 주역으로 부각되는 것이다. 이차전지 산업이 높은 성장 잠재력을 가지고 있다는 점에 대해서는 광범위한 공감대가 형성돼 있지만, 미래에 대한 기대를 주가에 얼마나 투영할 것인가는 다른 투자 대안과의 상대적 비교에서 결정된다. 2023년 한국 증시에서는 다수 종목군이 내수 장기 정체, 대중국 수출 위축, 미중 갈등에서 파생되고 있는 불확실성 돌출 등 이런저런 약점을 가지고 있었기 때문에 이차전지 관련주들로의 쏠림이 나타났다고 볼 수 있다.

투자자들의 기대를 한몸에 받는 성장산업은 늘 외피를 바꿔쓰면서 주식시장에 등장하곤 했다. 올해의 기대주는 이차전지였지만, 2020년에는 바이오였고, 2013~14년에는 화장품이었다. 모두 경기 사이클 하강 국면이었고, 한국경제에 대한 비관론이 컸던 시기였다. 한편 2023년에는 이차전지 관련주에 이어 초전도체 관련주들의 짧은 강세가 나타나기도 했다. 한 벤처 기업의 불확실한 주장에 기댄 다분히 투기적인 시세 흐름이었지만, 실물 경제에서 충족되지 못하는 성장에 대한 욕구가 주식시장에서 테마주의 형태로 분출된 사례로 봐야 하지 않을까 싶다.

코스피의 뉴노멀은 박스권

2023년은 코스피의 방향성보다는 어떤 섹터를 선택하느냐에 따라 투자의 성패가 결정됐던 해였다. 2024년 주식시장도 비슷한 흐름일 것 같다. 지난 십여 년 동안 한국 증시는 장기 횡보세에서 벗어나지 못하고 있다. 사상 초유의 저금리라는 유동성 모르핀을 맞았던 2020년 장세가 예외였을뿐, 코스피는 다시 팬데믹 이전의 박스권으로 회귀하고 있다. 중국의 고성장을 등에 업고 코스피가 처음 2000p대에 도달했던 시기는 2007년 7월이었다. 이후 16년이 넘게 지났지만 코스피는 2500p대에 머물러 있다. 2000p대 도달 이후 16년 동안 코스피 상승률은 25.7%, 연평균 수익률은 1.4%에 불과했다. 배당이 포함되지 않은 수치이기는 하지만 장기적으로 주식시장이 투자자들에게 만족할 만한 성과를 돌려줬다고 보기는 어렵다.

한국 증시의 역사에서 코스피의 장기 횡보는 드문 일이 아니었다. 1979~84년 코스피의 연율화 수익률은 -1.7%였고, 1989~2003년에도 연평균 수익률이 -0.7%로 부진했다. 코스피가 안정적으로 3년 이상 상승했던 장기 강세장은 모두 세 차례 있었는데, 모두 한국경제의 활력이 넘칠 때 나타났다. 중동건설 붐이 있었던 1972~78년(코스피 연평균 상승률 28.9%), 3저 호황이 있었던 1985~88년(연평균 상승률 58.5%), 중국 특수를 누렸던 2004~07년(연평균 상승률 23.6%)에 코스피가 추세적으로 상승했다.

최근 경험하고 있는 코스피의 장기 정체는 한국경제의 활력 저하와 맞물려 있다. 구체적으로는 중국 특수의 약화 때문이다. 기회의 땅이었던 중국에서 '차이나 리스크'라는 말이 나오기 시작했던 시기가 대략 10여 년 전쯤이었고, 이후 중국 고성장의 최대 수혜를 누렸던 한국 증시도 박스권에서 벗어나지 못하고 있다.

주가는 기업이익의 그림자이다. 기업이익이 꼭 거시경제 사이클을 복제하는 것은 아니지만 제조업 강국인 한국 주식시장에는 경기에 민감히 반응하는 경기순환형Cyclical 종목들이 많이 포진돼 있어, GDP를 비롯한 전반적인 매크로 성장이 코스피의 움직임을 결정하는 핵심 변수가 작용해 왔다.

경제 전반의 성장에 대한 우려가 클 때 미래의 꿈이 투영될 수 있는 성장주들이 주식시장의 주도주로 부각되곤 했다는 점을 앞에서 논의했다. 2023년 장세뿐만 아니라 2007년 이후의 시장 흐름에서도 그랬다. 코스피의 장기 정체는 주가 양극화라는 외피를 쓰고 나타났다. 코스피는 20개 세부 업종 지수로 구성돼 있는데, 이 기간 동안 연율화 수익률 1.4%에 불과했던 코스피보다 성과가 나았던 업종은 5개에 불과했다. 전기전자·비금속광물·의약품·화학·서비스 등 5개 업종만이 코스피 대비 초과수익을 기록했다. 반도체와 바이오·배터리·플랫폼 등 성장에 대한 기대가 투영될 수 있었던 종목들이 속해 있었던 일

그림 4 **코스피 장기 추세**

자료 : 신영증권 리서치센터

부 업종들만 좋은 성과를 기록했던 셈이다.

2024년에도 경기 회복 강도가 코스피의 박스권 탈피 여부는 물론 시장의 주도주 스타일을 결정하는 변수가 될 것이다. 2023년 한국의 GDP 성장률은 1%대에 그칠 것으로 전망된다. 경제 개발이 본격화됐던 1960년대 이후 다섯 번째로 낮은 성장률이다. 과거 한국경제가 2023년보다 더 어려웠던 때도 있었지만 이후 경기가 회복되는 패턴은 예외없는 V자형 반등의 양상이었다. 2024년 GDP 성장률은 전년보다 개선될 것이라는 것이 대체적 예측이지만, 회복 강도는 잠재성장률 수준인 2% 내외에 그칠 것이라는 것이 시장의 컨센서스이다. 경제의 탄력적 회복이 어렵다면 코스피 역시 그간 이어져왔던 장기 박스권에서 벗어나기는 힘들 것으로 전망된다.

성장주에 유리한 환경, 성장주 투자에 수반되는 높은 변동성은 경계해야

코스피의 장기 정체는 투자자의 미덕으로 거론되곤 하는 'Buy&Hold(매수 후 보유)' 전략의 유효성을 낮춘다. 코스피가 제자리 걸음을 하는 상황에서는 장기 보유의 실익이 거의 없기 때문이다. 한편 한국 증시의 변동성이 기조적으로 축소되고 있다는 점도 어떤 면에서는 투자자들의 운신의 폭을 좁히고 있다. 코스피의 변동성은 역사적으로 매우 낮은 수준이다. 1990년대 코스피는 500~1000p의 장기 박스권에서 벗어나지 못했지만, 시장에서는 위험과 기회가 반복적으로 나타나곤 했다. 시장의 변동성이 크면 트레이딩을 통한 수익률 제고를 도모할 수 있지만, 코스피 변동의 진폭이 매우 축소된 요즘 한국 증시에서는 이런 기회를 잡기 힘들다. 단기 트레이딩을 권하는 것이 아니다. 장기 투자의 실익이 크지 않은 상황에서 트레이딩을 통한 수익 제고도 여의치 않아진 상황이 지속되고 있다는 점을 지적하고 싶은 것이다. 한국 증시의 변동성 축소는 안정성은 높아졌지만, 역동성은 약화되고 있는 한국경제의 변화가 반영된 결과이다.

그림 5 코스피 추이와 변동성

주 : 변동성은 코스피 주간 로그수익률 변동의 연환산 표준편차
자료 : 신영증권 리서치센터

시장의 평균적인 성과를 나타내는 코스피를 추종하는 투자를 해서는 '장기 투자'건, '단기 트레이딩'이건 큰 성과를 보기 힘든 시장 흐름이 지속되고 있다. 투자한 섹터에 따라 성패가 갈리는 흐름이 2024년에도 지속될 것이다. 예상보다 약한 경기 회복 강도는 성장주에 유리한 환경이다.

다만 성장주 투자에는 높은 변동성이 수반된다는 점을 고려해야 한다. 코스피의 변동성은 축소됐지만, 급등과 급락이라는 널뛰기를 했던 2023년 이차전지 관련주들의 주가가 보여줬던 것처럼 말이다. 성장주에 대한 열광은 '버블'을 거의 필연적으로 불러오기 때문에 성장주 주가는 늘 논란이 되면서, 그만큼 변동성이 커진다. 버블은 때로는 과잉낙관의 산물로, 때로는 신산업 육성에 수반되는 필요악으로 등장했다.

성장주에 대한 열광은 이들 종목군에 대한 높은 밸류에이션 부여로 나타난다. 성장산업의 스토리는 매력적이지만, 주가가 그 기대감을 얼마나 반영하고 있는가를 가늠하기는 쉽지 않다. 또한 집단적 쏠림은 인기있는 주식의 주가에 거품을 만들 가능성을 높인다. 조기 투자자가 아니라면 성장에 대한 높은 프리미엄을 지불해야 주주가 될 수 있다는 점이 성장주 투자에 내재된 가장 큰 리스크이다.

한편으론 신성장산업의 육성 과정에서 버블이 필요악으로 요구되는 메커니즘에 대해서도 이해가 필요하다. 1990년대 후반의 닷컴버블이 무익하기만 했던 것은 아니다. 당시 고평가된 기술주들을 사들였던 투자자들은 '손편지를 대신해 이메일을 보내고, 쇼핑과 음악 감상도 인터넷에서 하는 세상'을 꿈꿨을 것이다. 이 판단은 옳았다. 요즘 우리가 그런 세상을 살고 있다. 그렇지만 당시 주식시장에서 거래되던 기업들이 만개한 인터넷 세상의 주역으로 자리 잡은 것은 아니다. 주역이 되기는커녕 상당수 기업들은 파산해서 퇴출됐다. 인터넷 생태계의 주도권을 쥘 것으로 기대를 모았던 야후와 엠파스, 라이코스는 쇠하거나 사라졌고, 닷컴버블 국면에서 상장돼 있지도 않았던 구글이 절대 강자가 됐다.

인간의 능력이 아주 뛰어나서 흥하고 망할 기업을 정확히 구별해 낼 수 있으면 좋겠지만 이는 어려운 일이다. 특히 역사 속에서 충분히 검증되지 않은 신산업에 속한 기업들에 대해서는 더 그렇다. 결국 누가 최종 승자가 될지 알 수는 없지만 성장할 것으로 기대되는 산업 전반으로 일단 돈이 흘러 들어가야 되는데 기술낙관론에 기댄 버블이 형성되지 않으면 신산업에 자금이 들어가기 어렵다. 닷컴과 바이오가 그랬고, 이차전지도 예외가 아니다.

미국의 인터넷 생태계는 구글이, 한국은 네이버가 평정했지만, 처음부터 콕 집어 구글과 네이버가 아니었고, 많은 벤처기업들에 자금이 투입된 가운데 이들이 적자생존했다고 봐야 한다. 닷컴버블이라는 열광이 없었더라면 구글과 네이버 등이 애초에 자금을 수혈받기도 어려웠을 것이다. 신산업 육성에는 버블이 필요하지만, 이 과정에서 과도한 거품이 형성된 종목을 최후까지 보유하고 있었던 주주들은 희생양으로 전락했다.

이차전지 주가가 더 상승할지, 몇 해 어려웠던 바이오가 재기할지, 아니면 또 다른 산업이 부상할지 논의하는 것은 이 글의 목적이 아니다. 다만 2024년에도 숲보다는 나무를 잘 고르는 안목이 필요할 것이고, 저평가보다는 비싸더라도 성장에 대한 기대가 투영될 수 있는 종목들이 부각될 것으로 본다. 숲은 고요하겠지만, 그 안의 몇몇 나무들은 격한 흔들림을 나타낼 것이다.

03
고금리·고물가·고성장, '뉴노멀 시대'의 채권시장

신동준

KB증권 WM투자전략본부장, 숭실대 겸임교수, 경제학 박사

Higher for longer,
연준은 높은 기준금리 수준을 오랜 기간 이어갈 것

연준이 기준금리를 22년 만에 최고 수준인 5.25~5.50%까지 인상했다. 2022년 3월부터 약 1년 4개월 동안 5.25%p를 인상하는 강력한 통화긴축을 단행했음에도 불구하고 미국경제와 노동시장은 견조하다. 미국의 OECD 경기선행지수는 2023년 봄을 저점으로 오히려 반등하고 있고, 제롬 파월Jerome Powell 연준 의장은 2023년 7월 말 미국 연방공개시장위원회FOMC에서

"우리는 더 이상 경기침체를 예상하지 않는다"며 그동안의 경기침체 전망을 철회했다. 인플레이션에 대한 관심은 '높은 인플레이션이 낮아지는가'에서 '연준의 목표까지 얼마나 신속하게 낮출 수 있는가'로 이동했다.

경기침체와 함께 예상했던 연준의 기준금리 인하 전환 시점이 늦춰지고 그 폭도 점점 작아지면서 미국과 한국의 10년만기 국채금리도 2023년 8월 22일 각각 4.32%, 3.98%까지 반등하며 5월 저점 대비 각각 1.00%p, 0.71%p나 급등했다. 미국 10년만기 국채 금리의 경우 2008년 글로벌 금융위기 이후 최고치로 올라섰다. 2023년 들어 금리하락을 예상하여 장기국채를 매수한 투자자의 경우, 미국 국채는 달러원 환율 상승에 따른 환차익이 어느 정도 손실을 상쇄했겠지만, 한국 국채 투자자들은 상당부분 평가손실에 진입했을 것으로 추정된다.

연준의 강도 높은 통화긴축에도 불구하고 경제와 노동시장이 견조한 흐름을 보이고 있는 배경에 대한 논쟁이 활발하다. 경제를 뜨겁게도 차갑게도 하지 않는 적절한 기준금리 수준을 '중립금리'라고 하는데, 팬데믹 이전보다 중립금리가 한 단계 더 높아졌을 것이라는 추정이다. 미국의 대중 압박 전략이 미국이 집권당에 상관없이 장기화되면서 신규 투자가 가속되고, 인공지능 기술 적용에 의한 생산성 향상도 점차 가시화되고 있으며, 높은 재정적자를 감당하기 위해 정부가 국채 발행을 늘리고 있기 때문이다.

만약 중립금리가 더 높아졌다면, 인플레이션을 잡기 위해 기준금리는 지금보다 더 높아야 한다. 그러나 기준금리를 큰 폭으로 더 올리면 금융불안이 높아지고 경제의 특정 부분들이 흔들릴 수 있다. 팬데믹 대응을 위해 크게 늘려 놓은 대차대조표를 아직 충분히 줄이지 않았고 재정의 여력이 없는 상황에서 또 다른 위기가 오면 대처가 쉽지 않다. 연준은 기준금리를 추가 인상하는 데에 주력하기보다는 높은 기준금리를 오랜 기간 이어가는 것을 선택할 가능성이 높다.

따라서 추가 긴축이 필요하지만 연준이 주저하는 과정에서 통화긴축이 장기간 이어지면서 이전보다 높은 성장, 높은 물가, 높은 금리 환경이 펼쳐지는 '2020년대 뉴노멀2020s New Normal'이 장기화될 가능성이 높다. 투자자들은 장기금리 하락에 대한 자본차익에 조바심을 내기보다는 2008년 글로벌 금융위기 이후 최고 수준까지 높아진 이자수익, 즉 채권투자의 본질에 집중하기를 권고한다. 차본차익의 기회는 또다시 오기 마련이다.

▌ 고금리·고물가·고성장, '2020년대 뉴노멀'의 시대

연준의 통화긴축이 꽤 높은 강도로 진행되고 있지만, 전 세계 많은 연구기관들이 전망했던 글로벌 경기침체의 조짐은 여전히 찾아보기 어렵다. 명목 정책금리를 5% 위로, 실질 기준으로는 2%대까지 가파르게 인상했음에도 불구하고 연준의 누적적인 통화긴축 효과가 경제 전반에서 관찰되지 않고 있는 것이다. 미국경제에서 통화긴축 효과가 빨리 나타나지 않는 이유로는 두 가지를 꼽을 수 있다. 첫째, 고용시장이 탄탄하다. 부채가 많지 않은 고령자들이 팬데믹 기간 동안 자산가격 상승을 경험하면서 은퇴를 결심했고, 이민자의 유입이 많지 않아서 저임금·저숙련 일손은 계속 부족하다. 또한 팬데믹이 시대의 전환을 가속하면서 기술 기업들의 고숙련 노동자 수요가 급증했지만 공급이 그에 미치지 못했던 점도 고용시장을 탄탄하게 만든 이유다.

둘째, 미국 가계는 변동금리보다 장기 고정금리 모기지의 비중이 높다. 미국 가계 대출의 70%를 차지하는 모기지(주택담보대출)가 대부분 장기 고정금리라서, 기준금리가 인상되더라도 가계의 모기지 원리금 상환 부담이 높아지지 않는다는 점 역시 경제전반에 통화긴축 효과가 즉각 반영되지 않도록 만드는 원인이다.

그러나 한편으로 더 중요한 것은 팬데믹 기간 동안에 출범한 바이든 정부의 대외 정책 변화가, 그리고 팬데믹 기간 동안 나타난 기술의 변화가 중립금리 수준을 높였을 가능성이다. 만약 강력한 통화긴축의 영향으로 현재 기준금리가 중립금리보다 높아졌다면 향후 경제는 위축되는 것이 자연스럽다. 그러나 중립금리 자체가 한 단계 더 높아졌다면 현재의 기준금리 수준이 충분히 긴축적이지 않을 수 있다. 연준의 강도 높은 통화긴축에도 불구하고 경제가 잠재성장률을 웃도는 성장을 보이고 있는 것은 현재 기준금리가 매우 긴축적이지는 않다는 의미라고 평가될 수 있다. 따라서 적정한 중립금리 수준을 추정하는 것은 중앙은행의 통화정책 강도를 결정짓는다는 측면에서 매우 중요하다.

참고로 중립금리는 2000년대 이후 꾸준하게 낮아졌다. 미국과 유럽 등 선진국에서 세계 대전 이후에 출생한 베이비부머 세대가 은퇴하면서 소비보다 저축을 늘렸고, 아시아의 제조업 중심 수출국과 중동의 원유 수출국들은 경상수지 흑자가 계속되면서 저축이 쌓였다. 소비나 투자를 위한 '자금 수요'보다 과잉저축에 의한 '자금 공급'이 많아지면서, 중립금리 수준이 낮아졌다는 것이 일반적인 평가였다.

그러나 팬데믹을 전후하여, 2000년대 이후 꾸준히 낮아지던 중립금리를 상승 반전시키는 요인들이 있었던 것으로 추정된다. 이는 기준금리를 추가로 올리거나 높은 기준금리를 오랜 기간 유지해야 하는 근거로 제시될 것이다.

첫째, 미국정부가 전 세계 공급망에서 중국의 의존도를 낮추기 위한 전략을 채택하면서 신규 투자가 증가했다. 인도와 베트남은 중국을 대체하기 위해 노력하고 있고, 미국정부는 미국 내 투자를 늘리기 위해 투자 지원 정책을 펼치고 있다. 최근 진행되는 투자는 대체로 '수요가 강해서, 또는 수요가 강해질 것'

라는 경기 사이클 측면에서의 전망을 바탕으로 결정되는 것이 아니다. 팬데믹 기간 동안 경험한 공급망 불안이 미중 디커플링과 결합되면서 공급망을 재편하려는 투자 결정일 가능성이 높다. 더욱이 친환경 산업의 주도권을 쥐려는 기업의 의지와 미국 정부의 지원이 더해지고 있는 것 역시 투자가 늘고 있는 이유다. 신규 투자가 늘어나면서 자금 수요가 늘어나게 됐는데, 이는 중립금리를 높이는 요소다. 또한 소비를 위축시키려는 통화긴축의 효과가 투자를 촉진하는 재정정책으로 상쇄되는 모습도 확인되고 있다. 즉 소비는 정점에서 느리게 내려오고 있는 반면, 오히려 민간투자는 반등하고 있다. 채권금리와 달러가치를 상승시키는 요인이다.

둘째, 생산성이 높아졌거나 높아지는 것과 비슷한 효과를 내는 변화들이 나타났다. 팬데믹 기간 동안, 비용을 들이지 않고도 멀리 있는 사람과 만날 수 있는 화상회의 시스템이 낮은 가격으로 큰 거부감 없이 폭넓게 보급되었다. 더 많은 사람을 낮은 비용으로 만날 수 있는 기술 변화로 생산성이 향상되었다. 재택근무나 혼합근무가 확산되면서, 협업 툴 사용을 통한 생산성 향상도 나타났다. 최근에는 인공지능 기술을 적용하면서 생산성이 더 높아질 것이라는 기대가 커지고 있다. 생산성이 높아지면 경제 성장세가 강해지면서 중립금리가 높아지는 영향이 있다.

셋째, 팬데믹 이후 각국 정부의 재정적자 확대로 국채 발행 등 자본시장을 통한 자금수요가 높아졌다. 미국 의회예산국CBO에 따르면 미국의 재정적자는 2023년 GDP의 5.8%에서 2053년에는 GDP의 10.0%에 달할 것으로 예상된다. 흥미로운 것은, 이자 비용을 제외한 기초수지 적자Primary deficit는 2023년과 2053년 모두 GDP의 3.3%로 동일하지만, 총 재정수지 적자 Total deficit는 이자비용 증가 때문에 급증한다는 추정이다. 즉 이자를 갚기 위한 국채 발행이 기하급수적으로 증가한다는 의미다. 재정지출 중에서 이자를 갚기 위한 지출 비중은 2021년 13%에서, 2026년부터는 52%로 절반을 넘어설 것으로 추정되고 있다. 기초수지 적자 역시 인구 고령화와 의료비 등 사회보장 지출이 대폭 증가하면서 쉽게 줄어들기 어려운 구조다.

과거에는 경기가 나쁘면 자금수요가 줄기 때문에 금리가 하락했다. 그러나 이 경로가 달라졌다. 지금은 민간의 자금수요가 줄어도 정부가 빌려야 하는 돈의 규모가 이를 압도한다. 경기가 나빠져도 금리가 상승할 수 있다는 얘기다. 지금 정부가 하고자 하는 것은 에너지 전환, 그리고 공장설비 등 과거에 비해 엄청난 돈이 필요한 투자이다. 정부는 더 빌려야 하는데, 중앙은행은 양적긴축QT을 하고 있다. 환혜지* 후 미국 국채를 매수하던 일본 등의 매수자금도 이제는 역마진이라 멈췄다. 노후를 위해 저축하던 사람들이 은퇴하면서 저축을 소비하기 시작

---

* 해외통화를 이용한 거래에서 환율 변동으로 인해 발생할 수 있는 위험을 없애기 위해 환율을 미리 고정해두고 투자자산의 가격 변동에만 수익률을 연동하는 투자 방법을 말한다.

했다. 경제가 나빠지면 오히려 경기부양을 위해 국채를 더 발행해야 한다. 경제가 나빠지면서 생기는 민간의 자금수요 감소를 정부의 자금수요 증가가 압도할 것이다. 결국 정부 재정이 적자를 내고 있는데, 중앙은행이 국채를 사주지 않고 오히려 기준금리를 인상하는 지금 같은 구조는 한번도 경험해 본 적이 없다. 경제가 나빠져도 금리가 상승한다면, 장기국채와 주식은 같은 자산군인 셈이다. 자산배분 효과가 없다.

지금까지 살펴본 것과 같이 만약 중립금리가 더 높아졌다면, 물가를 잡기 위해 기준금리는 지금보다 더 높아야 한다. 미국의 대중 압박 전략이 미국이 집권당에 상관없이 장기화되면서 신규 투자는 가속되고, AI 기술 적용에 의한 생산성 향상이 점차 가시화되고 있다. 높은 재정적자를 감당하기 위한 정부의 국채 발행 증가 등 앞으로 중립금리를 더 높이는 요인들이 많아 보인다.

통화긴축 효과가 잘 나타나지 않고 있지만, 향후 연준은 기준금리를 큰 폭으로 추가 인상하는 데 주력하기보다는 높은 기준금리를 오랜 기간 이어가는 것을 선택할 가능성이 높다(Higher for longer). 기준금리를 큰 폭으로 더 올리면 금융불안이 높아지고 경제의 특정 부분들이 흔들릴 수 있는데, 팬데믹 대응을 위해 크게 늘려 놓은 대차대조표를 충분히 줄이지 않았고 재정의 여력이 없는 상황에서 또 다른 위기가 오면 대처가 쉽지 않기 때문이다. 2024년 말 대선을 앞두고 고용시장을 흔들 정도의 통화긴축도 매우 부담스러울 것이다. 따라서 추가 긴축이 필요하지만 연준이 주저하는 과정에서 통화긴축이 장기간 이어지면서 이전보다 높은 성장과 물가, 금리 환경이 펼쳐지는 '2020년대 뉴노멀'이 장기화될 가능성이 높다.

폭발적인 개인 채권투자가 초래한
이상 현상을 활용한 전략

국내에서는 개인들의 폭발적인 채권투자 열기가 지속되고 있다. 이를 넘어 기관투자자들의 지형에도 영향을 미치고 있다. 개인들의 채권투자 순매수는 지난 10년(2012~2021년) 동안 월평균 2,600억 원에 불과했지만, 2022년 7월부터 2023년 8월까지 월평균 3조 700억 원으로 약 12배 급증했다. 특히 2023년 4월에는 월 최대금액인 4조 5,500억 원을 순매수하는 등 2023년 들어서도 월평균 3조 3,500억 원 수준을 이어가고 있다.

개인들의 채권투자 수요가 배경한 배경은 세 가지였다. 첫째, 단기 고금리 채권에 대한 만기 보유 수요다. 잔존만기 2년 이내로 금리가 높은 우량 회사채와 여신전문금융채(카드/캐피탈채)를 매수하여 만기까지 보유하는 전략이다.

둘째, 자본차익을 노린 수요다. 만약 만기 30년 짜리 국채를 매수하여 금리가 1.0%p 하락한다면 투자수익률은 약 20%에 달한다. 실제로 우리나라의 국고채 30년물은 2022년 4분기 중 4.3%대까지 치솟은 후 2023년 1분기 중 3.2%대까지 급락했다. 투자자들은 1~2분기 만에 약 15%의 자본차익을 얻었을 것으로 추정된다.

셋째, 절세 수요다. 채권투자의 과세는 쿠폰(표면금리)에 부과된다. 채권금리가 최저점 부근이었던 2019~21년 상반기에 발행된, 표면금리가 낮은 채권들은 거액자산가들의 절세 아이템이다. 개인투자자들이 단일종목으로 가장 많은 2조 7,400억 원을 보유하고 있는, 2019년 9월에 발행된 20년 만기 국고채(19-6)는 2023년 8월 25일 현재 만기수익률은 3.83%이지만 표면금리가 1.125%에 불과하다. 은행의 예금금리와 비교한 예금환산 수익률은 5.11%(14% 세율 적용 시)에 달한다.

문제는 2023년 들어 개인들의 투자수요가 주로 저쿠폰 장기국채를 매수하여 자본차익을 노리는 수요에 집중되었다는 점이다. 경기침체와 함께 연준의 기준금리 인상 고점이 거의 다가오고 있기 때문에 적어도 2024년에는 연준의 기준금리 인하 전환이 가능하냐는 예측의 결과다. 그 영향으로 국채시장의 시표물과 비지표물의 금리가 역전되는 이상 현상이 관찰되고 있다. 우리나라의 20년 만기 국고채는 1년에 1종목, 30년 만기 국고채는 1년에 2종목이 발행된다. 가장 최근에 발행된 국고채를 '지표물'이라고 부르고, 그 이전에 발행된 국고채들은 '비지표물'이 된다. 장기채권일수록 보험사, 연기금 등 채권을 만기까

그림 6 2008년 금융위기 이후 최고치로 올라선 미국 10년만기 국채금리

── 미국 10년   ── 한국 10년

자료: Bloomberg

지 보유하는 기관투자자들의 수요가 누적되면서 시간이 흐를수록 비지표물의 거래량은 줄어든다. 따라서 거래가 가장 활발하고 유동성이 좋은, 최근에 발행된 지표물은 일반적으로 비지표물보다 비싸다(금리가 낮다). 2019~21년에 발행됐던 저쿠폰채권, 즉 비지표물은 지표물보다 만기는 짧으면서 금리는 더 높고(싸고), 절세효과가 탁월했기 때문에 만기보유와 절세효과를 노린 개인들이 이를 찾는 것은 당연했다. 그러나 2023년 들어 자본차익 수요로도 기왕이면 절세효과가 높은 비지표물을 집중적으로 찾다보니 개인 수요에 의해 프리미엄이 붙었고, 비지표물의 금리가 거래가 활발한 지표물보다 낮아지는 이상 현상이 발행했다. 비지표물은 구하기 어렵다보니 약 0.20%p 지표물보

다 더 낮은 금리에 비싸게 채권을 매수해야 하며, 향후 자본차익 목적으로 매도할 경우에는 반대로 팔기도 어려워 눈에 보이는 가격보다 더 싸게 팔아야 할 위험이 높다. 자본차익 목적의 개인 채권투자자라면 비지표물인 저쿠폰 장기국채보다 이례적으로 가격이 낮아져 있는 지표물 장기국채를 매수하는 것이 합리적이다.*

---

* 동 의견은 필자의 개인적인 의견으로 소속 회사(KB증권)의 공식적인 의견과 다를 수 있음을 알려드립니다.

04
스태그플레이션과 인구 감소,
부동산 양극화 심화

김규정

한국투자증권 자산승계연구소장

2023년 상반기 부동산시장은 심화했던 경착륙 리스크가 해소되는 양상을 보였다. 글로벌 긴축 종료와 금리 인하에 대한 기대감이 형성되면서 주택시장의 하방압력이 둔화됐고, 미분양 주택 수가 줄고 신규 분양 아파트 청약 경쟁률이 높아지는 등 주택시장의 주요 지표들이 회복세를 보였다. 하지만 주택담보대출을 중심으로 가계부채가 다시 증가하고 부동산PF*시장의 유동성 리스크가 지속되는 가운데 공급 감소와 중단 사태를 겪으

---

* 부동산 Project Financing에서는 완공된 건물이 존재하지 않는 상황에서 물적 담보보다는 부동산 개발사업의 수익성을 감안하여 대출이 이루어진다.

며 건설공급시장이 역성장하고 부동산산업시장 전반적으로 생산성 저하에 따른 성장률 하락으로 이어졌다. 물가, 금리, 환율 변동성과 거시경제 성장률 둔화로 하반기로 갈수록 부동산시장 전반의 회복 속도가 완만해지면서 2024년 부동산시장의 정상화 여부는 여전히 불확실하다.

2023년 부동산 진단: 지속되는 하방압력 속, 서울 아파트시장만 회복세

재고주택시장의 경우, 대표 상품인 서울 아파트 실거래 가격이 반등하고 거래량이 회복 추세를 보이면서 매수심리가 회복됐다. 한국부동산원 실거래가격지수를 기준으로 2023년 서울 아파트 실거래 가격은 상반기 동안 약 10% 상승했다. 지난 2022년 한 해 연간 실거래 가격 하락폭이 22% 수준이었던 것을 감안하면 급락 이후에 나타난 기술적 반등이라고 볼 수 있으나, 시장 여건에 비해 빠르고 강한 회복률을 보이면서 수요심리가 개선됐다. 서울 지역 아파트 실거래 신고량은 4개월 연속 3천 건을 상회하며 추세적 증가세를 보였다. 가격과 거래량이 함께 회복되면서, 2022년의 기저 효과로 일시적으로 반등하는 것일지도 모른다는 수요자들의 의심이 누그러졌다. 서울 지역에서 공급된 주요 신규 분양 아파트의 청약 경쟁률이 수백 대 1을 기록하는 등 투자심리가 살아나면서 신축시장도 동반 강세를 보였다. 하반기 상승 전망에 대한 관심이 높아지고 매수심리가 지표적으로 개선되며 다시 증가세로 전환된 가계부채에 대한 우려가 제기되는가 하면, 포모증후군Fear Of Missing Out, FOMO으로 동요하는 수요시장의 불안심리가 나타났다.

전반적인 시장환경에 비해 예측보다 이르게 나타난 서울 등 일부 아파트시장의 가격 회복세는 2022년 하락변수였던 금리 인상 종료에 대한 기대감으로 2023년 1분기에 시장금리가 선행 하락하면서 나타났다. 또한 1.3 부동산대책과 다주택자 금융 규제 완화 등 정부의 부동산정책 영향이 국지적인 영향을 미쳤다. 특례보금자리론 지원으로 유동성이 강화되며 금리가 급등하면서 주택 구입 자금 마련에 어려움을 겪던 수요자들이 주택 투자에 나선 것도 회복세에 긍정적인 영향을 미쳤다.

하지만 서울과 세종 등 일부 지역을 제외한 전국 주요 주택 시장의 거래 및 가격 회복세가 상당한 편차를 보이며 양극화 우려가 심화했다. 비수도권에서는 대도시에서조차 주택의 매매 가격 및 임대료가 약세를 보였는데, 비非아파트 주택은 물론 아파트에 있어서도 마찬가지였다. 대구(-0.32%), 전북(-0.90%), 충남(-0.17%) 등 지역은 빠른 회복세를 보인 서울 및 수도권 일부 지역과 달리 2023년 상반기에도 아파트 매매가격이 하락했고 주요 광역도시 아파트 실거래가격 변동률은 1%대에 머물렀다. 아파트 전세 실거래가격은 지수 기준 상반기 동안 하락구간을 벗어나지 못했다.

　지역시장에서는 특히 적체된 미분양 리스크가 해소되지 않았고 주택 인허가 및 착공실적이 급감하며 건설시장 전반의 위축과 유동성 위기 고조로 이어졌고, 건설업 의존도가 높은 지역 도시의 실물경기 침체로 표출됐다. 국토부가 발표한 6월 주택통계에 따르면 전국 미분양 주택 수는 2023년 2월을 정점으로 감소하는 추세가 나타나긴 했으나, 전체 6만 6,388가구 미분양 주택 중 84%에 해당하는 5만 5,829가구가 지방에 몰려있고 이 중에는 악성 미분양으로 분류되는 준공 후 미분양 주택 9,399가구가 포함되어 있는데, 이는 2023년 1월 대비 1,853가구 늘어난 것이다. 지역 시장을 중심으로 미분양 부담과 공사비 증가에 따라 상당수 사업장의 수익성이 악화되고 중소 건설사의 폐업신고 역시 상반기 중 증가했다. 서울 수도권을 중심으로 분양시장이 회복세를 보였으나 비수도권에서는 건설공급시장 경색과 신규 분양 공급 감소가 지역경기 둔화에도 부정적인 영향을 미치고 있다. 2023년 상반기에 공급된 지방 공동주택 분양 공급 물량은 2022년보다 50%가량 급감했다.

　부동산PF시장의 유동성 리스크 역시 남아있다. 금융감독원에 따르면 2023년 1분기까지 부동산PF 대출 잔액이 131조 6,000억 원 규모로 늘어난 것으로 집계됐다. 부동산PF 연체율이 2%를 돌파하며 부실 우려 역시 커졌다. 만기 연장 등 정부가 적극적인 리스크 관리에 나섰지만 뚜렷한 해결 방안이 제시되지 못한 채 공급시장의 유동성 위기가 지속되는 양상이다. 금융권의 건설 PF 익스포저(위험노출액) 규모가 확산되고 관련 연체율도 상승하고 있는데 구조적으로 부실채권 규모와 파생 리스크를 정확히 파악하기 어렵기 때문에 당장 부실 징후가 없다고 해도 안전성을 장담하기 어려운 구조이다. 저축은행과 증권사 및 보험업계 등 2금융권을 중심으로 부동산PF 리스크가 지속되는 가운데 2023년 하반기를 지나 2024년까지 주택공급시장을 중심으로 유동성 위기가 가중될 우려가 크다. 과거 금융위기 시기에 그랬듯 부동산 가격이 하락하고 건설시장이 급랭하는 양상을 보이면서 실물경기 침체와 부진으로 이어질 리스크는 여전히 존재하고 있다.

건설 금융시장의 위험성과 개발투자 부진이 지속되는 한, 일부 주택재고시장의 회복 지표를 과대 해석하거나 전체 시장에 미칠 낙수효과를 기대하는 것은 위험하다. 2023년 3분기 현재 부동산시장 전반은 하락국면을 벗어나지 못한 가운데 일부 투자형 주택 상품에 대한 차별화된 투자심리가 표출되는 상황이다. 유동성이 급증한 가운데, 역설적으로 부동산시장의 회복 전망이 불투명하기 때문이다. 실물경기 회복도 부진한 상황으로 뚜렷한 수요 확대 요인이 없다면 2023년 하반기로 갈수록 회복 동력은 약화될 전망이다.

2024년 부동산 전망:
시장금리와 실물경기 주목, 양극화 심화 우려

2023년 3분기 현재 글로벌 경기 회복세가 둔화하고 자산시장의 변동성과 하방압력이 지속되고 있다. 상반기에 비해서 인플레이션 위기가 완화되고 있지만 물가 및 금리 불안이 이어지며 미국의 경기침체 리스크가 제기되고, 중국발 글로벌 경기침체 리스크가 확산하고 있다. 특히 중국 헝다그룹에 이어 비구이위안 등 대형 부동산 개발업체들의 연쇄 디폴트 우려가 제기되면서 중국 경기와 내수에 상당 영향을 미치는 부동산 부문의 어려움이 글로벌 시장과 대중 수출 의존도가 높은 한국의 실물경제에 악영향을 미칠 가능성을 배제할 수 없는 상황이다. 중국 부동산시장과 연관된 국내 금융사들의 직접적인 익스포저가 크지 않다고 해도 수출, 경기, 금융 전반에 영향을 끼칠 수 있고, 하반기 경기 반등을 제한하는 변수로 작동할 것으로 보인다.

실제로 2023년 8월 미국 채권 금리가 다시 상승하고 중국발 리스크가 글로벌 자산시장의 변동성을 확대시키면서 국내 부동산시장의 투자심리도 위축되는 양상을 보였다. 수요심리에 부정적 영향을 미치며 주택 부동산시장의 회복세가 둔화될 수 있다는 전망이 제기됐다. 차별화된 회복세를 나타냈던 일부 주택시장의 회복 흐름이 둔화되면서 양극화는 심화하고 지역 부동산시장의 디커플링 현상이 확산할 가능성이 커졌다. 초저금리 유동성 장세에 따라 나타났던 지역 부동산시장의 동조화 시기가 종료되고 이후 주택 부동산시장의 회복기를 거치면서 초양극화 트렌드가 심화할 전망이다.

급증한 시중 유동성에 비해 부동산시장의 회복과 투자에 대한 확신이 어려운 상황으로 수요심리가 위축될 경우, 투자형 자산시장으로 성질이 변화한 아파트 상품을 중심으로 투자 쏠림이 심화할 것이다. 수급 동향에 따른 자산가치가 형성되며 투자 안정성과 희소가치가 높은 특정 지역 및 상품에 유동성이 집중되면 주택시장의 경우 신축 입주량 및 임대수익률 등에 따라 특정 조건을 충족하는 상품의 절대가치가 상대적으로 더욱 견고해질 것으로 보인다. 예를 들면 서울, 신축, 고가 아파트 등의 특징이 대표적인 조건으로 꼽힌다. 따라서 전반적인 주택 부동산시장의 횡보세 혹은 경기회복 둔화 흐름과는 달리, 예를 들면 서울 지역의 신축 아파트와 투자수요가 몰려있는 고가 아파트시장은 강한 투자심리가 형성되고 수급불균형에서 비롯한 아파트 가격 상승세가 지속될 가능성이 있다. 서울 아파트시장의 경우, 부동산R114 입주 통계를 기준으로 2023년 신축 아파트 입주량은 2만 6,499가구, 2024년 입주량은 1만 4,094가구, 2025년에는 2만 501가구가 입주할 예정으로 집계돼 지역 내 투자수요 집중도에 비해 입주 공급량이 감소하면서 신축 아파트에 대한 희소가치가 커질 것으로 보인다. 특정 지역을 중심으로

한 아파트시장의 투자 상품화가 심화하고 지역 간 격차가 확대
될 수 있다.

상대적인 거래시장 회복세와 투자수요 및 유동성 쏠림이 예
상되는 서울 아파트시장 등 일부 투자형 상품과 지역에 대해서
도 2024년 추가 조정 가능성이 제기되고 있다. 시장금리 변동
성이 확대되거나 부동산 금융 유동성 리스크가 현실화될 경우
강도의 차이는 있겠지만 단기적인 주택 부동산시장의 경색과
건설 공급시장의 부실화 우려 및 역성장이 나타날 수 있다. 아
직은 부동산 경기 국면이 완연한 회복구간으로 들어섰다고 단
언하기 어려운 상황이다. 주택 부동산시장에 대한 투자인식이
심화되고 IT 기반의 정보 유동성이 강화되면서 수요심리 변화
의 속도와 강도는 가팔라지고 있으며, 그에 따른 시장 변동성
은 결과적으로 극대화할 것으로 보인다.

주택시장의 초양극화를 필두로 지역 부동산시장과 도시 경
쟁력이 상대적으로 더 빠르게 약화될 수 있는데, 이에 대응해
지역 부동산시장에 대한 중장기 정책이 요구되는 시점이다. 자
생 가능한 광역도시를 중심으로 도심을 재정비하고 콤팩트시
티로 효율화하는 한편 인구 감소와 지역경제 부진으로 경쟁력
이 떨어진 소도시들은 연구 검토를 거쳐 재생할 지역을 분류
관리하는 운영 전략을 마련해야 한다. 수도권과 대도시 중심의
비즈니스 집중 현상이 심화하고 광역 인프라가 구축되면서 지
방 소도시 소멸 위기가 대두되고 있다. 2024년 부동산시장의

조정기를 거치면서 위기감은 더욱 빠르게 표면화되고 구조화될 수밖에 없다. 지방 정책이 부재한 현실을 인지하고 지역도시 재생 등 대응 전략을 마련하지 않는다면 2024년 이후 지방 중심으로 국토 불균형과 수도권 집중화 이슈가 심화하고 지역 부동산 쇠퇴 현상이 수면 위로 부상할 것이다.

시장금리가 높은 수준을 장기간 유지하게 되면, 가계부채 이자부담률이 증가하면서 연체율이 상승하고 부동산 자산가치 하락과 가계소비 감소에 따른 실물경기 위축으로 이어질 수 있다. 경기침체 우려가 심화할 경우 기준금리 인상 및 긴축정책은 종료되겠지만 더 이상의 금리인상 없이 긴축정책이 종료된다고 해도, 그간 급등한 물가, 환율, 시장금리가 미치는 부정적 영향은 상당기간 지속될 전망이다. 2024년 부동산시장 역시 금리 변수의 대표성이 절대적으로 작동하고 실물경기 회복력과 더불어 가계와 수요시장의 투자 결정에 큰 영향을 미칠 것이다.

│ 2024년 부동산 이슈: 작지만 큰 변화의 시작

부동산시장에 영향을 미칠 대표적인 이벤트로는 2024년 4월 총선을 꼽을 수 있다. 2023년 주택 부동산시장이 정책적 규제완화에 따라 상당한 영향을 받은 만큼, 총선 전후 과정에서 발표되는 부동산 개발 및 투자 계획 등 부양정책이 단기적으로 수요심리를 자극할 가능성이 있다. 과거 사례를 볼 때, 부동산 투자 수익성을 제고할 수 있도록 세금 부담을 낮추거나 대출규제를 추가 완화해 유동성을 투입하면 주택 부동산 투자심리가 개선될 수 있다. 전통적인 인프라 개발 계획과 재정 투자 정책이 나오는 지역은 반짝 회복세를 보일 가능성이 있다.

주택시장 내부적으로는 전세시장의 변화에 대해 주목한다. 지역 및 주택상품 유형에 따라 전세가격 하락 및 역전세 리스크가 제기되는 실정이어서 전세시장의 불안 양상이 주택시장 전반의 자산가치 하락으로 이어지거나 중장기적인 수요시장 축소로 이어질 우려까지 제기되고 있다. 주택시장 근간을 변화시킬 수도 있는 임대시장 구조 변화로 이어질 경우 2024년 이후 주택 부동산시장이 회복기를 맞더라도 주택 수요시장의 흐름이 달라지고 주택 구입자금 마련을 위한 금융 전략이 큰 변화를 겪게 될 것이다. 주택 임대차시장을 중심으로 한 서민 주거 안정에 대한 고민과 더불어 향후 주택금융 시스템의 구조적 변화가 필요할 수도 있는 사안이다.

주택 공급시장에서는 공급원가 급등 이슈에 직면하면서 변화를 모색할 것으로 보인다. 건자재 및 노무비 급등으로 공급단가가 크게 오르면서 주택 공급자들이 사업 수익성 저하 문제에 직면했다. 기존 방식의 아파트 선분양 시스템이 구조적 모순을 겪고 이와 연관해서 부동산PF 금융시장 역시 변화가 나타날 수 있다. 이러한 변화는 주택 공급시장의 축소와 경쟁력 후퇴로 이어질 수 있는데 2030년까지 인구 감소 이슈가 대두되면서 지역별 수급 여건의 차이에 따라 그 영향력은 명암이 엇갈릴 전망이다. 비수도권에 대한 주택 공급 감소가 일정 시간 이상 지속되면 국토 활용 및 도시 운용계획에도 영향을 미치게 된다. 서울-수도권-비수도권 간 인프라 집중도 격차가 심화되면서 도심 고밀개발과 대도시 집중이 더욱 강화될 것으로 분석된다.

고금리 부담과 실물경기 침체 우려가 겹치면서 소비상권시장의 부진 및 상업용 부동산시장의 위축으로 이어질 수 있는데, 이른바 꼬마빌딩 등 업무용 자산시장 역시 가격 하락과 거래량 감소, 공급량 조정이 나타나고 있다. 2024년에는 역마진 투자 상품들의 거래시장 매물 출시량이 늘어날 수 있고 자산가치 하락 속도가 빨라질 수 있다. 저금리 레버리지 투자를 통해서 자산가치가 비대해진 수익형 상품이나 공급량이 급증한 상품의 경우 좀더 큰 폭의 자산가치 하락 조정에 직면할 것으로 보인다. 팬데믹 일상화 이후 임대수익률이 개선되기는 했지만 여전히 과도한 시장가격은 조정이 불가피해 보인다. 주거용 시장과 마찬가지로 지역 및 상품에 따라 차별화 과정을 거치며 상품성이 재편될 전망이다.

인구 감소와 구조 변화에 대한 고민은 사회적으로 확대될 전망이다. 인구 감소로 인해 주택 수요가 감소하는 것은 금리와 대출 환경 변화에 비해 훨씬 더 근원적인 변화이다. 생산인구 감소에 이어 데드크로스 현상이 발현하고 추계보다 가파른 인구 감소 우려가 제기되고 있다. 저금리 유동성을 기반으로 팽창했던 부동산시장이 조정을 거친 후 글로벌 저성장 시기에 직면하면서 주택 부동산 건설 산업의 싱장 둔화가 예상된다. 인구구조 변화가 본격화되는 시기에 실질 경제성장률이 구조적으로 하락하고 부동산 산업 성장률도 낮아지고 있다는 점에 주목할 필요가 있다. 부동산시장 양극화와 함께 수요시장의 투자 전략에도 인구구조가 반영된 큰 변화가 예상된다.

05
거래기반 확대, 기술환경 개선, 규제강화 사이에 선 가상자산

최준용

후오비주식회사 대표

| 혼란 속 다시 주목받는 탈중앙화 금융

2023년 3월, 실리콘밸리은행SVB의 파산 소식이 전해지고 금융시장의 혼란이 지속되자 비트코인의 가격이 급등하기 시작했다. 2022년은 명실상부한 크립토 윈터Crypto Winter였다. 가격이 급락(2022년 연말 기준 1만 5천$/BTC)했고, 자금 유출이 지속되었다. 그런데 2023년 3월, 단 3개월 만에 가상자산 가격이 70% 이상 가파르게 상승(2만 6천$/BTC)하면서 국면이 전환되기 시작하였다. 이러한 현상의 배경에 대해서는 전통 금융인 은행업계의 위기가 투자자들에게 비트코인을 일종의 피난처로 인식하게 했다는 분석이 설득력을 가진다. 계속해서 이어진 세계적 투자은행IB 크레디트스위스CS의 부도 등 금융사들의 유동성 위기가 중앙화되어있는 전통금융 은행 시스템의 취약성을 드러내며 비트코인으로 대변되는 '탈중앙화 금융'에 대한 관심을 증폭시켰다고 보는 시각이다.

이러한 시각은 2022년 러-우 전쟁 발발 후 러시아를 SWIFT 체제에서 쫓아내 러시아의 외환 및 금융 거래를 막아버리는 미국의 노골적인 '달러 무기화'에 대한 반감과 우려 또한 반영한다. 미국의 달러 무기화란, 미국이 세계 최대 경제력과 군사력, 달러의 기축통화 지위를 기반으로 자국의 이익을 위해 달러의 가치와 환율을 일방적으로 조절하거나, 다른 국가에 경제 제재를 가하는 등의 행위를 말한다. 이러한 행위는 미국의 경제적 우위를 유지하고 다른 국가들을 압박하거나 협력하도록 만드는 수단으로 사용되는데, 달러 무기화가 노골화될수록 반대 진영의 국가들이 비트코인 등 다른 대안을 채택함으로써 돌파구를 마련할 가능성 또한 커진다. 이는 줄지 않고 쌓여만 가는 미국 정부의 부채 문제와 더불어 달러 자체의 신뢰도 저하로 이어질 수 있다. 미국의 국가 부채는 무려 31조 달러, 한화 4경 원에 달한다. 이러한 상황에서 미국 여야는 2023년에도 정부부채 한도 상향을 놓고 극한 대립을 보였으며, 세계 3대 신용평가사 중 하나인 '피치Fitch Ratings'는 2023년 8월 1일 미국의 신용등급을

12년 만에 AAA에서 AA+로 강등시켰다. 세계는 막대한 미국의 정부부채에도 불구하고 달러가 글로벌 기축통화로 계속 기능할 수 있겠는가에 대해 불안해하고 있다.

가상자산의 대표 격인 비트코인은 전 세계적으로 사용되는 암호화폐로, 중앙 기관이나 정부의 간섭없이 개인들이 직접 거래할 수 있는 디지털 화폐이다. 비트코인은 고정된 공급량이 있으며, 채굴자들이 복잡한 수학 문제를 풀어서 새로운 비트코인을 발행하고, 거래 내역을 분산된 네트워크에 기록하는 방식으로 운영된다. 비트코인은 투명성과 탈중앙화라는 장점을 가지고 있지만, 반면 가격 변동성이 크고, 블록체인 자체의 문제는 아니나, 거래하고 투자하는 데 해킹이나 사기 등의 위험도 존재한다.

미국의 달러 무기화와 비트코인 전망 사이에 서로 밀접한 관계가 형성되고 있다. 미국이 금리 인상이나 경제 제재 등의 방법으로 달러의 가치를 올리거나, 다른 국가들의 화폐를 약화시키면, 비트코인은 피난처로서의 안전자산 역할을 하게 될 것이다. 즉, 비트코인은 마치 금처럼 달러에 대한 대안이나 보호장치로서의 수요가 증가하게 되고, 그에 따라 가격도 상승하게 된다. 반대로 미국이 금리 인상을 연기하거나 경제 제재를 완화하여, 각국의 자본시장 참여자들이 달러가 주도하는 상황에 대해 위협을 덜 느끼게 되면 비트코인은 기존처럼 위험자산 중 하나로서의 역할을 수행하게 될 것이다. 이 경우 비트코인은 달러에 대한 도전자나 위협으로서의 수요가 감소하게 되고 시장의 유동성에 따라 주식시장과 동조화되는 현상을 보일 것이다. 2023년 8월 말 기준, 비트코인은 2만 6천 달러 정도에서 거래되고 있으며, 최근 미국 국채 금리가 급등하면서 비트코인은 주식시장과 함께 하락세를 보이고 있다.

일부 전문가들은 비트코인 현물 ETF가 승인되거나, 2024년 비트코인 반감기를 통해 공급량이 줄어들면 비트코인 가격이 이전 고점을 넘어 큰 폭으로 상승할 것이라 주장한다. 이어서는 비트코인의 가격예측 근거들을 확인하고 이를 포함한 2024년 가상자산 시장에 대한 전망을 해보도록 하자.

| 비트코인의 호재와 악재

비트코인의 첫 번째 호재는 전통 금융기관들의 비트코인 '현물' ETF 신청이다. 세계 최대 자산운용사인 블랙록은 미국 증권거래소SEC에 비트코인 현물 ETF 승인신청을 2023년 6월 제출하였다. 만약 SEC가 이를 승인하게 된다면, 이제까지 전통 금융권에서 관리되던 막대한 자금이 비트코인시장에 유입될 것으로 보인다. 지금까지 많은 자산운용사가 비트코인의 현물 ETF를 신청하였으나 SEC로부터 거절당했었는데, 이번엔 자산운용 규모가 10조 달러에 이르는 세계 최대의 블랙록이 신청하였으니 시장의 기대는 남다를 수밖에 없다. 블랙록은 지금까지 576건의 ETF를 신청하여 단 1건만 거절되었었다 한다. 실제이에 대한 시장의 기대로 블랙록 ETF 신청제출 당월인 2023년 6월, 비트코인 가격은 3만 달러를 넘어서기도 하였다. SEC가 비트코인 현물 ETF를 승인해줄지는 승인 시한인 2024년 3월 15일까지 밝혀질 것이다.

블랙록의 비트코인 현물 ETF가 승인되면, 이는 비트코인 저변 확대에 큰 이정표가 될 것이다. 기업과 기관 투자자들의 비트코인에 대한 접근성을 향상시키고, 시장의 유동성을 증가시키며, 언제나 문제점으로 지적되었던 비트코인 가격의 안정성을 높일 수 있다.

기존 비트코인 '선물' ETF의 경우, 비트코인 현물이 아닌 미국 파생상품 거래소인 시카고상업거래소CME에서 운영되는 비트코인 선물 거래의 계약을 기반으로 운영되는데, 비트코인 CME 선물과 현물 간 가격 차이, 높은 운용 수수료, 차월물 재투자에 의한 롤오버Roll-over 비용 추가 발생 등 투자를 주저하게 만드는 여러 요인들이 있었다. 그러나 이러한 문제들을 해결시켜줄 비트코인 현물 ETF의 승인 여부는 여전히 불확실하다. SEC가 선물 비트코인 ETF는 승인했지만, 아직까지 현물 기반 ETF를 승인하지 않는 주된 이유로 내세우는 것은 비트코인 시장가격 조작 위험성에 의한 투자자 보호 필요성인데, 블랙록이 제시하는 가격 조작 가능성에 대한 안전장치가 SEC로부터 얼마나 인정을 받을지가 관건이다. 만약 거절될 경우, 시장의 기대감이 상당 부분 저하되어 비트코인을 비롯한 가상자산 가격 전체에 단기적으로 부정적 영향을 미칠 수 있다.

비트코인의 두 번째 호재는 다가오는 비트코인의 반감기 Halving이다. 비트코인의 블록체인 네트워크에서 거래가 발생하면 그 유효성을 채굴자가 검증하고 보상으로 비트코인을 받게 되는데, 비트코인의 총 발행량은 2,100만 개로 확정 설계되어있어, 채굴자에게 계속 같은 보상을 줄 수 없는 구조이다. 일정 채굴량에 도달하면 채굴자에게 주는 보상이 절반으로 줄어들게 설계되어 있는데, 이를 반감기라 부른다. 최초 블록당 50개였던 비트코인의 채굴 보상은 2012년, 2016년, 2020년 총 3번의 반감기를 거쳐 현재 블록당 6.25개로 줄어들어 있다. 이 채굴 보상이 다시 반인 3.125개로 줄어드는 시기가 2024년 4~5월경으로 예측된다. 다가오는 반감기가 주목받는 이유는 역사적으로 반감기에 비트코인의 가격이 대폭 상승했기 때문이다. 비트코인의 신규 공급이 줄어드니 가격이 상승하는 것으로 분석되는데, 과거 반감기의 가격상승은 하기 그래프를 통해 확인해 보자.

그러나 반감기에 대한 그간의 상승 패턴 학습으로 그 기대감이 이미 현재의 비트코인 가격에 반영됐을 가능성이 크고, 과거의 반감기를 반추해보면 2012년 연준의 양적완화 통화정책, 2016년 영국의 EU 탈퇴, 2020년 각국 정부의 팬데믹 부양책 시점과 겹쳐 비트코인이 과연 반감기 때문에 상승했는지에 대한 직접적 인과관계가 있다고 보기 힘들다는 의견도 있다. 심지어 비트코인 한 개당 채굴 비용이 상승하고 채굴자들의 유인이 감소하면서 비트코인 생태계가 약화되고 투자 매력도 감소할 수 있다는 정반대의 의견 또한 존재한다.

그림 7 비트코인 반감기와 가격 패턴

출처: TradingView

전체 가상자산 시장이 2024년에도 크립토 윈터에서 확실히 벗어나기는 힘들 것이라는 전망도 존재한다. 가장 큰 악재는 미 당국의 암호화폐에 대한 규제강화이다. SEC는 2023년 6월 5일과 6일에 걸쳐 세계 최대의 암호화폐 거래소인 바이낸스Binance와 미국 최대의 암호화폐 거래소인 코인베이스Coinbase를 고소하였다. 이들 거래소가 미국의 증권 규정을 위반하였다는 것이 주요 이유인데, SEC는 가상자산이 증권에 해당한다고 주장하며, 이에 따라 가상자산 거래소들이 증권 거래소로서의 규정을 준수해야 한다고 주장하고 있다. 물론 그 표면적 목적은 가상자산시장에서의 사기와 불공정한 거래를 방지하고 투자자를 보호하기 위함이겠으나, 향후 재판의 결과에 따라 가상자산의 가격 변동성은 더욱 커질 수 있다.

규제환경의 변화는 언제나 가상자산 가격에 큰 영향을 끼쳐왔는데, 2024년에는 각국의 규제 관련 눈치싸움 또한 가상자산 글로벌 허브 패권 경쟁과 맞물려 치열해질 전망이다. 유럽의 경우 EU가 세계 최초로 가상자산 기본법인 MiCA 법안에 합의하였고, 2024년 시행 예정이다. MiCA는 EU의 기존 금융서비스 관련 법령의 적용을 받지 않는 가상자산의 발행 및 거래에 관한 투명성, 가상자산에 대한 공시의 의무, 내부자거래 규제, 발행인 자격요건 규제, 인증 및 관리감독을 내용으로 한다. 이로 인해 법적 명확성이 제공되며 투자자 보호와 시장의 건전성 및 금융의 안전성을 도모할 것으로 기대되고 있다.

홍콩증권선물위원회(증선위)는 2023년 6월 1일 부터 가상자산거래소 라이선스 제도를 시행한다고 발표하였다. 중국은 지난 2021년 가상자산 채굴 및 거래를 전면 금지한 바 있으나, 업계에서는 가상자산에 대한 홍콩의 긍정적 변화가 곧 중국 정부의 가상자산시장 개방으로 이어지리라 기대하고 있다. 특히 홍콩 최대의 인터넷 은행인 ZA Bank는 향후 홍콩에서 라이선스를 받을 모든 가상자산 거래소에 현금계좌 연계 서비스를 제공할 예정이다.

홍콩은 메타버스 등 Web 3.0 생태계 지원을 위한 TF도 설립할 것이라 발표하였다. 글로벌 가상자산 거래소와 싱가포르 최대 은행 DBS 등 약 80곳의 글로벌 기업들이 홍콩 진출을 위해 가상자산사업자VASP 라이선스를 신청한 것으로 알려지고 있다. 이번 홍콩의 허가제는 법정 화폐를 연계한 사업을 전개할 수 있어 시장 유동성이 훨씬 풍부해질 뿐만 아니라, 규제 불확실성 우려가 제거돼 전통 금융기관이 대거 진입할 수 있을 것으로 예상되고, 개인 투자자 입장에서도 법적으로 투자자 보호를 받을 수 있을 것이라는 기대감이 높아지고 있다. 이러한 홍콩 당국 행보로 미국에선 가장자산 패권을 중국에게 빼앗길 수 있다는 이야기마저 나오고 있다.

한국은 홍콩보다 몇 년을 앞서 VASP 신고제도를 시행하고도, 금융 담당 공무원들의 관리 편리 목적 때문인지 법적 근거나 지침도 없이 은행에 대한 창구지도를 통해 대부분의 VASP

가 은행 실명계좌 서비스에 접근하는 것을 실질적으로 금지하고 있다. 다수의 가상자산과 거래 플랫폼이 경쟁을 통해 건전한 가상자산 생태계를 만들어 나가도록 지원하여, 국가 간 가상자산 허브 경쟁에 적극적으로 참여하기는커녕 거래시장의 독점화 현상조차 방치 내지는 조장하고 있는 금융당국의 관치금융 행태를 볼 때, 답답해지는 마음을 금할 수 없다.

FIU가 신고 수리한 한국의 27개 가상자산 거래소의 시장점유율은 업비트 90% 이상, 빗썸 8%, 그 외 거래소 2% 미만으로 한국의 거래시장은 이미 과점을 넘어 독점화되었다. 소비자의 선택 권한을 제한하는 시장의 독과점을 방지하고 소비자 권익을 위한 유효하고 공정한 경쟁 환경을 조성하는 것이 금융당국의 소임일진대, 한국은 여전히 전체 27개 거래소 중 22개 거래소가 은행의 실명계좌 서비스조차 이용할 수 없다. 가상자산에 대한 한국 금융시장의 폐쇄성에 의해 소비자는 동일한 가상자산에 해외보다 더 높은 가격을 지불하는 소위 '김치 프리미엄'을 계속 감내해야 하는 상황이다.

| 블록체인과 AI의 결합

향후 블록체인과 AI는 기술적으로 서로를 보완하며 발전할 것으로 보인다. AI는 블록체인을 더욱 효과적이고 똑똑하고 추적 가능하게 만들며, 블록체인은 AI의 아키텍처에 잠재력, 신뢰성을 향상시켜 줄 수 있다. 이는 이제까지 세상에 없었던 고도화된 비즈니스 자동화 실현으로 이어질 것이다.

블록체인은 공유되고 투명한 원장으로 암호화된 데이터를 교환하는 역할을 한다. 당사자들이 거래를 시작하고 완료할 때 블록체인 네트워크를 통해 주문, 결제, 계정, 생산 등을 추적할 수 있으며 이로 인해 서로 위변조가 불가능한 진실한 데이터를 공유하게 되어, 다른 기업과의 거래에 대한 신뢰와 확신을 얻게 된다.

AI는 컴퓨터와 데이터를 활용하여 인간의 문제해결 능력을 모방한다. 이는 반복적인 작업의 자동화, 의사결정의 개선, 그리고 더 나은 고객 경험 등의 이점을 제공한다. 이 둘이 결합하면 다음과 같은 향상된 가치를 제공할 수 있다.

AI는 진위 판별 능력을 블록체인을 통해 향상시킬 수 있다. 블록체인의 무결성 디지털 기록은 AI 프레임워크에 분석하는 데이터의 출처에 대한 통찰력을 제공하며, AI의 데이터 무결성에 대한 사람들의 신뢰를 향상시킬 것이다.

AI의 빠르고 포괄적으로 데이터를 읽고 이해하며 상관관계를 파악할 수 있는 능력을 통해 블록체인은 블록체인 기반 비즈니스 네트워크에 새로운 지능을 제공받을 수 있게 된다. AI는 블록체인 비즈니스를 수행하는 조직을 위해 대량의 데이터에 액세스함으로써, 해당 비즈니스의 확장에 더 많은 통찰력과 실행력을 가져다줄 것이다.

이렇듯 AI와 블록체인의 결합은 여러 당사자가 참여하는 비즈니스 프로세스에 고도화된 수준의 '자동화'라는 새로운 가치를 제공할 수 있다. 예를 들어, 스마트 계약에 내장된 AI는 만료된 제품을 회수하도록 권고하거나, 설정된 임계값과 이벤트에 따라 거래(예: 재주문, 지불, 주식 구매)를 실행하거나, 분쟁을 해결하고, 가장 효율적이고 지속 가능한 물류 배송 방법을 선택할 수 있다. 따라서 AI와 블록체인의 발전은 서로 연결되어 있으며, 이는 가상자산시장 발전에 큰 영향을 미칠 것으로 예상된다.

2024년 가상자산시장은 다양한 변화와 혁신을 통해 성장하고 변화할 것이다. 이러한 변화와 혁신은 가상자산의 가치, 사용성, 그리고 시장의 안정성에 영향을 미칠 것이다. 앞서 비트코인의 가격 예측 요소를 통해 알아본 것처럼 가상자산은 규제 환경의 변화, 경제적 불확실성, 기술적 발전, 시장의 수급 밸런스 등 수많은 요인에 의해 영향을 받으므로 미래 가격을 정확하게 예측하는 것은 어려우나, 가상자산시장은 가장 비중이 높은 비트코인 외에도 이더리움을 위시한 다양한 암호화폐들로 이루어져 있으며, 각각의 암호화폐는 자신만의 독특한 기능과 가치를 가지고 있다. 이러한 다양성은 가상자산시장의 성장과 안정성을 촉진하는 데 중요한 역할을 한다.

Web 3.0과 메타버스, NFT는 끊임없이 발전하여 실물 경제와 가상자산을 이어주는 원칙, 무대 그리고 가교가 될 것이다.

그리고 AI 기술과 블록체인의 결합은 (물론 그것이 바람직한 사회일지는 별개의 문제이겠지만) 지금까지 세상에 없었던 새로운 차원의 자동화된 세상을 창조할 것이다.

K-산업의 전망과
새로운 기회

2024년 경제 불확실성 속에서
K-산업의 전망과 지속성장 해법

박태영
한양대학교 경영대학 교수

2023년 가장 희망찬 소식이라면 3년 4개월 만에 팬데믹이 종식된 것이다. 그러나 꿈에 그리던 일상생활로의 완전한 복귀가 K-콘텐츠시장에 긍정적으로만 작용하지는 않은 것 같다. 한편, 곧 끝날 것 같았던 러-우 전쟁은 장기화되었고 아이러니하게도 이는 K-방산이라는 말이 나올 정도로 한국의 방위산업 수출 실적을 급격히 증대시켰다. 2023년은 반도체, 인공지능, 전기차 배터리와 같은 첨단 핵심품목에 대한 강력한 중국 견제를 위해 미국이 CHIPS 법안과 IRA를 실행한 지 1년이 되는 해이다. 지난 1년 동안 관련 법에 대한 실행이 구체화되면서 한국의 반도체와 전기차 배터리 시장 전망의 예측 가능성은 전보다 높아졌다. 또한, 미중 갈등은 지속되고, 팬데믹으로 인한 글로벌 분업화의 급속한 해체와 지역 블록화의 진행은 한국 제조기업의 국내 복귀(리쇼어링)를 촉진할 것으로 전망한다. 그리고 2022년 11월 OpenAI에 의해 최초 공개된 ChatGPT는 생성형 AI 기술의 응용 가능성과 그 성장 잠재력에 대한 논의로 2023년 한 해를 후끈하게 달궜고 2024년에도 지속될 것이다.

4장은 'K(Korea)'라는 별칭이 붙을 만큼 한국의 대표 산업으로 간주되는 콘텐츠, 방위산업, 반도체, 전기차 배터리 전문가들의 2024년 시장 전망, 위기 극복, 또는 진화 해법에 대한 의견이 담겨있다. 또한, 글로벌 진출이 녹록지 않은 외적 환경 속에서 한국 제조기업의 리쇼어링 전망 및 발전 해법, 전 세계로부터 뜨거운 관심을 받았던 생성형 AI 기술의 2024년 산업 전망과 한국기업의 기회에 대한 이야기도 다룬다. 여섯 명의 산업 전문가들의 의견을 꼭지별로 요약해보면 아래와 같다.

2023년 한 해 K-콘텐츠는 영화와 OTTOver The Top 양쪽에서 위기를 맞았다. 팬데믹 기간 동안 소비자들은 OTT에 익숙해졌고 OTT가 제공하는 콘텐츠 양이 크게 늘어나면서 '가성비'와 '효율성'을 따지는 소비행태를 보이기 시작했다. 게다가 영화관 입장료가 OTT 월정액과 비슷해져 버린 지금, 소비자들은 충분히 검증된 영화만을 관람하다보니 팬데믹 이전 50%를 넘었던 한국 영화의 시장 점유율은 2023년 상반기에 30%도 채우지 못했다. 한국 영화의 위기가 관람객 저조로 인한 수익성 저하 때문이라면, 한국 OTT의 위기는 제작비 부족 때문이다. 국내 OTT 제작비 부족 원인은 글로벌 OTT와의 경쟁도 있지만, OTT 드라마 제작의 투자 시스템이 제대로 구축되지 않았기 때문이다. 이 같은 영화와 OTT 위기는 하나의 해법으로 해결될 수 있을지 모른다. 예를 들면 영화 투자자는 드라마 투자를 병행해 수익을 보전하고, OTT 업체는 영화 투자자를 유인해 부족한 제작자금을 보완할 수 있다. 2024년 K-콘텐츠 산업은 산업 주체들이 해법으로 제시되는 구조 전환에 얼마나 접근하느냐에 따라 영화의 위기도, OTT의 위기도 해결될 수 있을 것으로 보인다.

스톡홀름국제평화연구소Stockholm International Peace Research Institute, SIPRI에 따르면 2023년 3월 기준 한국은 세계 방산 수출국 9위이고 2024년에는 적어도 6위권 안에 진입할 것으로 예상된다. 이처럼 한국 방산 수출 실적이 호조를 보인 주요 원인은 러-우 전쟁 발발로 인해 안보 불안감을 느낀 폴란드의 대규모 수주 때문이다. 폴란드는 2022년 방산 수출 총 수주액 173억 달러 중 124억 달러인 71.7%를 차지했다. 이는 1차 계약일 뿐이고, 협상 중인 2차 계약(약 30조 원)까지 성사된다면 2024년 방산 수출 실적은 폴란드 덕택에 호전이 예상된다. 그러나 러-우 전쟁으로 인한 안보 불안이 해소되거나 경쟁국들이 최신 무기체계의 생산 기반을 재구축 및 확장하고 본격적으로 개발 및 생산하기 시작하면 2024년 이후 한국 방산 수출 실적 전망은 불확실할 수 있다. 한편, 폴란드 외에도 호주, 인도, UAE, 사우디 등 국내 방위산업의 글로벌 진출이 가속화되고 있다. 이 과정에서 내수용으로 국내에서 개발 및 생산한 무기체계 완성품의 수출에서 현지에 맞춤화된 무기체계, 현지 공장을 활용한 생산, 현지 업체의 참여 증대의 형태로 방산 수출 모델이 급속히 전환되고 있다. 따라서 2024년은 새로운 유형의 수출방식에 대비할 수 있는 육성·지원 정책 마련이 절실해 보인다.

디지털 사회가 고도화되고 자율주행 및 AI가 강화되어 반도체의 중요도가 커짐에도 불구하고, 국내 반도체산업은 최근 눈덩이처럼 커지는 영업 손실에 시달리고 있다. 특히 미국의 대중 반도체 견제가 2023년 본격화된 까닭에 2024년 이후로는 사업 불확실성마저 커진 상황이다. 2024년 글로벌 반도체 업계는 다음 세 가지 새로운 국면을 마주할 것이고 국내 반도체 업계는 이에 어떻게 대응할지 준비가 필요하다. 첫째, 공공재 성격이 강했던 영국의 반도체 설계자산 기업 Arm이 주식시장에 상장됨에 따라 Arm 기술의 활용이 예전처럼 쉽지 않을 것이다. 벌써 글로벌 기업들의 합종연횡이 예상됨에 따라 한국 업체도 Arm 기술 활용을 위한 새로운 협력관계 구축이 요구된다. 둘째, 미국 CHIPS 법안으로 인한 반도체 공장 건설을 둘러싼 미국 정부와의 줄다리기가 예상된다. 미국 내 생산시설 투자는 팹리스들과의 협업 강화, 미국 국가 보조금 수여라는 장점도 있지만 생산비용 증대, 클러스터* 효과 상실과 같은 단점이 크게 존재하므로 한국 반도체 업계는 미국 내 생산시설 투자를 급하게 서두를 필요가 없다. 셋째, 미래 반도체의 핵심 수요처인 AI

---

* 산업집적지. 유사 업종에서 다른 기능을 수행하는 기업, 기관들이 한곳에 모여 있는 것을 말한다.

의 부상이다. 그러나 한국 반도체 업계는 AI에서 발생되는 수혜를 받을 준비가 되어 있지 않다. 다행히 AI 서버의 GPU 가속기에 장착되는 고대역폭 메모리High Bandwidth Memory, HBM라는 특수 DRAM 수요가 증가함으로 한국 반도체 업체는 최첨단 HBM 개발과 양산을 위한 노력을 이어가야 할 것이다.

글로벌 전기차시장의 급성장 덕택에 한국 배터리산업의 성장세는 2023년에도 지속되었다. 특히, 배터리 원가의 30~40%를 차지하는 양극재를 생산하는 에코프로비엠과 에코프로는 2023년 나란히 코스닥 시가총액 1위와 2위를 차지하면서 주식투자자라면 누구나 아는 종목이 되었다. 한편, 미국은 IRA를 통해 중국산 배터리를 미국 전기차 보조금에서 제외함으로 세계 1위 배터리 중국 업체인 CATL의 미국 수출을 봉쇄하였다. 이 같은 조치가 한국 배터리산업에도 유리하게 작용할지는 그 당시 불명확했다. 그러나 2023년 3월 미국 재무부가 발표한 미국 전기차 세액공제와 관련된 세부 지침(즉, 배터리의 핵심 요소인 양극재와 음극재를 '부품'이 아닌 '구성 재료'로 구분) 덕택에 미국과 FTA를 맺고 있는 한국 배터리 업체는 상대적으로 유리할 전망이다. 또한, 최근 완성차 업체들과 전기차 배터리 업체 간의 합자회사Joint Venture, JV 설립 소식과 장기공급 계약 뉴스가 속출된다는 점에서 2024년에도 한국 배터리 업체의 성장세는 지속될 것으로 전망된다. 2024년 한국 전기차 배터리 기업들은 배터리 광물을 확보하기 위한 노력과 전기차 완성 업체들과

JV를 통해 협업하면서 중국 업체들과 경쟁하는 한 해가 될 것이다.

리쇼어링은 '제조업의 본국 회귀'를 의미하는 것으로 해외 공장을 철수하여 국내에 들어와 제조하는 것이다. 한국기업의 리쇼어링은 2014년 전북 익산으로 주얼리 기업들이 회귀한 이후 점차 축소되다 2019년(팬데믹)을 경과하며 증가하고 있다. 한국 리쇼어링의 현황을 살펴보면, 중국에 진출한 중소기업의 유턴이 압도적으로 다수를 차지하고 있으며, 이러한 흐름은 미중 갈등 때문이다. 미국의 대중 압박이 지속될 것으로 예상되는 지금 한국 리쇼어링은 더욱 확대될 개연성이 높다. 한편, 미국은 리쇼어링의 성과가 높은 반면 대만은 저조한데, 핵심 이유는 국가의 투자 매력도에 있다. 결국 한국 리쇼어링의 성과를 높이기 위해서는 한국 자체가 투자처로서 매력을 발산할 수 있어야 한다. 그러기 위해서는 리쇼어링의 실행 과정에서 역할이 큰 지방정부의 유치 권한 확대, 탄력적 인센티브 제공, 지원제도의 차등화와 같이 실행의 효율성 및 효과성을 증대할 제도적 현실화가 요구된다. 동시에 인센티브를 받은 복귀기업의 산업 생태계에 대한 기여를 어떻게 요구할 수 있을지 제도적으로 고려할 필요가 있다.

2022년 11월 30일 OpenAI에서 ChatGPT를 공개한 지 5일 만에 전 세계 사용자 기준 100만 명, 2개월 만에 1억 명을 달성하는 놀라운 기록을 보여주었다. ChatGPT와 같은 생성형 AI

기술은 사무직원의 문서 업무 생산성 향상, 코드 및 소프트웨어 개발 생산성 향상, 게임 개발시간 감소 등의 효과를 가져다 줄 것으로 기대된다. 적용 가능 분야에 있어서도 마케팅, 광고, 금융, 법률, 교육, 공공영역에 이르기까지 매우 다양하다. 글로벌 테크기업은 물론 국내 AI기업들도 자체적인 생성AI기술을 확보하고 다양한 적용사례를 보고하고 있다. 특히 우리나라는 미국, 중국에 이어 초거대 생성형 AI 생태계가 구축된 3개 나라 중 하나로 초기 리더십을 확보하고 있기 때문에 또 다른 K-산업으로의 가능성이 높다고 할 수 있다. 초거대 생성형 AI가 글로벌 국가 대항전 양상으로 진행되고 있는 현재, 기업 지원 및 협력환경 조성을 통해 한국기업이 경쟁력을 가질 수 있도록 정부의 전폭적인 지원이 요구된다.

01
영화의 위기,
OTT 위기의 해법

김윤지

한국수출입은행 해외경제연구소 수석연구원

┃ 영상콘텐츠 소비 행태를 바꾼 팬데믹과 OTT

최근 콘텐츠산업에서는 영화의 위기라는 화두가 많이 거론되고 있다. 2020년 팬데믹으로 약 3년간 영회 산업이 정상적으로 작동되지 못한 후폭풍이 계속 이어지고 있기 때문이다. 집합 활동이 제한될 때에는 상영조차 불가능했고, 이후 상영은 허용되었지만 여파는 계속 이어졌다. 상영뿐 아니라 영화 제작, 투자, 배급 등도 함께 중단되었던 탓에 단기간 회복은 어려운 상태다.

무엇보다 영화관이 문 닫은 3년간 관객들이 변화했다. 팬데믹 시기 넷플릭스, 디즈니, 티빙, 웨이브 등 국내외 OTT* 서비스들은 다양한 영상 콘텐츠를 제공하며 영화 관람객들을 사로잡았다. 사람들은 OTT를 이용하며 시간을 보내는 데 익숙해졌다. 한 달간 콘텐츠를 맘껏 이용할 수 있는 OTT 월정액과 비슷한 수준으로 오른 영화관 입장료 가격은 이런 현상을 더 가속화했다.

특히 OTT의 등장으로 영상 콘텐츠 소비 행태가 변화했다는 점이 중요했다. OTT로 볼 수 있는 콘텐츠의 양이 늘어난 탓에 사람들은 영상물을 볼 때에도 '가성비'와 '효율성'을 따지기 시작했다. 유튜브에 넘쳐나는 요약본들이 이런 사람들을 도왔다. 사람들은 16편의 시리즈를 몇십 분 분량으로 줄여준 요약본들을 보며 시청 시간을 절약했다. 요약본으로 볼만한 콘텐츠라는 게 확인되면 빨리감기와 건너뛰기를 통해 보고 싶은 부분만 골라 보기도 했다. 재미있다고 입소문이 난 콘텐츠만 보기에도 시간은 부족했다. 충분히 '검증'된 것만 골라, 내가 좋아하는 부분만 보거나 핵심만 파악하겠다는 심리가 크게 확산됐다.

이런 소비 행태 변화는 2023년 영화관에도 그대로 투영됐다. 게다가 상반기 한국 영화들은 대부분 팬데믹 시기에 투자가 순조롭지 못할 때 혹은 그 전에 제작된 조금은 낡은 영화들

---

* Over the Top 서비스. 온라인으로 영상물을 서비스해주는 스트리밍 서비스로 넷플릭스, 디즈니플러스, 웨이브, 티빙, 왓챠 등이 이에 해당.

이 많았다. 사람들은 OTT 콘텐츠와 큰 차이가 없는 영화를 보기 위해 극장을 찾지 않았다. 2023년 상반기 유일하게 천만 관객을 돌파한 〈범죄도시3〉처럼 과거에 큰 히트를 쳤던 시리즈물 정도가 영화관 관객을 모았다. 이미 '검증'된 영화였기 때문이었다.

해외 영화들의 흥행도 비슷했다. 〈아바타: 물의 길〉, 〈미션임파서블: 데드 레코닝 파트 원〉과 같이 오랜 전통을 가진 시리즈물이거나, 〈더 퍼스트 슬램덩크〉, 〈스즈메의 문단속〉처럼 이름난 원작자 또는 원작 만화에서 옮겨진 일본 애니메이션 정도가 높은 수익을 거뒀다. '검증된 영화'만 대중들이 선택한 결과였다. 상반기에 한국 영화에 비해 미국, 일본 작품들이 선전을 한 데에는 '검증'된 콘텐츠들이 더 많았기 때문이었다. 팬데믹 이전 50%를 넘었던 한국영화의 시장 점유율은 2023년 상반기에 30%를 채우지 못했다.

회복이 덜 된 2023년 특이 상황으로 위기감이 더 고조된 측면도 있었다. 전통적으로 한국영화는 7~8월 여름, 추석 연휴, 연말 등에 맞춰 내작들이 쏟아진다. 때문에 상반기에는 팬데믹으로 개봉을 놓친 영화들, 높은 흥행을 기대하기 어려운 저예산 영화들이 주로 상영되었다. 영화 회복 시기만 기다리던 승부작들은 여름부터 출격했고, 〈밀수〉, 〈비공식작전〉, 〈더문〉, 〈콘크리트 유토피아〉와 같은 대작들이 한꺼번에 몰렸다. 상반기에는 흥행 기대작들이 적었고, 여름 시즌에는 여러 편의 대작 영화들이 일시에 경쟁하면서 모두 좋지 못한 결과를 거둔 것이었다.

│ 영상 콘텐츠 제작자들이 OTT로 간 이유

시장이 일부 정상화된다 하더라도 영화관의 위기라는 명제
는 여전히 존재할 것으로 보인다. OTT의 등장으로 영화와 드라
마 사이에 경계가 사라졌다는 점도 크다. 과거에는 영화관에서
상영하면 영화, TV에서 방영되면 드라마라는 공식이 있었다.
그러나 이제는 영화와 드라마 시리즈를 나누는 구분이 희미해
지고 있다. 특히 많은 영화 제작자들이 대거 OTT로 향하면서
그 구분이 더 어려워지고 있다. 세계적인 성공을 거둔 넷플릭스
시리즈물 〈오징어 게임〉의 황동혁 감독도 〈남한산성〉, 〈도가니〉
등과 같은 영화를 만든 영화감독 출신이다.

영화제작자들이 글로벌 OTT로 이동하게 된 데에는 여러 이
유가 있다. 팬데믹으로 영화 제작이 어려웠기도 했고, OTT의
세계적 파급력도 중요한 동인이었다. 무엇보다 제작자들의 보상
이 적지 않았다는 점도 중요했다. 과거 한국의 영상 콘텐츠 제
작자들은 제작비 이상의 수익을 거두는 경우가 흔치 않았다.
방송사용 드라마들은 방송사로부터 70~80%의 제작비를 받
아 제작되었다. 나머지 부분은 제작사가 PPL이나 OST 등을 통
해 자체 조달해야 했다. 영화제작자들은 흥행이 성공하면 수익

을 나눠 받기도 했으나* 이런 경우는 흔치 않았다. 우리나라 상업영화에서는 적자 영화가 흑자 영화보다 훨씬 더 많았기 때문이다.

글로벌 OTT가 등장하며 제시한 방식은 이와는 달랐다. OTT 오리지널 시리즈라면 시리즈의 IP(지적재산권)를 모두 소유하는 대신 제작비에 10~15%의 제작 마진을 더한 가격으로 제작사에게서 드라마를 구매한다. 제작자 입장에서는 흥행 여부에 관계없이 제작 마진을 보장받는 형태다. 여기에 자유로운 창작 환경을 제공하고, 세계 시장에 선보일 수 있어 OTT는 제작자들에게 좋은 선택으로 여겨졌다. 결국 한국의 많은 제작자들은 OTT로 향하게 되었다.

하지만 시장에서 쏠림과 독과점은 언제나 부작용을 낳기 마련이다. OTT를 통해 〈오징어 게임〉과 같은 큰 성공작을 만들고도 제작사가 마진 10~15%만 거두는 현실이 다시 도마에 올랐다. 콘텐츠 성공의 이익을 한국 제작자들도 나눠 갖는 구조로 변화해야 한다는 주장이 늘어났다. 특히 넷플릭스와 같은 글로벌 OTT의 독주로 티빙, 웨이브 등과 같은 한국 OTT들의 적자가 늘어나면서 이런 목소리는 더 높아졌다. 전 세계 유통

---

* 영화의 경우 극장 상영 수익 배분 방식은 다음과 같다. 극장 상영 총 티켓 판매액에서 부가가치세(10%), 영화발전 기금(3%) 등을 제한 뒤 극장과 배급사가 매출액을 45%와 55%로 나눈다. 배급사가 받은 부분에서 배급사 수수료(10%)와 제작비를 정산한 뒤 남은 금액이 수익에 해당한다. 이 수익을 투자자와 제작사가 6:4의 비율로 나눠 갖는다. 제작사가 수익의 40%를 나눠 받는 구조는 영화가 유일하다. 벤처투자자들이 영화투자를 시작하면서 제작사의 다음 영화 기획, 개발을 위해 수익의 일부를 나눠 주던 구조가 정착되면서 지금까지 이어지고 있다.

을 통해 수익을 창출하는 글로벌 OTT와 달리 국내 유통만 하는 국내 OTT들은 글로벌 OTT와의 경쟁이 버거울 수밖에 없다. 글로벌 OTT만 살아남고 국내 경쟁자들이 사라지게 될 경우 시장 자체는 더 줄어들고, 조건도 더 악화될 수 있다는 위기론이 제기되었다. 해외 OTT 자본에만 의존하게 되면 제작 기반은 더 어려워질 수 있다는 이야기였다.

그러자 대안으로 국내 제작사가 IP를 확보해 수익을 올리는 방식이 논의되기 시작했다. 2022년 크게 히트한 드라마 〈이상한 변호사 우영우〉, 〈재벌집 막내아들〉 제작 형태와 같은 '우영우 모델'이었다. 이 시리즈들은 제작사들이 제작비 일부를 투자자들로부터 자체 조달한 상태에서 해외 OTT들에게 방영권만 판매한 형태였다. 제작비의 상당 부분을 직접 조달했기 때문에 OTT 제작비에만 의존하지 않은 채 IP도 확보할 수 있다. 제작사가 IP를 보유하면 여러 OTT, 채널에 판매할 수 있어 수익도 올라간다.

하지만 이 방식이 모두에게 대안이 될 수는 없었다. 제작사가 자체 자본력이 튼튼하거나 외부 투자자를 유치할 능력이 있어야 이런 형태의 제작이 가능하다. 대부분 매우 영세한 한국의 제작사들은 이와 같은 일을 직접 하기 어렵다. 〈이상한 변호사 우영우〉, 〈재벌집 막내아들〉을 제작한 두 제작사는 모두 코스닥에 등록된 제법 큰 규모의 제작사였다. 대부분의 제작사들이 OTT로부터 모든 제작비를 받아 제작만 하는 것도 자본력이 부족하기 때문이다.

제작비 부족으로 인한 OTT의 위기

영화만큼 국내 OTT도 위기에 빠졌다. 영화의 위기가 관람객 저조로 인한 수익성 저하 때문이라면, OTT의 위기는 제작비 부족 때문이다. 영화는 2000년대 초반 김대중 대통령이 문화산업 지원정책 차원에서 펀드의 영화투자를 허용한 이래로 벤처투자자들이 꾸준히 투자해 온 분야다. 여기에 멀티플렉스 영화관을 운영하며 배급을 담당하는 대기업과 제작을 담당하는 제작자들이 함께 '한국형 메인투자 시스템'을 구성해 영화산업을 성장시켜 왔다. 한국형 메인투자 시스템이란 배급을 담당하는 전략적 투자자가 제작비의 상당 부분 투자하면서 나머지 투자자들을 유치해 영화 제작을 완성하는 형태다. 영세한 영화 제작사들은 직접 펀딩에 나서기 어려워 전략적 투자자가 제작사를 대신해 펀딩 구조를 완성하는 것이다. 전략적 투자자는 투자 구조를 이끌며 배급 등을 통해 매출처를 확보하고, 상영 뒤 수익이 확정되면 이를 배분하고 나누는 역할까지 한다. 이 형태 덕에 한국 영화산업에는 지속적으로 자본이 투여되며 성장할 수 있었다.

반면 드라마에는 이와 같은 투자 시스템이 갖춰져 있지 않다. 과거 방송용 드라마들은 방송사에서 제작비를 조달했고, OTT가 등장하면서부터는 OTT가 제작비를 투자했다. OTT와 방송사에서 함께 제작비를 조달하는 방식이 자리 잡은 지도 얼마 되지 않는다. 그런 상황에서 글로벌 OTT와 경쟁하다 보니 국내 OTT들은 제작비 부족에 직면하고 있다. 2022년 기준으로 티빙은 1,192억 원 적자, 웨이브는 1,213억 원 적자를 기록했다. 모두 제작비 증가 때문이었다.

특히 OTT는 영화와는 수익을 거두는 형태가 달라 적자 폭을 더 키우고 있다. 영화는 영화관 상영으로 매출을 거둔 뒤 제작비 등을 정산하고 남은 수익을 투자자들이 나눠 갖는 구조지만 드라마는 제작과 함께 OTT, 채널 등에 판매해 수익을 거둔다. 드라마를 구매한 OTT와 채널은 그 금액만큼 구독자를 늘리거나 광고 수익을 올려야 한다. 영화가 상영을 통한 B2C 수익 모델이라면 드라마는 OTT와 방송사 채널 등을 대상으로 하는 B2B 수익 모델인 셈이다. 이렇게 수익 형태가 다르면 투자 구조도, 배분 방식도 달라야 하는데, 아직 드라마에는 드라마 제작에 맞는 투자 시스템이 명확히 구축되어 있지 않다.

투자 시스템의 핵심은 수익을 확보하는 주체를 중심에 서게 하는 것이다. 이런 이유로 영화에서는 배급사가 전략적 투자자로서 투자 시스템의 중심에 섰다. 하지만 드라마 제작에서는 이 역할을 담당할 주도자가 아직 명확하지 않다. 드라마 판매가 영화의 배급과 비슷한 역할이라면 국내 OTT가 이 역할을 할 수도 있고, 최근 늘어나고 있는 대기업 계열의 스튜디오 기업들이 이 역할을 할 수도 있다. CJ그룹의 스튜디오드래곤, JTBC 계열의 SLL 등과 같은 스튜디오 기업들은 여러 제작사를 통해 드라마를 제작하게 한 뒤 여러 OTT와 채널에 판매, 공급하는 역할을 하고 있기 때문이다. 이들이 제작 투자 시스템 중심에서 투자자를 유치하고 판매처를 확보할 때 드라마 산업도 자본의 압박에서 벗어날 가능성이 크다.

영화의 위기, OTT의 위기 극복에 나서는 2024년

현재 영화의 위기, OTT의 위기는 어쩌면 하나의 해법으로 해결될 수도 있다. 영화 투자자들이 드라마 투자를 병행해 수익을 보전할 수도 있고, OTT는 영화 투자자들을 유인해 부족한 제작자금을 보완할 수도 있다. 영화산업의 성공을 이끈 메인투자 시스템을 드라마 제작 환경에 맞춰 도입해 볼 수도 있는 것이다. 영화와 드라마의 경계가 거의 사라지고 있는 현실에서 제작 투자 방식에만 구분이 존재할 이유가 없기 때문이다.

물론 여천히 해결되어야 할 문제들은 존재한다. 투자자를 유인했다 하더라도 드라마를 여러 OTT와 채널에 판매하지 못한다면 수익은 보장될 수 없다. K-콘텐츠의 해외 소구력 문제는 영원한 숙제인 것이다. 영화 투자자들이 수익을 보전한다고 하더라도 영화관에 사람들이 다시 오게 하는 문제도 별개다. OTT 시대에 영화관용 영화는 어떤 것이어야 하는가에 대한 화두는 해결되어야 한다.

다만, 산업의 성장을 위해서는 좋은 콘텐츠를 만드는 것만큼 이를 지속적으로 제작할 수 있는 구조를 만드는 것도 중요하다는 점은 기억해야 한다. 영화산업의 경우 투자자들이 계속 뒷받침되었기 때문에 국내 자본을 통한 시장의 완성이 가능했다. 어느 산업에서도 제작자와 투자자가 이와 같이 유기적으로 보완된 경우는 흔치 않았다. 영화든 드라마든 지속적으로 투자가 이뤄지는 구조가 정착되어야 다음 단계를 생각해 볼 수 있다. 자본이 손을 뗀 이후에는 어느 것도 해결하기 어렵다. 2024년 영상 콘텐츠 산업에서는 산업의 주체들이 이런 구조 전환에 얼마나 접근하느냐에 따라 영화의 위기도, OTT의 위기도 해결될 수 있을 것으로 보인다.

02
K-방산의 성과와 미래

유형곤

한국국방기술학회 정책연구센터장

불과 5년 전만 해도 각종 언론에는 '방산비리'를 척결해야 한다는 부정적 기사가 계속 등장하고 국내 방위산업의 경쟁력이 낮아서 수출이 잘되지 않는다는 인식이 지배적이었다. 하지만, 지난 2021년, 2022년 방산 수출 실적이 크게 증가하면서 방위산업을 바라보는 국민 인식이 매우 긍정적으로 변화되었다. 외부적으로 러-우 전쟁의 발발과 북한 등 주변국과의 군사적 긴장관계로 안보불안감이 심화되고 내부적으로는 국내 경제성장이 크게 위축되고 있는 상황이기 때문에 국내 방위산업의 눈부신 수출 성장세에 크게 고무되어 있다.

│ 러-우 전쟁을 계기로 국내 방산 수출 증대 여건 조성

방위산업은 방위산업물자등을 연구개발 또는 생산하는 산업으로 정의된다. 즉, 전차, 자주포, 전투기, 함정 등 각종 무기체계와 관련 부품을 연구개발 및 생산하는 산업이다. 1970년 전후 1.21 청와대 습격 사건과 주한미군 철수 움직임 등으로 자주국방이 시급한 국가 현안으로 대두되면서 국방과학연구소 ADD가 신설(1970년 8월 6일)되었고, '(구)군수물자에 관한 특별조치법'이 제정(1973년 2월 17일)되면서 국내 방위산업 기반이 본격적으로 마련되었다. 1970년대 당시에는 국내 기술 및 생산 기반이 워낙 열악한 상태였기 때문에 미군의 재래식 병기를 역설계 Reverse Engineering 하여 국산화하는 데서 출발하였지만 현재는 첨단 무기체계를 독자적으로 설계·개발하는 수준으로 급속히 발전하였다.

국내 방산 수출 금액은 지난 2011년부터 2020년까지 10년간 연평균 수주기준 29.7억 달러에 그쳤지만 2021년 72.5억 달러, 2022년에는 173억 달러로 급증하였다. 그리고 2023년 정부는 방산 수출 목표치를 200억 달러 규모로 설정하였다. 이와 같이 방산 수출이 단기간 내 유례를 찾아볼 수 없을 정도로 급증하게 된 배경의 내부 요인은 국내 안보 여건으로 인해 첨단 무기체계를 계속 생산·정비할 수 있도록 안정적인 내수 산업 기반을 유지하고 있다는 점이다. 외부 요인으로는 러-우 전쟁을 계기로 우리나라가 주력으로 생산하고 있는 첨단 무기체계를 단기간 내 납품받고자 하는 글로벌 수요가 폭발적으로 증가되었기 때문이다.

특히 폴란드는 2022년 2월 러-우 전쟁 발발로 안보불안감이 크게 증폭되면서 빠른 기간 내 납품받을 수 있으면서도 가성비와 품질이 매우 우수한 한국산 무기체계를 대량으로 구매하여 한국 방위산업의 큰손으로 등장하였다. 실제 지난 2022년에 우리나라와 폴란드 간에 K-9 자주포, K2전차, FA-50 경공격기, 천무 다연장로켓포 등 국내산 무기체계를 수출하는 1차 계약이 성사되어 2022년 방산 수출 총수주액 173억 달러 중 124억 달러(71.7%)를 차지하였다. 2023년에도 폴란드와 더 많은 물량을 수출하는 2차 계약 체결이 논의되고 있는데 비록 수출금융 등 수출계약 조건에 대한 협상이 지연되고 있지만 상당한 규모의 방산 수출 계약이 추가로 이루어질 것으로 전망된다.

국내 방위산업의 글로벌 진출 가속화

방위산업의 글로벌 경쟁력을 나타내는 지표로는 SIPRI가 매년 발표하는 세계 방산 수출국 순위가 가장 대표적이다. 2023년 3월 SIPRI가 발표한 수출국 순위에 따르면 우리나라는 시장점유율 2.4%를 차지하여 세계 9위권을 차지하고 있다. 그러나 이 발표 수치는 2021년과 2022년 성사된 국내 수출 실적이 아직 반영되지 않은 시장점유율이다. 따라서 2024년에 SIPRI가 국가별 실적을 새로 집계하여 발표하면 국내 방산 수출국 순위는 적어도 6위권 이내에 진입할 것으로 전망된다. 나아가 정부는 2027년에 방산 수출 4대 강국으로 자리매김하겠다는 목표를 설정한 상태이다.

최근 몇 년간 방산 수출이 이루어지는 양상을 보면 수출금액의 증가뿐만 아니라 수출방식에도 상당한 변화가 일어나고 있다. 이전에는 저개발국가 및 개발도상국을 대상으로 국내에서 생산한 완제품 형태로 수출하는 방식이 일반적이었지만 최근에는 우리 기술을 이전하여 현지에서 생산하는 방식이 계속 발생하고 있다. 즉, 호주와 폴란드 내에 수출 무기체계의 현지생산 거점이 마련되고, 인도, UAE, 사우디아라비아 등도 자국 내에서 생산하거나 자국산 부품을 가급적 많이 적용하도록 요구하고 있다.

이와 같이 방산 수출이 최근 기술이전, 현지생산 및 현지업체 부품 적용 등의 방식으로 재편되면서 국내에 국한된 무기체계 생산 거점의 글로벌 진출이 가속화되는 계기가 되었다. 예를 들어, 한화에어로스페이스는 지난 2022년부터 호주 빅토리아주 질롱시에 수출용 자주포(AS9)를 생산하는 현지생산 공장을 건설하고 있다. 그리고 2023년 7월 한화에어로스페이스의 레드백Redback 장갑차가 독일 라인메탈Rheinmetall사의 링스 장갑차Lynx

KF-41를 꺾고 129대 규모의 호주군의 보병전투차량 3단계 사업 우선협상대상자로 최종 선정되었는데, 마찬가지로 질롱시 현지 공장에서 생산하게 된다. 또한 2023년 한화에어로스페이스는 폴란드에 유럽 첫 현지법인을 설립하였는데 향후 현지생산 법인으로 확대하여 유럽과 중동 지역까지 마케팅 및 생산거점으로 활용할 계획이다.

따라서 국내 방위산업이 정부 주도로 육성되기 시작한 지난 1970년대 이래 국내 방위산업은 내수시장 위주로 생산하여 납품하는 전형적인 내수 중심 산업으로 지속되어 왔다. 그러나 최근 선진권 시장으로의 방산 수출이 계속 성사되면서 글로벌 마케팅·생산거점을 구축하고 수입국 현지 맞춤형 무기체계를 개발·생산하는 구조 전환이 이루어지고 있다.

2024년 방산 업체 수출 실적은 폴란드 덕택에 호전 예상, 그 이후는?

현재와 같은 규모의 수출 실적이 2024년과 그 이후에도 계속 유지 또는 증가할 수 있을 것인가? 라는 질문은 방산분야를 다루는 기자나 방위산업에 관심 있는 국민들이 가장 궁금해하는 사안일 것이다. 미래 실적을 전망하기는 쉽지 않지만 폴란드와의 2022년 1차 수출계약 체결 이후 2차 수출 협상이 이루어지고 있기 때문에 2024년에도 대규모의 수출 물량이 생산되어 주요 방산 수출 업체의 실적이 크게 호전될 것은 분명하다. 특히 2차 수출 물량은 최대 30조 원 규모로 알려져 있는데 현재 추가적인 금융지원 조건으로 인해 협상이 계속 진행되고 있고, 적어도 수출금융 한도인 90억 달러 규모의 계약이 빠르면 2023년 하반기 늦어도 2024년 상반기에 체결될 것이 유력하다. 이외에도 루마니아(K2 전차), 폴란드 및 캐나다(잠수함), 영국(신형자주포) 등 주요국들과 국내 주력 무기체계의 수출 협상이 이루어지고 있거나 예정되어 있기 때문에 만약 국내 방산 업체가 계속 수주한다면 방산 수출 실적이 상당한 규모로 유지될 수 있을 것으로 기대된다.

그런데 최근 이루어진 방산 수출 실적은 폴란드 단일국가로의 수출 비중이 워낙 높고, 그 계기는 이른바 러-우 전쟁에 의한 특수에서 비롯된 것이라는 점에 주목할 필요가 있다. 국내 방산 수출이 단기간 내 급속하게 증가할 수 있었던 강점이 해소되고, 경쟁국들도 러-우 전쟁으로 인한 안보위협에 대응하고자 각자 최신 무기체계의 생산 기반을 재구축·확장하고 중장기적으로 AI 등 첨단기술이 접목된 무기체계를 본격 개발·생산하기 시작하면 우리나라는 2021년 이후 3년간 이루어진 대규모 수출계약이 계속되는 상황은 발생하지 않을 가능성이 크다. 일례로 지난 2023년 2월, 현대로템의 K2전차는 독일 레오파르트 2A7 전차에 밀려 노르웨이 수출이 좌절된 바 있다.

새로운 수출 방식에 부합하는 방위산업 육성정책의 혁신적 전환 필요

최근 방산 수출 방식의 변화로 국내 방위산업의 글로벌 진출이 가속화되면서 정부가 시급히 해결해야 할 새로운 숙제가 제기되고 있다. 방위산업의 미래상은 정부가 정책과 제도를 어떤 방향으로 추진하는가에 따라 크게 결정되기 때문이다.

오랜 기간 정부는 각 군이 요구하는 무기체계를 국내 업체가 주관해서 개발하고, 내수용으로 개발된 무기체계를 수입국 요구에 맞추어 일부 개량·개발하도록 지원하며, 외국산 부품을 국내 중소기업이 국산화하는 제도를 확대하는 방식으로 국내 방위산업을 육성해 왔다. 그런데 이제는 국내 업체의 무기체계 생산 거점이 다양한 국가로 확대되고 있어서 생산 자체가 해외 현지에서 이루어지고, 수입국 요구로 현지 업체를 최대한 참여시키는 방식으로 급속하게 전환되고 있기 때문에 그동안 정부가 시행해 온 육성 방식만으로는 대응하기 곤란한 환경에 놓이게 되었다.

따라서 2024년에는 기존의 국내 방산 수출 모델을 확장하여 새로운 유형의 수출 방식에 대비할 수 있는 육성·지원정책 마련이 요구된다. 우선 현지생산에 따라 수입국으로 이전되는 국방과학기술 및 생산기술을 어떻게 효과적으로 통제·관리할 수 있을 것인지가 관건이다. 수입국으로 이전된 국내 기술이 적

성국으로 넘어가거나 수입국이 중장기적으로 경쟁 국가로 등장하는 시나리오가 현실화되지 않도록 해야 한다.

이미 구축된, 또는 구축 예정인 현지 생산 거점을 어떻게 계속 활용할 것인지에 대해서도 정부차원에서 수입국 정부와 긴밀히 논의를 해나가는 것이 필요하다. 국익을 극대화하고 국내 방산 업체의 글로벌 진출을 가속화한다는 측면에서 수입국 및 현지 업체와 협력하여 인근 국가 방산 수출을 위한 생산 교두보로 활용하고, 국내 업체의 강점과 현지 업체의 강점을 결합하여 경쟁력 있는 수출용 무기체계를 공동 개발하는 방식을 모색할 필요가 있다.

그리고 글로벌 경쟁력을 갖춘 방산중소기업을 어떻게 육성할 것인지도 2024년에 본격적으로 논의해야 할 사안이다. 그동안 수출된 무기체계는 내수용 무기체계를 기반으로 하였기 때문에 국내 중소기업이 폭넓게 참여할 수 있었지만 최근 수출된 무기체계는 현지 업체를 활용하는 비중이 크게 증가되기 때문에 당연히 국내 방산중소기업의 참여 비중은 크게 감소하게 된다. 즉, 내수용 무기체계와 수출용 무기체계의 공급망 구조가 크게 달라져서 방산 수출에 따른 국내 중소기업으로의 낙수효과가 이전보다 크지 않다.

최근 방산 수출 확대에 따라 주요 방산 수출 대기업의 신규 고용 창출이 많이 이루어지고 있지만 실상은 방산중소기업 인력이 대기업으로 이전하는 양상이다. 따라서 방산중소기업 입장에서는 수출 낙수효과도 크지 않을 뿐 아니라 기껏 키워놓은 내부 인력이 유출될까 봐 전전긍긍하는 실정이다. 결국 무기체계 완제품 수출뿐만 아니라 국내 방산중소기업의 부품 수출과 글로벌 진출을 어떻게 활성화할 것인지에 대해서도 2024년부터 심도 있게 논의되어야 한다.

끝으로 국내 방위산업 내부의 변화를 면밀하게 파악할 수 있도록 방위산업 실태조사가 내실 있게 수행되어야 한다. 그동안 방위산업 실태조사는 주로 매출액이나 수출액 또는 종사자 수의 변화 등 결과를 집계하는데 주안점을 두고 있어서 최근의 방위산업 동향을 제대로 파악하기 어렵다. 예를 들어, 방산 수출에 따른 낙수효과의 변화, 방산중소기업 인력의 대기업으로의 이전 추이, 국내 방산중소기업의 수출인프라 변화 등 방위산업 내부 변화를 제대로 파악하지 못하고 있어서 누구를 대상으로 어떤 정책이 필요한지, 현재 시행되고 있는 정책이 얼마나 효과적인지 제대로 알기 어렵다. 지금까지는 방위산업이 내수 위주 산업으로 운영되어 왔기 때문에 방산 업계의 내부 변화를 굳이 알 필요가 없었지만, 방위산업이 글로벌 수출산업으로 전환되는 상황이기 때문에 2024년은 통계 기반 방위산업 육성 정책을 펼칠 수 있도록 실태조사 역량이 고도화되는 원년이 되어야 한다.

03
대한민국 반도체,
회복과 진화의 두 마리 토끼를 쫓다

김선우
메리츠증권 연구위원

│ 위기의 대한민국 특산물, 반도체

아날로그 시대를 벗어나 인류가 디지털 사회로 진입한 이후 반도체의 중요성은 날로 부각되고 있다. 이는 우리의 소통 및 생활 방식의 변화와 관련이 있다. 과거와 달리 대면 소통의 시간이 줄어들며, 스마트폰과 PC 등 온라인을 통한 정보 전달이 압도적으로 늘어나고 있기 때문이다. 1과 0으로 디지털화되어 처리, 가공되는 이 데이터는 향후 인공지능 등 새로운 연산 방식의 등장과 함께 기하급수적인 성장이 예상된다. 우리나라의 대표 수출 품목으로도 유명한 반도체는 바로 이 디지털 데이터를 저장하고 처리하는 도구로서, 그 쓰임새는 앞으로도 계속 커질 전망이다.

반도체는 모든 전자제품 내 필수불가결한 핵심 부품이다. 우리가 일반적으로 많이 사용하는 PC 등 컴퓨터를 비롯해 자동차, 통신장비, 가전제품, 산업 시스템 등 그 적용 분야는 매우 넓다. 반도체가 생성하는 부가가치는 매우 큰 까닭에 그 시장 규모 역시 거대하다. 지난 2022년 세계 반도체시장 규모는 무려 5,996억 달러 수준이다(시장조사기관 Gartner 기준). 이를 IT 완성품 중 가장 큰 시장인 스마트폰 4,848억 달러과 비교해본다면, 일개 부품인 반도체가 얼마나 큰 시장을 형성하는지 알 수 있다.

다양한 반도체 품목 중 데이터를 저장하는 용도로 사용되는 메모리 제품은 1,432억 달러의 시장 규모로 전체 반도체 시장의 4분의 1 정도를 차지하는 데 그친다. 우리나라 주요 반도체업체(삼성전자, SK하이닉스)들의 메모리 반도체 내 점유율이 무려 60% 수준으로 압도적이지만 메모리시장 자체의 변동성이 너무 큰 탓에 기업 실적 역시 큰 변동폭을 보인다. 메모리 반도체 내에서 DRAM은 55%, NAND는 40% 가량을 차지하는데, 이 제품들만으로도 반도체는 대한민국 수출에 있어 20%에 가까운 비중을 차지하는 중요한 기간 산업이다.

대한민국 대표 특산물 반도체는 2024년에도 험난한 파고를 넘어서야만 한다. 2017~18년 반도체시장은 데이터센터 주도의 가파른 성장을 달성했다. 그 과정에서 메모리 반도체는 공급부족이 심화되며 더 많은 수익 창출이 가능했다. 하지만 이후 메모리 반도체시장은 글로벌 경기 침체, 스마트폰 추세적 판매 감소, 서버 고객들의 재고 과다 축적 등의 영향으로 침체기에 돌입한 이후 2023년 적자로 전환되는 수준까지 악화되었다.

디지털 사회가 고도화되고 자율주행 및 인공지능이 강화되어 반도체의 중요도가 커짐에도 불구하고, 우리 나라 반도체산업은 혁신 제품 개발을 통한 산업 주도는 커녕 눈덩이처럼 커지는 영업 손실에 시달리고 있다. 하루라도 빨리 '적자 탈피'와 '메모리에서 벗어난 신제품 개발', '산업 확장'을 모색해야만 한다. 특히 미국의 대중 반도체 견제가 2023년 본격화된 까닭에 2024년 이후로는 사업 불확실성마저 커진 상황이다. 2024년 글로벌 반도체 업계가 새로 마주할 세 장면을 통해 '대한민국 반도체'는 어떤 대응 방안이 필요할지 생각해보자.

| Arm 상장, 그 이후

전 세계 반도체 기업, 정부, 반독점 규제기관들이 Arm에 주목하고 있다. 지난 2022년 2월 엔비디아의 Arm 인수가 규제당국의 반대로 무산된 이후, 대주주 소프트뱅크는 2023년 가을

Arm의 뉴욕 증시 상장 계획을 발표했다. 이후 애플, TSMC, 삼성전자 등 대형 반도체 기업들이 Arm 지분 투자 의사를 밝혔다. 공공재 성격의 Arm이 주식시장에 상장하고 난 뒤 지금까지 와는 다른 성격의 회사로 변모하는 것은 시간 문제다. 주주의 요구를 반영하는 가운데, 수십억 개의 디바이스에 사용되는 Arm 기술을 활용하기 위한 여러 기업들의 합종연횡이 예상된다.

그간 Arm이 견조한 실적 성장을 이룬 것은 맞지만 다른 대형 반도체 기업과 비교할 때 눈에 띄는 수준은 아니었다. 기업 가치 상승 추세 또한 여타 기업을 월등히 상회하지 않는다. 그럼에도 불구하고 Arm에 대한 전 세계의 관심도가 높은 이유는 Arm의 범용성과 확장성 때문이다. Arm은 영국의 반도체 설계 기업이다. 퀄컴, 엔비디아, 미디어텍 등 반도체 회로를 설계하는 팹리스 업체와 달리 이들은 팹리스 업체들이 사용할 반도체 설계자산Intellectual Property, IP을 판매한다. 팹리스 업체들이 반도체 회로를 구현하여 외주 생산을 맡겨 판매한다면, Arm과 같은 IP 기업은 회로 설계에 기반이 될 무형의 전자회로IP를 개발한다. Arm은 1990년 영국 데스크톱 PC 업체 Acorn Computers에서 분사된 후, 현재까지 점유율을 지속적으로 확보하며 성장하고 있다. 현재 스마트폰 칩 시장에서 Arm IP의 점유율은 90%를 상회한다. 거의 모든 스마트폰에 들어가는 칩이 Arm의 IP를 기반으로 생산되고 있다. 또한 Arm은 기존에 강점을 가진 모바일을 넘어 PC, 서버 등으로 응용처를 확장하고 있다. 애플이 2020년 출시하여 시장의 주목을 이끈 M1 칩은 Arm 기반으로 생산되었다. 이외에도 알리바바, 엔비디아, 아마존 등이 Arm IP를 탑재한 칩을 사용할 전망이다.

Arm은 당초 기술 발전이라는 공익적 철학을 모토로 시작된 기업이다. 실제로 Arm은 경쟁 IP 대비 현저히 낮은 이용료를 책정하고 있다. 이를 지불한 고객이면 누구든 동일한 제품과 서비스를 제공받아왔다. 하지만 상장 이후 Arm은 점차 수익화를 추구할 가능성도 존재한다. 당장의 수익 창출과 주주환원을 요구하는 목소리가 커질 수 있기 때문이다. 이러한 관점에서, 최대 스마트폰 생산자인 삼성전자는 Arm과의 사업 시너지를 더욱 고민해볼 시점이다. 이미 삼성전자의 다른 경쟁사인 애플과 퀄컴은 각각 M시리즈 칩셋과 누비아를 통한 모바일 중앙처리장치Application Processor, AP 사업 고도화의 청사진을 내놓았다. 또한, 반도체 위탁생산(파운드리) 경쟁사인 TSMC는 이러한 신규 칩셋 제조를 독점하며 매우 높은 수준의 이익률을 영위하고 있다. 막상 이들보다 수직계열화(설계-반도체제조-세트)의 강점을 갖고 있는 삼성전자는 이와 같은 신규 경쟁 구도에서는 한발 뒤쳐져 있는 상황이다. 엑시노스 등 기존의 AP 사업이 부진한 가운데, 개발부터 꼬여버린 탓에 반도체 직접 제조와 완제품 차별화를 달성하지 못하고 있다. Arm 상장 이후 그간의 고객 입장이 아닌 주주 관점에서 새로운 협력관계를 구축할 필요가 있다.

SK하이닉스 역시 메모리의 한계에서 벗어나 기타 반도체 제조사와 협업해 Arm 아키텍쳐 고도화에 동참할 필요가 있다. 이미 메모리 영역 내에서 NAND 확장을 이뤄낸 바 있지만, 그 외 영역에서는 뚜렷한 성과가 없다. SK하이닉스는 오랜 기간 동안 Arm과의 투자 및 협력 가능성을 언급해온 만큼 상장 이후 새로운 행보를 보여주리라 예상된다. 국내 반도체 업체들은 AI의 새 지평이 열리는 가운데 PIMProcessing In Memory 등 효율적 신규 메모리 제품 개발을 통해 연산의 가속화와 에너지 효율화, 그리고 무엇보다 중요한 수익성 회복이 가능하리라 전망된다.

│ 미국 반도체 지원법과 미국 내 공장건설을 둘러싼 줄다리기

2022년 8월 통과된 미국의 CHIPS 법안은 미국 내 반도체 제조 역량 제고를 목적으로 한다. 총 520억 달러 규모로 반도체 생산 설비 투자와 R&D 등을 지원할 예정이다. 2023년 상반기 세부 규칙들이 발표되었고, 하반기 투자를 희망하는 기업들과 면담 및 합의가 진행되었다. 하지만 미국 입장에서는 1990년 37%에서 현재 12%까지 하락한 자국의 반도체 생산 점유율을 회복하기 위해서는 몇 가지 장애물을 넘어서야 할 것으로 보인다.

우선 미국 내 반도체 공장 건설은 주요 국가 중 가장 오랜 시간이 걸린다. 미국 내에 새로운 반도체 공장을 건설하는 데 소요되는 기간은 1990년부터 2020년까지 38%나 증가했다. 이는 대기 오염 방지법, 국가 환경 정책법 등 연방 법과 각 주의 자체 절차를 거치는 데 많은 시간이 들기 때문이다. 두번째 문제는 반도체 공장 건설 및 제조 관련 노동력이 부족하다는 점이다. 첨단 분야 투자를 위해 필요한 인력은 30만 명에 달하지만 관련 전공에서 대학원 과정을 등록하는 미국인 학생의 수는 정체되어 있는 상황이다. 마지막 문제는 정치이다. CHIPS 법안 보조금을 받기 위해서는 미국 정부가 정한 '노동력 의제workforce agenda'에 포함된 다양한 규칙과 제안을 준수해야 한다. 이는 노동 조합 및 교육 기관 등의 파트너들과 함께 시행된다. 구체적으로는 교육과 일자리에서의 다양성 제고, 지역 사회 투자, 임직원들을 위한 보육 서비스 등을 어떻게 이행할 것인지를 반도체 업체가 약속해야만 한다. 이는 추가적인 시간과 비용을 야기함은 물론 해당 산업 및 기업에 의무를 지우는 것에 대한 근본적인 비판도 수반되고 있다.

이러한 미국 내 CHIPS 법안과 관련하여 진통이 이어지는 가운데 미국에 대규모 반도체 투자를 약속한 TSMC와 미 정부의 줄다리기가 이어지고 있다. TSMC는 당초 미국 애리조나주에 2024년 가동을 목표로 총 400억 달러를 투자하겠다고 밝힌 바 있다. 하지만 이후 전문인력 부족을 문제 삼으며 가동시점을 2025년으로 늦추겠다고 발표하기도 했다. 아울러 미국 내 반도체 생산을 위한 비용이 너무 높다는 의견을 표출하며 우회적으로 추가적인 반도체 보조금의 필요성을 내비치기도 했다.

　삼성전자도 2021년 말 170억 달러 규모의 미국 텍사스주 테일러시 반도체 투자를 발표했지만, 이 역시 지연되는 모양새다. 이는 삼성전자의 최대 수익창출원인 메모리 산업이 2023년 적자 전환되며 종합적인 현금운용 전략에 재정비를 가하려는 목적도 있겠지만, 미국 내 반도체 투자가 투하자본수익률Return on Invested Capital, ROIC 관점에서 불확실하기 때문인 것으로 보인다. 팬데믹 이후 지속해서 투자를 위한 건설비가 상승하기도 했고 특히 미국 내 다양한 물가 부담이 커지며 투자 비용이 날로 확대되고 있다. 앞서 밝힌 대로 CHIPS 법안 시행을 둘러싼 미국의 정치 및 사회적 장애물들 때문에 반도체 업체 입장에서는 당초 예상했던 지원 시기와 규모가 부정적으로 변해가고 있다. 파운드리 최대 경쟁사인 TSMC가 서두르지 않는 가운데, 삼성전자 역시 협상력을 최대로 끌어올릴 필요가 있어 보인다. 왜냐하면 미국 내 반도체 생산시설 투자계획은 팹리스들과의 협업 강화, 미국 국가 보조금 수여 외에 생산비용 증대, 클러스터 효과(반도체 개발 및 생산 시설의 물리적 집중에서 오는 이점) 상실과 같은 부정적 효과 역시 수반되기 때문이다. 팬데믹 이후 전반적인 반도체 공급 부족 상황이 완화된 이후 오히려 공급 과잉 기미를 보이는 가운데, 생산 시기를 굳이 앞당길 필요는 없어 보인다. 미국 현지 투자와 관련해 시간은 제조사 편이다.

| 인공지능과 반도체

2023년 ChatGPT의 흥행 질주와 엔비디아의 H100 인공지능 반도체 사업화 성공으로 2024년에도 AI에 대한 시장의 관심이 지속적으로 확대될 것이다. AI시장 성장은 반도체 수요 증가의 강력한 동인이다. 반도체의 최대 응용처인 스마트폰과 PC 시장의 추세적 성장이 꺾여 버린 상황에서 새로운 수요처로 AI는 크게 부각되고 있다. 시장조사기관 Gartner에 따르면 AI반도체 시장은 2022년 443억 달러 규모로 2027년 1,120억 달러까지 성장이 예상된다. 2023년부터 이어지고 있는 엔비디아의 H100과 AMD의 MI300 그리고 각 지역별 인공지능 투자 열풍을 감안해 봤을 때 향후 성장성은 지속 상향 조정될 가능성이 높아 보인다.

반도체 중 그래픽처리장치인 GPUGraphics Processing Unit는 AI 밸류체인에서 가장 중요하다고 여겨지는 제품이다. GPU는 많은 양의 데이터를 병렬적으로 처리하는 기능을 수행한다. 엔비디아는 ChatGPT와 같은 생성형 AI를 구동하기 위해 전세계적으로 1조 달러 규모의 데이터센터 인프라 업그레이드가 이뤄질 것으로 전망했다. 〈블룸버그〉는 이에 대해 대형 마트를 예로 들며 GPU와 CPU의 차이를 설명한 바 있다. 다양한 종류의 물건을 구매해야 하는 것이 임무라고 가정할 때 GPU는 수십 명의 사람들이 장바구니를 든 채 동시에 물건을 나르는 방식이다. 반면 CPU는 성능 좋은 쇼핑카트 하나가 사람 도움 없이 복도를 지나다니며 물건을 담는 방식과 가깝다.

　안타깝게도 향후 반도체 수요의 중심이 될 AI라는 주제에서 대한민국 반도체 업계는 한 발짝 떨어져있다. 아마존과 마이크로소프트 등 투자 주체들은 AI서버 비중을 서둘러 늘리고 있지만, 그 비용 부담이 너무 큰 탓에 일반 서버의 비중을 줄이고 있다. 따라서 서버에 기본적으로 장착되는 메모리 반도체는 오히려 전체 수요량에 있어서는 감소세를 경험하고 있는 상황이다. 다행히 DRAM에 있어서는 AI서버의 GPU 가속기에 장착되는 고대역폭 메모리High Bandwidth Memory, HBM라는 특수 DRAM 수요가 빠르게 증가 중이다. 이에 SK하이닉스와 삼성전자는 최첨단 HBM 개발과 양산을 위한 노력을 이어가고 있다. 현재 메모리 시장의 침체기를 마주한 상황에서 HBM은 수익성이 확보된 탓에 일종의 피난처 역할을 하고 있다. 하지만 여전히 수요가 정체된 NAND 시장은 AI 열풍에도 수혜폭이 제한된 모습이다. 2024년에는 NAND 업체들이 생산 여력을 크게 하향 조정하며 약화된 수요와 공급의 균형을 맞춰가리라 예상된다.

　AI 투자 열풍은 국내 반도체 업체들에게 사활이 걸린 중장기 숙제를 던졌다. AI 시스템 내에서 메모리의 원가 비중이 낮게 책정되며 연산 반도체 제조 업체들이 부가가치를 독식하고 있다. 과거 PC와 스마트폰 등에서 주인공급으로 활약하던 메모리는 이제 조연으로 밀려버렸다. 막상 GPU 등 연산 영역의 반도체를 생산하기에는 국내 반도체 업체들의 설계 능력은 세계적 수준과 비교하기 부끄러울 정도로 크게 떨어진다. 우선 삼성전자는 최첨단 선단공정 파운드리 생산으로 엔비디아나 AMD 등 핵심 팹리스 업체들과 파트너십을 형성하는게 단기적 최우선 과제이다. 물론 어려움은 있다. '경박단소'가 중시되는 모바일 시대에 반도체의 소형화가 핵심이었다면, 이제 AI반도체 시대에서는 오히려 반도체 사이즈가 커지는 역설적 상황을 마주하게 됐다. 즉, 반도체 사이즈가 커지면 선단공정에서 티끌만한 수율 차이가 원가에선 엄청난 증대를 가져올 수 있기 때문에 선단공정의 최첨단화가 더욱 절실함을 의미한다. 이는 소형 반도체 생산공정은 잘라 놓은 복숭아 중 상한 것 하나만 버리는 상황이라면, 대형 반도체 생산 공정은 일부만 상했어도 복숭아를 통째로 버려야 하는 상황에 비유될 수 있다. 이 때문에 업계 내 최고 수율을 자랑하는 TSMC의 파운드리 독점 구도는 더욱 강화될 가능성이 높다. 팬데믹 이후 지속적으로 파운드리 점유율을 상실해가는 삼성전자는 절체절명의 상황에서 파운드리 수율 안정화에 심혈을 기울여야겠다. 한편, SK하이닉스는 앞서 기술했듯 AI 특수 목적 메모리반도체 개발에 더욱 매진할 필요가 있다. 고객맞춤형customized 성격의 HBM 그리고 더 나아가 PIM 등 신규 메모리 반도체는 1년여의 장기 계약으로 공급되기 때문에, 메모리 특유의 산업 변동성을 줄여줄 핵심과제로 평가된다. 2024년 새로운 영역에서 국내 반도체 업체들의 영향력 확대에 주목해보자.

04
진격의 전기차와
K-배터리의 대약진

오철

상명대학교 글로벌경영학과 교수

전기차의 필수 부품인 리튬이온전지는 재사용이 가능하다는 의미로 '이차전지'라고 불리기도 하고, 통상적으로 '전기차 배터리'라고 불리기도 한다. 전기차 배터리 산업은 2018년을 기점으로 최근 4~5년간 전기차의 폭발적 수요 증가로 인해 급성장했다. 2030년까지 1991년 대비 자동차의 이산화탄소 배출량을 40% 감축하기로 한 EU 집행위원회의 결정(2018년)은 그동안 가솔린차에 집중했던 완성차 업체로 하여금 전기차 생산에 집중하는 계기가 되었다. 물론 정부의 보조금 지급도 한 몫으로 작용했다. 2022년에 전 세계에서 판매된 완성차는 8,063만 대로 전년 대비 약 1%가 감소하였으나, 전기차의 판매량은 오히려 68%나 증가한 800만 대에 이른다. 이제는 판매되는 전체 자동차의 약 10%가 전기차인 셈이다.

이러한 글로벌 전기차시장의 급성장은 당연히 전기차 배터리 시장의 팽창으로 이어졌다. 그리고 세계 6대 전기차 배터리 회사 중 3개사를 보유한 한국의 배터리 산업 역시 최근 5년간 급격히 성장했다. 대표적인 국내 배터리 3사인 LG에너지솔루션, 삼성SDI, SK온의 매출과 영업이익 모두 수직 상승했다. 세계 최다 특허와 세계 최대 글로벌 생산체제를 갖춘 국내 1위 전기차 배터리 대표주자인 LG에너지솔루션만 보아도 2022년 매출 25조 원에서 2023년 매출은 35조 원으로 예상되고, 영업이익 또한 2022년 1조 2천억 원에서 2023년에는 2조 6천억 원으로 예상될 만큼 성장세를 타고 있다.

전기차 배터리의 후방後方 밸류체인 상에 위치한 업체들도 2023년에 주가와 매출에서 초 호황을 누리고 있다. 전기차 배터리 원가의 30~40%를 차지하는 양극재를 생산하는 글로벌 1위 기업인 에코프로비엠은 2~3년간 주가가 10배 이상 상승했고, 2022년 1월에는 시가총액 10조 원을 돌파하면서 코스닥 시가총액 1위 기업으로 성장했다. 2023년에는 에코프로비엠과 에코프로*는 시가총액 30조 원대의 기업으로서 나란히 코스닥

---

*　2016년 양극소재 사업 전문화를 위해 모기업인 에코프로에서 에코프로비엠으로 물적분할을 함.

시가총액 1위와 2위를 차지하면서 주식투자자 대부분이 아는 종목으로 등극했다. 2023년 4월, 한 증권가는 에코프로의 주가 과열을 경고하면서 목표가를 45만 원으로 하향 제시했지만, 이를 비웃듯 에코프로의 주가는 2023년 7월 11일 장중 100만 원을 돌파한 후 연일 상승하면서 2023년 8월에는 주가가 120만 원대를 형성했다.

전기차 배터리의 후방 밸류체인에는 에코프로비엠이 만드는 양극재를 포함하여 배터리 제조의 필수 4요소인 음극재, 전해액, 분리막을 제조하는 산업이 있다. 한국은 전기차 배터리의 후방 밸류체인에 해당되는 필수 4요소 모두를 생산하는 기업을 보유하고 있다. 양극재는 에코프로비엠 이외에 엘앤에프와 포스코케미칼 등이, 음극재는 대주전자재료와 이녹스 등이, 전해액은 천보, 분리막은 SK아이테크놀로지와 한라홀딩스 등에서 생산한다. 물론 관련업체들 모두 매출, 영업이익, 주가가 상승세를 타고 있다. 한국의 전기차 배터리 3사의 시장 점유율은 중국을 제외한 글로벌 전기차 배터리 시장에서 약49%, 북미 시상에서 약70%를 점유하고 있고, 한국의 기업들만으로 리튬, 니켈, 코발트 등 원재료를 제외한 전기차 배터리의 후방 밸류체인 라인업을 완벽히 구성하고 있다. 한국은 글로벌 배터리 생산의 중심지가 되었고, 이제는 K-팝, K-컬처, K-반도체처럼 K-배터리산업이라는 말이 전혀 어색하지 않은 표현으로서 자리 잡았다.

전기차 배터리산업에서 중국은 강력한 경쟁자

K-배터리산업의 가장 큰 경쟁자는 중국이다. 전 세계 6대 완성 배터리 기업 중에서 한국이 LG에너지솔루션, 삼성SDI, SK온, 3개의 기업을 보유하고 있고, 중국은 세계 1위 배터리 기업 CATL과 배터리를 만들기 시작해서 현재 전기차까지 만들면서 미국의 테슬라와 경쟁하고 있는 BYD라는 2개의 완성 전기 배터리 기업을 보유하고 있다. 중국의 전기차 시장과 전기차 배터리 산업은 중국정부의 적극적인 지원과 철저한 내수시장 보호주의 속에서 성장한 것이 사실이다. 2017년 당시 LG에너지솔루션의 전신인 LG화학, 삼성SDI 등 한국의 글로벌 전기차 배터리 업체들이 여전히 적자에서 벗어나지 못하고 있거나 아주 소폭의 이익을 얻고 있는 상황에서도 중국의 전기차 배터리 기업들은 중국 정부의 엄청난 보조금 지원으로 공장 가동률이 거의 100%에 달했고, 기업들의 영업이익률이 20%에 육박하고 있었다. 중국 정부가 얼마나 무지막지하게 자국의 전기차와 배터리 산업을 키우기 위해 지원하고 있었는지 알 수 있는 대목이다. 비록 중국정부의 적극적 지원과 보호 속에서 중국의 배터리 업체들이 성장했지만, 중국 배터리 업체가 보유한 현재의 기술력과 자국 내수시장을 기반으로 한 규모를 고려할 때 중국은 K-배터리산업에 가장 큰 위협이자 미국과 유럽시장에서 강력한 경쟁자이다.

현재 전기차 배터리시장에서 한국기업과 경쟁하는 중국기업 CATL과 BYD의 향후 전략을 파악하기 위해서는 전기차 배터리의 전방前方 시장인 글로벌 전기차시장을 이해할 필요가 있다. 전기차시장은 미국과 중국이 양분하고 있지만 중국의 전기차시장은 철저하게 외국산 배터리를 장착한 전기차 기업에게는 개방되지 않은 시장이다. 중국정부는 2016년 12월부터 한국산 배터리를 장착한 전기차에 보조금 지급을 중단해왔다.* 중국이 당분간 외국기업에게 전기자동차 시장과 배터리 시장을 '실질적으로' 개방하지는 않을 것이기에 현재 우리나라에게 주어진 전기차 배터리시장은 미국과 유럽시장인 셈이다. 보조금을 받는 두 종류의 전기차, 즉 순수전기차Battery Electric Vehicle, BEV와 플러그인 하이브리드Plugin Hybrid Electric Vehicle, PHEV를 기준으로 전기차 판매 현황을 보면 중국의 BYD가 글로벌 시장점유율 21%로 1위를 차지하고 있다. BYD는 중국 내수를 기반으로 한 실적이지만, 중국 상하이에서 생산되는 테슬라와 경쟁해서 이룬 실적인 점을 고려할 때 대단한 성과라고 할 수 있다. 배터리 제조에서 시작한 BYD는 리튬 천연자원부터 완성 전기 자동차 제조까지 전기차 배터리의 전 밸류체인 공정을 수직 계열화한 상태

---

* 중국 '공업 정보화부'는 2019년 12월에 제11차 '신 재생에너지 보급 응용 추천 목록'(이 목록에 포함되어야 보조금을 받을 수 있음)을 발표하면서 LG화학(LG에너지 솔루션의 전신) 등 한국 배터리 업체를 목록에 포함시켰지만, 실제로는 여러 '권장 목록 제도' 및 데이터 보안법(2021년 9월 시행함. 주행 기록, 카메라 영상 등을 모두 중국에 보관해야 함)을 교묘한 형태로 운용해 한국산을 포함한 외국산 배터리 장착 전기차를 보조금에서 제외하는 방식으로 차별함.

이다. 이어서 미국의 테슬라가 약 14.8%로 2위를 차지하고 있고, 3, 4, 5위는 각각 상하이자동차, 폭스바겐, 지리자동차, 6위는 미국 크라이슬러와 EU 내 회사들의 연합기업인 스텔란티스가 차지했다. 7위는 현대/기아차로 세계 전기차시장의 약 4.4%를 점유하고 있다. BYD의 중국 내 경쟁자인 전기차 배터리 세계 1위 기업 CATL은 상하이에서 기가팩토리를 운영하는 테슬라와 폭스바겐, BMW, 닛산에도 배터리를 공급하고 있다.

| 미중 갈등이 심해질수록 K-배터리산업은 상대적으로 유리

2022년 8월 시행된 IRA는 2022년 발생한 인플레이션을 해결하고자 정부지출을 줄이자는 취지였지만, 이 법은 미국의 동맹국으로부터도 불공정 무역을 야기한다는 비판을 받을 정도로 사실상 미국에 무역장벽을 세운 법안이다. 미국 자국우선주의에 기반해 만든 법이기에 미국의 동맹국들도 이 법에 불만이 있겠지만, 사실 이 법안의 주 타깃은 중국이다. 미국은 이 법을 통해 중국산 배터리를 미국 전기차 보조금에서 제외함으로 세계 1위 배터리 중국기업 CATL의 미국 수출을 사실상 봉쇄하였다. 이후, 2023년 3월 31일 미국 재무부는 IRA와 관련 전기차의 세액공제와 배터리 광물·부품 요건에 대한 세부 지침을 발표했고, 세부 지침의 내용으로 보면 향후 한국의 전기차 배터리산업에는 상대적으로 유리하게 적용될 듯 보인다. 첫째로, 전기차 배터리의 핵심요소인 양극재와 음극재가 IRA의 조항에서는 전기차 배터리의 '부품'으로 분류되어 있지만, 미국 재무부의 세부 지침에는 이를 '구성재constituent matierial'로 구분하고 있다는 점이다. 양극재와 음극재를 '부품'으로 분리하게 되면 외국의 배터리 제조 기업이 전기차 배터리를 미국 내에서 제조해야만 세제 혜택을 받을 수 있지만, 양극재와 음극재를 배터리의 '구성재료'로 분류하게 되면 미국과 자유무역협정Free Trade Agreement, FTA을 체결한 한국과 같은 경우는 양극재와 음극재를 국내에서 생산해도 미국 내에서 동일한 세제 혜택을 누리게 된다. 둘째로, 미국과 FTA를 체결하지 않은 국가에서 채굴된 광물이라도 미국과 FTA를 체결한 국가에서 가공해 50% 이상(2024년 기준) 부가가치를 창출하는 경우 미국 내에서 세액공제를 받을 수 있다는 점이다. 즉, 기술적으로 까다로운 제한이 있기는 하지만 한국의 전기차 배터리 업체들이 리튬, 니켈, 망간, 흑연, 코발트 등 배터리에 들어가는 핵심광물을 미국과 FTA를 체결하지 않은 국가에서 수입해도 한국에서 가공해 50% 이상의 부가가치를 창출하면 세액공제를 받을 수 있게 된다는 의미이다.

2024년 전기차, 전기차 배터리산업에서 이슈들

2024년 전기차와 배터리 산업에서 최대 이슈는 한국의 전기차 배터리산업의 2023년의 성장세가 2024년에도 계속 이어질 것인가 일 것이다. 전기차 배터리산업은 전방산업인 전기차 산업의 시장 변화에 민감하게 반응할 수 밖에 없다. 2023년 1분기에 보조금을 받는 두 종류의 승용 전기차, 즉 순수전기차와 플러그인 하이브리드의 판매량은 글로벌 시장에서 전년 동기 대비 32%나 증가했다. 그러나 유럽에서 러-우 전쟁으로 전기료가 급등하는 추세가 전기차의 성장에 부정적이라는 의견도 있다. 실제로 전기차의 최대 수요 국가인 독일의 가정용 전기료는 1Kwh당 평균 0.55유로로 최근 40% 증가했다. 향후 보조금의 중단 스케줄도 배터리 산업의 성장에 부정적 요인으로 작용할 수 있다. 그 동안 전기차 전환을 강력히 추진했던 유럽 주요국에서 전기차에 대한 보조금을 줄이기 시작하고 있는 것 역시 부정적 요인이다. 실제로 영국은 전기차 보조금의 전면 중단을 발표했고, 독일도 2026년에 보조금 지급을 완전히 중단한다고 한다. 중국 역시 2023년 1월부터 전기차 보조금을 30% 삭감한다는 소식에 2023년 상반기 전기차 판매가 30% 줄었다는 보도가 있다.

　　일부 증권사들의 산업 분석 보고서에 의하면 여기에 대한 반론도 만만치 않다. 위에서 제기한 부정적 요인들은 2023년도의 전망에 이미 제기되었던 사항이고, 따라서 2024년에도 공급자 우위의 시장이 계속될 것이라고 전망하고 있다. 여러 분석

자료들에 의하면 전기차 완성차 업체들은 오히려 전기차 배터리의 공급 부족을 우려하고 있고, 또 다른 근거는 완성차 업체들과 전기차 배터리 업체 간의 JV 설립 소식들과 장기공급 계약 뉴스가 속출하고 있다는 것이다. IRA 발효 이후 현대/기아차는 이사회를 열어 SK온과 북미 배터리 JV 설립 안건을 가결했고, 조만간 추가 이사회를 열어 LG에너지솔루션과의 JV 안건도 다룬다고 한다. 폭스바겐도 북미 전기차 생산 배터리를 SK온 조지아 공장에서 조달하고, 추가 수요분은 국내 배터리기업과 JV 설립을 논의한다고 한다. 유럽 기반의 전기차 글로벌 3위 업체인 스텔란티스는 LG에너지솔루션과 삼성SDI 배터리를 탑재한다.

2024년 한국의 전기차 배터리 기업들은 치솟는 배터리 관련 광물 가격, 광물 자원국의 자원 수출 통제 가능성 속에서 리튬, 니켈, 망간, 흑연, 코발트 등 배터리 관련 광물을 확보하기 위한 노력과 전기차 완성 업체들과 JV를 통해 협업하면서 중국 업체들과 경쟁하는 한 해가 될 것이다. IRA에 의한 중국 배터리 업체들의 견제는 제한적일 것이라고 본다. 이러한 근거로 미중 갈등이 진행 중이지만, 여전히 테슬라는 상하이 기가 팩토리에서 전기차를 생산하고 있고, 생산된 자동차를 중국 내수시장과 유럽에 공급해왔다는 것이다. 테슬라 CEO인 일론 머스크Elon Musk가 밝혔듯이 테슬라 차량 생산 공장 가운데 가장 비용 효율이 높고, 생산 규모가 큰 곳이 바로 상하이 기가 팩토리라는 점은 아이러니하다.

05
한국 리쇼어링의
현황과 해법

이민우

경기도 투자통상 과장(복귀기업 담당)

| 왜 리쇼어링인가?

우리나라 기업은 수출로 먹고산다고 해도 과언이 아니다. 그러나 우리 기업의 글로벌 경쟁력이 높아지면서 각국의 각종 진입장벽(관세, 공공 조달 조건)을 극복하고 물류비를 절감하기 위해 해외에 공장을 짓는 것이 글로벌화의 척도인 것처럼 보여지기도 한다.

그러나 '하면 된다'는 극단적인 적극성과 '월화수목금금금'의 지독한 근면성을 무기로 하는 한국의 기업문화를 해외에 적용시키는 데에는 한계가 있다. 그래서 국내 대기업들은 해외로 진출할 때 협력기업들도 함께 나가기를 기대했고 이들 기업이 함께 해외에서 '코리아 클러스터'를 조성하기도 했다. 또한, 국내 인건비의 증가로 노동비가 값싼 해외로 발길을 돌린 노동집약형 기업들도 있었다.

그러나 대기업들이 해외 진출을 확대하면서 협력 기업들은 해외 공장 설립자금의 조달과 동반 진출을 했더라도 대기업의 수주가 반드시 보장되는 것은 아니기에 경영 피로도가 증가하기 시작했다. 또한 협력 기업의 기술경쟁력도 높아져서 기술보호와 독자적인 신사업 개발에 관심을 기울이고 있다.

너무나도 다른 기업문화, 갈수록 높아지는 현지 인건비와 추격해오는 현지 기업들, 이 모두가 해외에 진출한 한국 제조기업들이 한 번쯤 리쇼어링을 생각하게 되는 이유이다. '리쇼어링'은 한마디로 '제조업의 본국 회귀'를 말한다. 해외 공장을 철수하여 국내로 다시 들어와 제조를 하는 것이다.

미국과 중국 간 글로벌 경제의 패권 경쟁으로 인한 편 가르기와 2008년 글로벌 금융위기 이후 확산된 보호무역주의 기조는 글로벌 분업체계를 형성하고 발전시켰던 글로벌화를 둔화시켰다. 또한 코로나로 인한 비대면 물류 시스템의 발달과 글로벌 분업 생산 네트워크의 안정성이 약화되면서 지역 중심 무역체

그림 8 국내 복귀 기업 지원 제도 가이드북

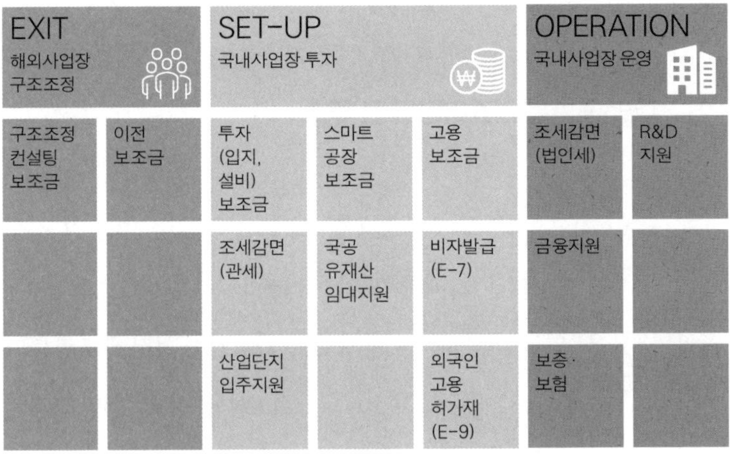

EXIT 해외사업장 구조조정		SET-UP 국내사업장 투자			OPERATION 국내사업장 운영	
구조조정 컨설팅 보조금	이전 보조금	투자 (입지, 설비) 보조금	스마트 공장 보조금	고용 보조금	조세감면 (법인세)	R&D 지원
		조세감면 (관세)	국공 유재산 임대지원	비자발급 (E-7)	금융지원	
		산업단지 입주지원		외국인 고용 허가재 (E-9)	보증· 보험	

자료: 코트라 2022.11.01.

계가 강화되기 시작했다.[*]

이런 상황에서 국내 제조업의 공동화를 극복하는 방안으로 나온 것이 2013년에 제정된 '해외 진출 기업의 국내 복귀 지원에 관한 법률'이다.

〈그림 8〉에서 보듯이 지원 제도만 보면 매력적인데, 이 제도의 원형은 외국인 투자 기업에게 주어졌던 투자 유치 인센티브이다. 이 지원 제도의 주요 내용은 최대 7년간 국세(법인세, 소득세) 면제, 투자금액의 최대 19%까지의 투자보조금 지원, 산업

---

[*] 〈리쇼어링 추진전략과 과제〉, 문종철·강지현·안유나, 산업연구원, 2021.

3장 K-산업의 전망과 새로운 기회   205

단지의 임대부지 입주 등이다.

| 주요 국가별 리쇼어링의 현 주소

　미국은 제조업의 육성정책으로 리쇼어링을 추진하였다. 오바마 정부가 2009년 리메이킹 아메리카Remaking America라는 제조업 부흥을 위한 로드맵을 제시하고, 2011년 첨단제조파트너십Advanced Manufacturing Partnership, AMP 프로그램을 통한 첨단제조업 분야의 리쇼어링 정책을 통해 제조업 혁신을 추진하였다. 트럼프 정부도 미국 우선주의America First를 통해 강력하게 추진하였다. 그 결과 2010년 이후 2018년까지 총 3,327개사가 회귀했으며 35만 명의 제조업 일자리가 유입되었다.

　그러나 그 24만 4,000여 개의 일자리는 물류 서비스 등의 운송장비산업에서 발생된 것이라서 일자리 창출 효과가 리쇼어링 정책의 효과로 단정하기 어렵다. 사실 미국 기업들이 리쇼어링을 선택하는 주요 결정요인은 내수시장, 첨단기술, 고급 인력과 같은 미국의 투자매력도에 있다.[*]

　대만은 1996년부터 대만기업 국내 리쇼어링 투자 촉진 사업팀을 신설하고 2006년 해외투자 기업 리쇼어링 투자 유치 강화

---

[*]　〈리쇼어링 추진전략과 과제〉, 문종철·강지현·안유나, 산업연구원, 2021.

조치 및 세부 계획이 수립되면서 박차를 가하여 2008년부터 '산업재건 345'로 신산업 육성 및 신성장 동력 발굴 등의 목적으로 리쇼어링 기업을 지원하였다. 2012년 고부가가치 산업 및 R&D 기업 복귀 장려를 위한 대만 기업 리쇼어링 투자 촉진방안과 2018년부터는 미중 갈등 및 글로벌 공급망 재편에 대응한 리쇼어링 정책을 추진하고 있다.

그러나 대만의 적극적인 리쇼어링 정책에도 불구하고 대만의 투자 환경이 매력적이지 않다는 기업들의 인식 때문에 리쇼어링 성과가 저조한 편이다.[*]

일본은 지역경제 활성화에 방점을 두고 2007년 기업 입지 촉진법을 제정했다. 그 덕택에 지방정부는 지역 특색에 맞는 업종을 유치할 수 있는 권한이 생겼고, 그에 따른 정책 지원이 가능해졌다.

일본은 리쇼어링 기업이 지역별 특화산업에 부합한 업종을 선택하면 더 많은 인센티브를 주는 등의 '업종'과 '지역 특색'이 리쇼어링 기업에 중요 요인으로 작용하였으며, 주된 업종은 설비 집약형과 연구개발 집적형 산업으로 일본 기업이 경쟁우위를 가지고 있는 첨단산업이다.[**]

한국은 2013년 '해외 진출 기업의 국내 복귀 지원에 관한

---

[*]   〈리쇼어링 추진전략과 과제〉, 문종철·강지현·안유나, 산업연구원, 2021.
[**] 〈리쇼어링 추진전략과 과제〉, 문종철·강지현·안유나, 산업연구원, 2021.

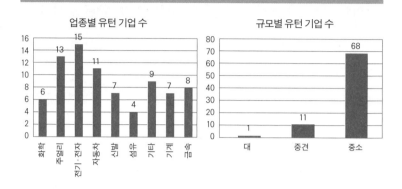

그림 9 **2014년 이후 한국 제조기업의 유턴 현황**

업종별 유턴 기업 수

규모별 유턴 기업 수

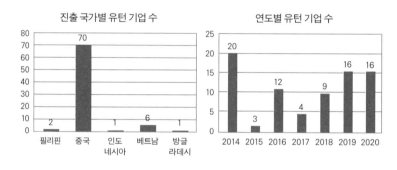

진출 국가별 유턴 기업 수

연도별 유턴 기업 수

자료: 코트라(KOTRA)

법률[1]을 제정하였고 여러 차례 개정을 통해 첨단산업 육성과 공급망 강화를 위한 노력을 했다. 또한, 한국은 유턴 기업에 대해 외국인투자촉진법 등 여타 법률에 비해 상대적으로 우위에 있는 차별화된 지원을 하는 유일한 국가라 할 수 있다.[*]

---

[*]   〈리쇼어링 추진전략과 과제〉, 문종철·강지현·안유나, 산업연구원, 2021.

2014년 주얼리 기업들의 전북 익산으로의 유턴이 이루어진 이후 점차 축소되었던 유턴 기업의 연도별 숫자가 2019년을 경과하며 증가하고 있다는 점은 매우 고무적이다. 전체적으로 살펴보면, 중국에 진출한 중소기업의 유턴이 압도적으로 다수를 차지하고 있으며, 이러한 흐름은 최근 미중 갈등에 따른 미국의 대중국 압박으로 보다 확대될 개연성이 높다. 그러나 중국으로부터 이탈하는 기업들이 우리나라보다는 인도차이나반도 국가들이나 인도네시아 같은 개도국으로의 이전을 고려하는 사례가 많기 때문에 면밀한 분석과 접근이 필요하며, 업종별로 살펴보면, 전기·전자 업종에서 가장 많은 기업이 유턴했다.

| 한국 리쇼어링의 전망과 해법

지방 정부는 예산의 규모나 지역경제 활성화 측면에서 중소기업에 집중할 수밖에 없다. 그러나 현행 제도상 수도권의 경우에는 첨단기업에 한하여 지원을 하고 있어 대기업이나 중견기업의 수요가 많아질 것이다. 실례로 용인시에 입주한 ㈜이랜텍은 중국에서 노트북 배터리를 제조하였으나, 청산 등을 통한 복귀기업 지정 후 가정용 에너지저장장치Energy Storage System, ESS라는 첨단품목으로 변경, 생산하기로 하고 940억 원 투자와 450명을 신규로 고용할 예정이다.

그러나 지방 정부에게 대기업과 중견기업에 대한 지원비용을 분담하는 것은 고려해 보아야 한다. 왜냐하면 중견기업과 대기업 육성은 국가 기간산업의 생태계 조성이라는 중앙 정부의 역할이기 때문이다. 또한, 복귀기업의 지정 권한을 정부가 가지고 있어 실제로 지방 정부별로 유치 활동을 할 수 있는 협상 권한이 없다. 이러한 이유로 기업 입장에서는 복귀기업으로 지정되더라도 시설보조금 등의 지원을 받기 위해 지자체와 협상을 추가로 해야 하는 부담이 있다. 따라서 지방 정부에게 지역특화 전략산업과 연계할 수 있는 업종에 대하여 유치 권한을 부여하는 것이 필요하다.

중소기업이 복귀를 결정할 때 재정적인 부담이 매우 크다. 부지 확보와 설비 확충의 두 가지 대출수요는 해외 공장 청산 등으로 자금담보력이 부족한 중소기업에는 쉬운 일이 아니기에 처음부터 대규모의 공장 설립이 원천적으로 불가능하다. 따라서 초기에는 수도권에 소규모 공장을 짓고, 수주를 통해 대규모의 공장 유치를 통해 지방으로 유도해 내는 탄력적인 인센티브 제도를 마련하는 것이 필요하다. 예를 들면, 경기도 군포로 입주한 리모트솔루션은 복귀 당시 소규모로 공장을 입주하였으나, 전자동 공정화 비용 지원을 받아 미국 A사로부터 대량 수주를 얻어냄으로써 지방에 대규모의 공장을 신설하는 성공 사례를 만들어 냈다.

특히, 경기도는 2020년 경기도 해외진출기업 복귀 지원에 관한 조례를 제정하였고, 2022년부터는 일반적인 정부 지원 기준인 기회 균등, 형평성, 중복 지원 방지 등과는 달리 7년간 최대 5억 원의 범위 내에서 특정 기업이 매년 연속적으로 수혜를 받아 조기에 경영안정화를 가져올 수 있도록 하는 새로운 지원기준을 마련하였다. 더불어 경기도는 2024년부터 기존의 업종 기준의 단일 지원 방식에서 탈피하여 기존산업과 전략산업을 구분하여 지원 규모를 차등화할 예정이다.

또한, 경기도는 해마다 복귀기업의 수요를 조사하고 있는데, 작년까지만 하더라도 복귀지역이 주로 중국이었으나, 올해는 처음으로 멕시코로부터 자동차 부품 제조 기업이 복귀할 예정이다. 앞으로 베트남 등 전 세계로 복귀지역이 확대될 것으로 전망한다.

외국인투자기업을 특별하게 지원하는 것은 자국이 아닌 타국에서 새로운 기업문화와 정부 규제 등을 받아들이는 모험적인 경영활동이다. 그래서 외국인투자촉진법을 통해 조세감면, 부지지원 등 특단의 인센티브를 기회비용에 대한 보상 개념으로 지원하는 것이다. 이에 반해 현재 한국의 복귀기업지원정책은 외국인투자기업보다 더 많은 법인세, 소득세 등의 7년간 최대 100% 감면과 투자금의 최대 19%의 시설보조금을 받을 수 있다. 그렇다면 그에 상응하는 산업 생태계에 대한 의무 조항은 왜 없는 것일까? 기존의 미국 투자유치정책과 달리 자동차산업의 IRA는 새로운 방향성을 보여주었다. 보조금을 받은 만큼 미국의 경제에 구체적인 기여 계획을 마련하여야 한다는 것이다.

성경에 돌아온 탕자 이야기가 있다. 부모의 돈을 가지고 타지에서 다 쓰고 돌아온 아들을 극진히 대접하는 아버지를 보면서 아버지 곁에서 묵묵히 일을 도왔던 또 다른 아들은 의기소침해졌다는 내용이다. 복귀기업도 해외 영업이 녹록지 않은 상황에서 복귀하는 것은 이해하지만, 새롭게 진출하려는 업종이 이미 국내에서 사업을 하고 있는 기업과 경쟁이 된다면, 그리고 복귀기업이 중견/대기업이라면 국내에서 어렵게 사업을 해온 중소기업들에게는 국가의 산업정책의 또 다른 희생양이 될 수도 있다. 따라서 인센티브를 받은 복귀기업의 산업 생태계에 대한 기여를 어떻게 요구할 수 있을지 제도적인 고려가 필요해 보인다.

리쇼어링 기업의 유치는 또 다른 기회를 제공할 수 있다. 스마트공장 도입의 성공 사례를 확산하여 고용 문제에 대한 새로운 패러다임을 제시할 수 있다. 또한, 리쇼어링 기업은 이미 해외 영업 활동을 통해 글로벌 네트워크를 구축하고 있어 이들 기업을 각종 지원제도를 통한 신산업의 초기시장에 참여하게 하고, 처음부터 자동화를 통한 효율적인 근로환경을 조성한다면 현재의 미래 산업의 기반 조성과 스마트팩토리의 확산이라는 중요한 정부의 기업지원정책을 조기에 달성하게 하는 모멘텀이 될 것이다.

06
2024 생성형 AI 기술 및
산업 전망

하정우

네이버클라우드 AI Innovation 센터장

생성형 AI 기술의 개요 및 최근 글로벌 기술 동향

2022년 11월 30일 OpenAI에서 전 세계 사용자를 대상으로 ChatGPT 베타 테스트를 공개한 이후 전 세계가 ChatGPT 열풍에 휩싸여 있다. ChatGPT는 공개 5일 만에 전 세계 사용자 기준 100만 명, 2개월 만에 1억 명을 달성하는 놀라운 기록을 보여주고 있다. 이전에 Tiktok은 1억 명 사용자를 확보하는 데 9개월이 걸렸는데 OpenAI는 B2C_{Business to Customer} 서비스나 플랫폼 기업이 아님에도 불구하고 정말 경이적인 수치를 달성하고 있다. 이렇게 전 세계 사람들이 ChatGPT에 열광하게 된 이유는 크게 세 가지 요인으로 설명할 수 있는데 1)생성형 인공지능 기술의 발전으로 인해 AI가 만들어내는 콘텐츠 품질의 극적인 향상, 2) AI기술을 잘 모르는 사람들도 누구나 쉽게 사용할 수 있는 사용자 경험User eXperinece, UX, 3)글쓰기를 도와주는 보조 도구로써 일상생활과 업무에 직접적으로 도움을 줄 수 있다는 점으로 요약될 수 있다. 특히 2번과 3번 특징으로 인해 생성형 AI는 2016년 알파고 충격보다 훨씬 더 크게 산업과 사회에 변화를 가져올 가능성이 크다.

생성형 AI는 글쓰기뿐 아니라 이미지 생성, 음성, 사운드 및 음악 합성의 영역까지 확장되고 있고 과거에 비해 놀라운 생성 콘텐츠 품질 향상을 보이고 있다. 〈표 2〉는 언어, 이미지, 음성 분야별 주요 생성형 AI 기술 혹은 제품을 보여주고 있다. 생성형 AI 기술의 발전은 학습 데이터의 증가와 2017년 구글에서 발표한 트랜스포머 모델* 등장 이후 어텐션 기술의 발전으로 인해 효과적인 모델의 거대화가 가능해진 점, 그리고 이러한 방대한 양의 데이터와 거대화된 모델을 효율적으로 학습할 수 있는 GPUGraphics Processing Unit 기술의 고도화 덕분에 가능했다. 거기에 더해 AI연구계의 오픈소스 철학에 따라 연구 내용과 소스

---

* 입력된 데이터로부터 집중(attention)해야 할 중요한 정보를 스스로 학습하여 파악하는 모델. 구글 번역기에 처음 적용되기 시작해서 최근에는 언어, 이미지, 음성, 그래프 등 대부분의 데이터 학습은 물론 초거대 생성형 AI의 핵심 기술로 활용되고 있음.

표 2 대표적인 생성형 AI 기술 현황	
구분	대표 모델 혹은 제품
언어	ChatGPT(오픈AI), Bard(구글), Claude(앤스로픽), LLaMA(메타), Jurassic(AI21랩스), MPT(모자이크), Ernie Bot(바이두), Spark model (아이플라이텍), HyperCLOVA X(네이버), EXAONE(LG)
이미지	DALL-E-2(오픈AI), Midjourney(미드저니), Stable diffusion(스태빌리티AI), Firefly(어도브), Cogview(알리바바), Karlo(카카오), Iasco(수퍼랩스), segment anything(메타)
음성, 사운드	VALLE(마이크로소프트), AudioPaLM(구글), Soundstorm(구글), Audiocraft(메타), MusicLM(구글)

코드, 학습 데이터, 학습 모델 파일 공개 등으로 전 세계 많은 사람들이 기여자로 참여하면서 그 발전 속도가 더 가속화되었다. 이중 글쓰기와 관련된 언어모델은 규모의 법칙Scaling law, 즉 모델의 크기와 학습 데이터의 양이 서로 제약요건이 되지 않는 전제하에 양쪽 다 커질수록 모델의 지능이 좋아진다는 원칙으로, 2022년까지 모델의 크기를 증가시키는 방향으로 연구가 진행되었다. 단일 모델 기준 GPT-3의 경우 1,750억 개, 구글 PaLM은 5,400억 개까지 크기의 경쟁이 지속되었다.

2022년 하반기로 들어오면서 생성형 AI 기술 트렌드가 바뀌게 되었는데 다음과 같이 요약될 수 있다.

1) GPT-3 이후 규모의 법칙에 따라 AI의 크기를 무한정 늘리는 것을 중요하게 생각했으나 딥마인드 언어 AI인 친칠라Chinchilla 공개 이후 AI의 크기와 학습에 사용할 데이터의 양을 적절한 비율로 맞추는 것이 중요해졌다. 이는 메타의 LLaMA2,

구글의 PaLM2의 학습에서 기존보다 크기가 작은 AI에 대해서 조 단위 이상의 어휘를 학습한 것에서도 확인 가능하다.

2) 언어 AI를 넘어 사진, 영상, 음성, 음악 생성 등 멀티모달 Multimodal 데이터를 만들어 내는 것으로 생성 데이터의 영역이 확장되고 있다.

3) 생성형 AI를 금융, 법률, 의료, 제조 등 산업 현장에 적용하여 생산성 향상을 도모하려면 사전 학습된pre-trained 생성형 AI의 확보와 함께 적용된 산업의 데이터 구축과 이 데이터에 대한 학습이 요구된다.

4) 생성형 AI의 기능이 점점 더 강력해지고 인간 삶과 일하는 방식에 변화를 가져옴에 따라 안전하고 신뢰 가능한 AI 기술이 더욱 중요해지고 있다.

5) 오픈AI, 구글, 미드저니 등을 중심으로 한 폐쇄형 APIApplication Programming Interface 공개 방식과 메타와 스태빌리티AI를 중심으로 한 오픈소스 기반 AI 모델 방식이라는 서로 다른 형태의 생태계가 만들어지고 있다. 전자는 일반적으로 더 뛰어나고 활용이 편한 반면, 후자는 전 세계 많은 전문가들이 함께 개선에 참여할 수 있으며 원하는 형태로 나의 문제에 맞게 변형할 수 있고 비용이 훨씬 저렴한 장점이 있다.

생성형 AI의 중장기 경제적 파급효과

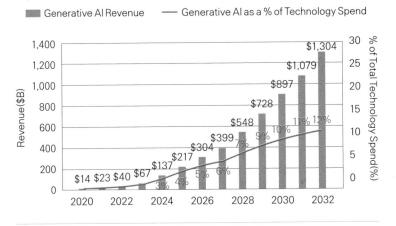

생성형 AI는 개별 응용 서비스나 제품을 넘어서 기반 인프라 기술로 진화하고 있다. 이 때문에 헨리 키신저Henry Alfred Kissinger 전 미국 국무장관은 그의 기고에서 "인쇄술 이후 최대 지적 혁명"이라는 표현을 썼고 세계적 AI 석학으로 평가받는 앤드류 응Andrew Ng 교수는 지난 7월 한국 방문 당시 강연에서 생성형 AI 기술을 전기에 비유하기도 했다. 이렇게 기반 인프라 기술의 특성으로 인해 생성형 AI는 대단히 큰 경제적 파급효과를 갖고 있는데 올해 4월 〈골드만삭스〉에서는 생성형 AI 기술이 전 세계 GDP 7% 성장을 견인한다는 보고서를 공개했다.[*] 또한

---

[*]   "Generative AI could raise global GDP by 7%", Goldman Sachs, 2023.04.05, www.goldmansachs.com/intelligence/pages/generative-ai-could-raise-global-gdp-by-7-

〈블룸버그〉에서는 생성형 AI시장이 2020년 140억 달러에서 10년 후인 2032년에는 1조 3천억 달러로 성장할 것으로 예상하고 있다.[*] 〈그림 10〉과 같이 산업에서 전체 기술 분야에 투자하는 지출 비용 중 12%에 달한다는 내용은 이 시장의 성장성을 잘 대변한다.

| ChatGPT의 현황 분석

ChatGPT는 2022년 11월 출시 후 2023년 5월까지 꾸준히 월간 활성 사용자 수와 방문자 수가 증가해왔다. 4월에는 월간 활성 사용자 수가 2억 명을 돌파했고 5월 기준 방문자 수가 19억 명까지 증가했다. 그러나 〈그림 11〉에서 보듯이 6월과 7월에 들어서면서 그 수가 감소하고 있다.[**] 이 이유에 대해서 여러 가지 분석이 가능하겠으나 주된 이유로는 1)글로벌 ChatGPT 사용자 연령대 비율을 보면 18~24세가 30%를 차지하는데, 학생들인 이들이 6월과 7월 방학 기간을 맞이하여 방문 및 사용 빈도가 감소했다는 점(실제로 전체 인터넷 트래픽이 감소함),

percent.html

[*]   "Generative AI to Become a $1.3 Trillion Market by 2032, Research Finds", Bloomberg, 2023.06.01., www.bloomberg.com/company/press/generative-ai-to-become-a-1-3-trillion-market-by-2032-research-finds

[**]   Beth Duckett, "ChatGPT web traffic is slowing down", Inside, 2023.08.10., inside.com/tech/posts/chatgpt-web-traffic-is-slowing-down-385112

2)ChatGPT뿐 아니라 최근에 들어서는 오픈AI에서 제공하는 ChatGPT API와 Microsoft Azure에서 제공하는 GPT API 호출로 그 수요가 이동해 갔다는 점, 3)LLaMA2, Claude, Bard와 같은 유사 서비스 공개로 인해 대안이 증가한 점을 들 수 있다. 이러한 요인들을 고려하면 생성형 AI 시장의 성장 둔화로 보긴 어렵고 오히려 더 성장하고 있다고 해석하는 것이 합리적이다.

국내외 주요 생성형 AI 현황과 비즈니스 모델

많은 전문가들이 생성형 AI는 사람들의 일상생활과 일하는 방식의 변화를 가져올 것으로 예상한다. ChatGPT Plugins는 초거대 생성형 AI가 대화형 UX를 통해 사용자가 일상 언어로 얘기한 내용으로부터 의도를 파악하고 그 의도에 해당하는 앱을 실행하는 기능을 제공한다. 가령 사용자가 "화장실에 휴지가 다 떨어졌네." 라고 하면 ChatGPT가 "그럼 ○○○ 티슈 ○○개 주문할게요."라고 대답하면서 연동된 쇼핑 앱을 호출해서 실행하는 식이다. 일하는 방식에서 마이크로소프트가 하반기 출시를 계획하고 있는 365 Copilot은 클라우드 오피스 365에 GPT-4를 연동해서 워드, 엑셀, 파워포인트 같은 오피스 프로그램에서 ChatGPT처럼 사용자의 일상 언어로 표현된 명령을 수행해서 콘텐츠를 만들 수 있는 기능을 제공한다. 이를 통해

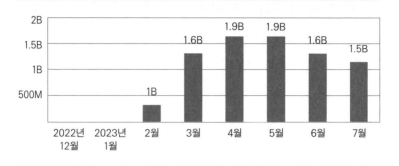

그림 11 ChatGPT 월간 방문자 수 추이

2B
1.5B
1B
500M

2022년   2023년   2월   3월   4월   5월   6월   7월
12월   1월

1.9B   1.9B
1.6B   1.6B
                          1.5B
1B

자료: Similarweb

사무직 직원들의 문서 업무 생산성이 크게 향상될 것으로 기대된다.

ChatGPT 유료 사용자는 GPT-4와 함께 고급 데이터 분석 Advanced Data Analysis이라는 기능을 사용할 수 있는데, 이는 사용자가 데이터를 업로드하고 일상 언어로 명령을 수행하면 내부적으로 코드를 짜서 그 사용자 명령에 해당하는 기능을 제공한다. 데이터 분석가나 연구자들의 업무가 AI의 도움을 크게 받을 수 있다는 뜻이다. Github Copilot X는 이미 소프트웨어 개발자들에게 유료 서비스로 제공되고 있으며 동료가 짠 코드 분석이나 반복적인 기능 구현 등에서 매우 유용하여 개발 생산성을 2배 가까이 향상시킨다는 보고가 있다.

글을 이미지로 생성하는 기술을 통해 디자이너들의 일하는 방식도 바뀌고 있다. 이제 디자이너들은 모티프가 될 이미지를 인터넷에서 검색하는 대신 프롬프트를 통해 원하는 디자인을 묘사하는 글을 입력하면 원하는 이미지를 만들 수 있고 만들어진 디자인을 정교하게 하기 위해 프롬프트를 다듬는 데 훨씬 더 많은 시간을 쓰고 있다. 특히 게임 업계에서는 과거 게임을 위한 캐릭터, 배경, 몬스터, 도구 등 원화를 그리는 데 많은 시간이 걸렸는데 이제 생성형 AI를 통해 이러한 원화 제작 생산성이 극도로 향상되어 게임 개발 시간이 현저히 감소했다.

이러한 변화는 비즈니스 관점에서 B2C와 B2B Business to Business 그리고 B2G Business to Government에 새로운 시장이 형성된다는 뜻이다. 대화형 UX를 제공하는 초거대 언어 AI를 기반으로 사용자와 쇼핑, 미디어, 콘텐츠 플랫폼이 더욱 효과적으로 연결될 수 있는 새로운 B2C 시장이 만들어질 수 있다. 각 기업에서 생성형 AI를 활용하여 직원들의 업무 생산성 향상을 통한 원가 절감 효과를 기대할 수 있고 혁신적인 신기능 구현, 효과적인 고객 대응 및 신시장 창출 또한 기대할 수 있다. 특히 네이버 초거대 AI인 HyperCLOVA를 활용한 현대백화점의 카피라이트 AI 루이스 사례처럼 마케팅이나 광고에서는 이미 상당한 성공 사례들이 보고되고 있다. 금융, 법률, 교육 등 다양한 산업분야에서 혁신적인 사례가 나올 가능성이 크다. 또한, 이러한 수요는 공공영역에도 그대로 적용될 수 있다. 일반 기업 이상으로 많은 문서 행정업무 및 민원 업무를 담당하고 있는 공공영역에서는 생성형 AI 적용을 통해 공무원들의 반복적이고 소모

표 3 국내외 주요 생성형 AI 현황	
기업	주요 내용
오픈AI & 마이크로소프트	ChatGPT(오픈AI), Bard(구글), Claude(앤스로픽), LLaMA(메타), Jurassic(AI21랩스), MPT(모자이크), Ernie Bot(바이두), Spark model (아이플라이텍), HyperCLOVA X(네이버), EXAONE(LG)
구글	DALL-E-2(오픈AI), Midjourney(미드저니), Stable diffusion(스태빌리 티AI), Firefly(어도브), Cogview(알리바바), Karlo(카카오), lasco(수퍼랩 스), segment anything(메타)
메타	VALLE(마이크로소프트), AudioPaLM(구글), Soundstorm(구글), Audiocraft(메타), MusicLM(구글)
네이버	HyperCLOVA X, CLOVA X, cue:, CLOVA Studio 2.0, Neurocloud for HyperCLOVA X
LG AI 연구원	EXAONE, 전문가 AI, LG 계열사 및 외부 생태계
KT	믿음, AICC 적용
카카오	KoGPT2, 경량화된 모델로 카카오톡 등에 적용
SKT	A., 챗T, Anthropic 투자
NC Soft	VARCO AWS 마켓플레이스 통한 서비스
국내 sLLMs	Upstage(아숙업, 라마튜닝), 42Maru(LLM42), 솔트룩스(루시아GPT), 바이브컴퍼니(바이브GeM), 앨리스, 마음AI, 코난테크놀로지(코난LLM)

적인 업무 시간을 줄여 업의 본질에 집중할 수 있게 할 수 있다. 이를 위해 디지털플랫폼정부위원회에서는 초거대 공공 AI 전담팀을 만들고 복지, 재난, 청년정책, 일반 행정 업무, 민원 업무에서 혁신을 위한 프로젝트를 진행하고 있다.

이러한 새로운 비즈니스 기회 선점을 위해 〈표 3〉과 같이 글로벌 테크기업은 물론 국내 AI기업들도 자체적인 생성형 AI 기술을 확보하고 다양한 적용 사례를 보고하고 있다. 특히 우리나라는 미국, 중국에 이어 초거대 생성형 AI 생태계가 구축된 3개 나라 중 하나로 초기 리더십을 갖고 발전해가고 있다.

2024년 대한민국 생성형 AI 기술 및 산업 전망

2023년이 ChatGPT를 통해 모든 분야에서 비즈니스 가능성을 확인한 해였다면 2024년은 본격적으로 많은 분야에서 AI가 적용되어 비즈니스 성과가 나올 수 있는 해가 될 것으로 예상된다. 이에 맞추어 2023년 하반기에 들어서면서 7월 LG를 시작으로, 8월 코난테크놀로지와 네이버, 9월 솔트룩스, 10월 KT 및 카카오 등이 연달아 자체 초거대 AI와 비즈니스 계획을 발표했거나 발표를 준비하고 있다. 각 기업이 보유하고 있는 강점과 주요 비즈니스 구성을 고려하여 B2C, B2B, B2G 영역에서 기회를 만들기 위해 노력할 것으로 예상된다. 네이버의 경우 1)자체 플랫폼 기반의 B2C 생태계 확장, 2)모빌리티, 게임 등 네이버의 서비스가 포함하지 않는 영역의 플랫폼과 파트너십을 통한 생태계 외연 확장, 3)네이버클라우드 기반 B2B, B2G 비즈니스 확장 및 소버린 AIsovereign AI* 수요가 있는 중동, 일본, 동남아 등 글로벌 진출을 준비하고 있다. LG는 화학, 배터리 등 계열사 산업 분야의 생산성 강화나 난제 극복을 위한 전문가 AI를 활용한 사례와 외부 B2B 사업 기회를 모색할 것으로 예상된다. KT는 KTAICCAI Contac Center 및 고객센터 활용을 포함해서 자회사인 KT 클라우드와 함께 다양한 B2B 영역에서의 활약이 예상된다.

---

* 해당 국가의 법과 규제를 준수하고 국가에 특화된 형태로 구축한 AI.

전체 생태계 측면에서는 초거대 AI API를 활용한 AI 스타트업의 역할이 중요하다. 미국에서는 ChatGPT나 GPT-4, PaLM2 API를 활용한 스타트업들의 혁신적인 앱들이 폭발적으로 증가하고 있다. 특히 Plugins의 증가 속도가 눈에 띄는데 3월 24일 11개로 시작했던 Plugin 앱들이 매우 엄격한 품질 및 안정성 검증 절차에도 불구하고 5개월 만에 등록 앱이 약 860개로 증가했다. 이는 국내에서도 유사하게 진행될 것으로 예상되어 국내 대화형 초거대 AI에 연동되는 자체 서비스 앱 생태계가 새롭게 형성될 것으로 보이며 이러한 초거대 AI 기반 앱 생태계는 스타트업들에게 새로운 성장 기회가 될 것으로 보인다.

B2B 영역에서는 데이터 보안과 정확한 정보를 제공하는 기술이 중요한데 현재 생성형 AI는 사실이 아닌 콘텐츠를 만들어내는 할루시네이션hallucination 문제가 위험 요소가 될 수 있다. 이를 극복하기 위해 사용자 질의에 대한 모범 답안이나 정답을 미리 데이터로 만들어두고 이를 기반으로 사용자 질의에 대한 의도를 정확하게 파악한 후 미리 정의해 놓은 정답을 생성형 AI가 프롬프트에 입력하는 방법이 있다. 이를 Embedding API 기반의 시스템이라고 하며 챗봇 등에서 널리 활용될 것으로 보인다. 데이터 보안 문제는 금융권이나 의료는 물론 대부분의 기업에서 매우 중요한 이슈인데, 중소중견 AI 기업들은 LLaMA2와 같은 소규모 대형언어모델sLLM을 활용하여 고객 기업의 데이터를 학습 및 운영하는 솔루션을 제공함으로써 성장 기회를 엿

볼 수 있을 것이다.

공공영역에서도 정부 특화 초거대 생성형 AI를 포함한 중앙정부, 지자체, 공공기관의 업무 혁신에 도입되는 사례가 증가함에 따라 공무원들의 업무 혁신은 물론 기업들의 새로운 비즈니스 기회를 기대할 수 있고 AI 문해력Literacy 강화를 위한 AI 교육 산업에서의 기회도 기대해 볼 수 있다.

2023년 하반기부터 전 세계적으로 AI 규제와 관련된 논의가 더욱 활발해질 것으로 예상되고 EU의 AI Act나 미국 글로벌 테크 기업 중심의 Frontier model forum*, UN과 G7을 중심으로 한 국제AI규제기구 논의들이 진행될 가능성이 크다. 우리 국내 기업과 정부 또한 이를 예의 주시할 필요가 있다. 규제가 혁신의 걸림돌이 되지 않는 것을 전제로 안전하고 지속가능한 AI 산업 생태계를 만드는 노력이 필요하다. 섣부른 규제 법안 제정은 지양하고 특히 기술에 대한 규제가 아닌 활용에 대한 규제로 논의되어야 한다. 기업들의 책임감 있는 AI 기술 개발 및 비즈니스화가 진행될 수 있도록 지원하는 것이 중요하며 초거대 생성형 AI가 글로벌 국가 대항전 양상으로 진행되고 있는 현재, 기업 지원 및 협력환경 조성을 통해 한국 기업이 경쟁력을 가질 수 있도록 정부의 전폭적인 지원이 요구된다.

---

* openai.com/blog/frontier-model-forum

2024년 핫 이슈와
정책 대응

기술 혁신과 사회적 수용성 확대로
기회의 창 활용

정무섭
동아대학교 국제무역학과 교수

ChatGPT로 인한 일자리 전환 위기를 GVC 고도화의 기회의 창으로 활용

2023년은 ChatGPT의 해라고 해도 과언이 아니다. ChatGPT 는 출시 5일 만에 이용자 수 100만 명을 돌파했으며, 출시 3개 월만인 2023년 1월 월평균 이용자 수가 1억 명을 넘어섰다. 이 러한 GPT 열풍으로 AI의 시대가 빠르게 도래하면서 2024년은 2023년보다 더욱 예고된 변화가 현실화될 것으로 보인다.

ChatGPT의 급속한 확산과 발전으로 기존의 일자리가 사라 질 것이라는 우려에도 불구하고, AI 긍정론자들은 ChatGPT에 의한 생산성의 향상은 일자리 감소보다는 노동시간의 감소, 여 가 시간의 증가, 일자리의 질적 향상 및 새로운 유형의 일자리 창출을 통해 우리의 삶을 보다 풍요롭게 해줄 것이라고 말하고 있고 이런 긍정적 측면에 주목하고 정책적 대응하는 것이 필요하다. 실제 혁신과 노동의 대체관계에 대해 수십 년간 연구해 온 데이비드 오터David Autor MIT 교수는 오늘날 60%의 노동자들은 1940년에 존재하지 않았던 직업에 종사하고 있으며, 이는 지난 80년 동안(1940~2018년) 기술이 만들어낸 새로운 직업에서 85%의 고용 성장이 일어났다는 것을 의미한다고 밝혔다.[*] 이에 따르면 지금은 도입 초반인 생성형 AI 기술 역시 해당 기술을 적극적으로 수용하고 업무에 잘 활용하고 이용하는 기업과 개인은 일정 부분의 노동 대체를 통한 생산성의 향상, 노동시간의 감소, 여가 시간의 증가 혹은 임금 수준의 상승을 약속한다. 따라서, 우리는 생성형 AI 기술이 일자리에 미치는 부정적인 영향에 집중하기보다 이것이 우리에게 가져다주는 새로운 가능성에 초점을 맞추고 준비해야 한다.

우선 세계경제포럼WEF에 따르면 2023년부터 2027년까지 5년간 약 8,300만 개의 일자리가 사라지고 약 6,900만 개의 새로운 일자리가 창출되어 둘 사이의 차이에 해당하는 약 1,400만 개의 일자리가 사라질 것이라고 경고했다.[**] 어떤 직종의 일자리가 사라지고, 어떤 직종의 일자리가 증가할 것이라는 예측도 중요하지만, 지금과 같은 GVC의 시대에는 어느 나라의 일자리가 사라지고, 어느 나라의 일자리가 줄어들 것인가 또한

---

[*]   Autor, D., Chin, C., Salomons, A. M., & Seegmiller, B., 〈New Frontiers: The Origins and Content of New Work, 1940-2018〉 (No. w30389), National Bureau of Economic Research, 2020

[**]   World Economic Forum(2023), Future of Jobs Report 2023, Retrived from Geneva.

매우 중요한 이슈가 될 것이다. 주로 미국 등 일자리 전환에 대응이 앞선 국가들의 일자리는 늘어나고, 변화에 대응이 느린 개도국이나 중진국의 일자리를 줄어들 가능성이 크고 이는 대체가능 단순 사무노동이 많은 국가일수록 더 큰 충격을 받을 수 있기 때문이다. 특히 한국은 지식 노동자의 비중이 상대적으로 높기 때문에 생성형 AI로 인한 대체가능 일자리가 많은 국가인 것으로 예상되어 관련한 대비책 마련이 시급하다.

이러한 ChatGPT와 같은 생성형 AI 기술이 혁신을 넘어 파괴적 혁신이 되어가는 과정에서 발생하는 기회의 창을 활용하기 위해 첫째, 해당 기술을 활용한 제품혁신이 필요하고, 둘째, 이를 위한 개인 및 기업의 의지 및 역량 강화가 필요하다. 그리고 무엇보다도 이것을 대중이 보다 쉽고 빠르게 접근하고 활용하게 하기 위한 기술 및 제도적 뒷받침을 통한 시장의 선도적 형성이 필요하다.

ESG 규제 리스크를 기술혁신을 통한 시장 확대의 기회로 활용

다음으로 ESG 규제의 파도가 2024년 이후 거세게 몰려올 가능성이 크다. 미국은 온실가스 배출량을 기업 규모와 상장 여부에 따라, 공시의 범위(Scope 1~3)와 공시 내용에 대한 검증 수준을 2024년부터 2026년까지 단계적으로 강화하는 방안을 이미 발표했다. 영국, 홍콩, 일본 등 주요 국가도 상장기업을 중심으로 ESG 공시를 강화하고 있다. 특히 EU는 기업의 공시 의무뿐만 아니라, 환경·인권 등에 대한 공급망 실사 의무 부과를 추진 중에 있다.

이러한 ESG 규제에 대한 대응을 위해 기업들은 무엇보다도 탄소중립 실현을 위한 연구·개발과 기술혁신이 중요하다. 탄소중립 사회를 대비하는 궁극적인 방안은 기업의 생산 방식과 에너지 사용에 대한 대대적인 전환이고 이는 탄소저감을 위한 기술 혁신, 탄소저감시설에 대한 투자 확대 등을 통해 가능하기 때문이다. 이러한 기술 혁신을 통해 해외 ESG 규제 강화 추세에 보다 능동적으로 대응해 규제의 위기를 오히려 관련 시장 확대의 기회로 활용하는 전략이 필요하다.

또한 기후 위기는 정부, 기업만의 일은 아니다. 우리 모두가 탄소중립 사회로의 전환 과정에서 예상되는 에너지 가격 상승, 생활의 불편을 어느 정도까지 감내할 수 있을지에 대한 진지한 고민과 사회적 합의가 요구되므로, ESG 관련 기술 혁신에 대한 사회적 수용성의 극대화를 통한 국가 혁신 시스템의 전면적 전환이 이러한 기술 혁신을 더욱 가속화시킬 수 있는 든든한 기반이 될 것이다.

외국인 이민자 정책을 4차산업혁명 대응과 저출산·고령화 대응의 지렛대로 활용

현 정부 들어 외국인·이민자 유입 및 활용정책이 저출산 고령화에 대한 중요한 정책대안의 하나로 제기되고 있다. 노동시장의 양극화, 수도권과 비수도권 간 격차의 확대는 인구 변동과 더불어 산업 부문별, 지역 간 일자리 미스 매치를 야기하고 있어 양극화의 아래 부문에서의 외국인력 수요는 더욱 커지고 있다. 그러나 외국인·이민자의 유입에 따른 사회경제적 영향은 중장기에 걸쳐 발생한다는 점에서 이들의 유입 및 활용전략은 신중한 접근이 필요하며, 오랜 이민의 역사를 갖고 있는 선발 이민 국가에서도 여전히 이민자와 선주민 간 갈등이 지속되고 있어 이에 대한 사회 문화적 동화정책을 중심으로 한 이민정책 추진이 필요할 것이다.

아래 부문에서의 유입수요와 함께 변화하는 기술 혁신이나 4차산업혁명은 일자리 구조도 노동절약형 산업구조가 확산되면서 숙련 이상의 고급인력에 대한 수요가 증가할 것으로 전망되며, 이민 정책 또한 이러한 고급인재의 이민 유도 확대가 필요하다. 이러한 4차산업혁명에 기여할 인재의 유입 확대를 위해 육성형 이민정책에 대한 적극적인 추진이 필요하다.

또한 외국인·이민자 활용 전략은 크게 노동시장 관점에서 인력 부족에 대응한 외국인력 활용정책과 인구 변동에 대응한 중장기 이민전략이라는 두 차원에서의 접근이 필요하게 됨으로써 2024년 이후 그 중요성이 매우 커질 전망이다.

2024년 세수 부족 확대 우려에 대한 대응 필요

2023년은 경제적으로 명목 세수가 감소하는 해가 될 전망이다. 2023년의 세수 진도율은 전년 대비 10%p 이상, 평년에 비해 5~7%p 떨어지고 있어, 2023년 국세의 경우 30~40조 원 정도의 세수가 부족해 보인다. 이로 인해 2023년 7월 말 현재 정부의 한국은행으로부터의 차입금액은 100조 원을 넘어섰고, 그에 따른 이자부담은 1,100억 원에 이르렀다.

또한 법인세율 인하의 효과가 반영되는 2024년 세수는 2023년 기업이 획득한 영업이익을 기반으로 감세한 세율이 적용될 경우 더 감소할 가능성이 크다. 2023년 기업들의 영업이익이 고금리와 수출 부진 등에 의한 경기침체로 과세표준이 축소될 것이고, 거기에다 낮아진 세율을 적용해야 하기 때문에 2024년의 법인세수 상황이 더욱 악화될 가능성이 크다.

그러나 2023년 발표한 예산안에 포함된 국가재정운용계획을 보면 우리 정부가 다가올 만성적 세수 부족 현상을 인식하지 못하고 있고, 그러다 보니 적절한 대응정책도 제시되지 못하고 있는 것으로 보인다. 이로 인해 정부의 필수적인 기능마저 위축될 것 같아 우려되며, 일례로 2024년도 예산에 IMF 경제위기 이후에 최초로 R&D 지출이 17% 가까이 줄어든 것을 보면 걱정이 기우만은 아닐 것으로 보인다.

01

ChatGPT와
일자리 변화 대응

임지선

육군사관학교 경제법학과 교수

　　ChatGPT를 개발한 오픈AI의 공동창업주 샘 알트먼Sam Altman의 트윗에 따르면 ChatGPT는 출시 5일 만에 이용자 수 100만 명을 돌파했으며, 출시 3개월 만인 2023년 1월 월평균 이용자 수가 1억 명을 넘어섰다. 이는 틱톡의 경우 9개월, 인스타그램의 경우 2년 반이 걸렸다는 점에서 소비자 대상 애플리케이션 가운데 이용자 수 1억 명 기준 최단기간 돌파 기록이며[*], 그만큼 ChatGPT에 대한 대중의 관심과 사랑이 얼마나 뜨거운

---

[*] 한정훈, 〈생성형 AI 시대의 개막〉, MEDIA ISSUE&TREND, ISSUE REPORT 01, pp.1–12, 2022.

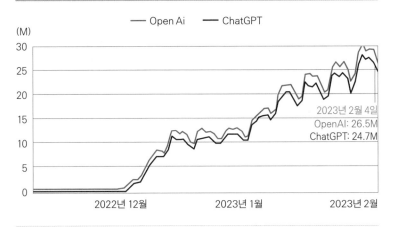

그림 12 **ChatGPT 이용자 수**

— Open Ai   — ChatGPT

(M)

2023년 2월 4일
OpenAI: 26.5M
ChatGPT: 24.7M

2022년 12월   2023년 1월   2023년 2월

출처: CNBC

지를 의미한다. 그렇다면, 대중은 왜 그토록 ChatGPT의 등장에 열광하고 있으며, ChatGPT와 같은 생성형 AI 기술의 등장은 우리의 삶에 어떠한 영향을 주게 될까? 본지에서는 ChatGPT와 같은 생성형 AI 기술의 발달이 우리에게 주는 의미에 대해 생각해 보고자 한다.

2023년 6월 대한민국 직장인의 73.9%는 '생성형 AI 사용 경험이 있다'라고 응답했다. ChatGPT와 같은 생성형 AI를 이용하면서 가장 만족했던 점으로는 1)정보 검색(29.2%), 2)자료 요약 및 분석(텍스트: 13.6%, 수치: 10.5%), 3)외국어 학습 및 번역(12.3%) 순이었으며, 불편했던 점은 1)부정확하거나 사실과 다른 답변(27.8%), 2)동문서답(25.8%), 3)답변의 근거와 출처를 제

ChatGPT 사용에 만족했던 점

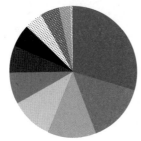

■ 정보 검색	29.5%
■ 텍스트 데이터 요약/분석	14.8%
▨ 외국어 학습/번역	12.3%
▨ 수치 데이터 요약/분석	10.5%
■ 컴퓨터 프로그램 작성/리뷰	7.7%
■ 보고서 작성	6.8%
■ 설문 조사	5.5%
▨ 마케팅 아이디어	4.8%
▨ 이미지 생성	4.7%
▨ 시, 소설, 수필 등 창작	3.1%
▨ 기타	0.3%

ChatGPT 사용에 불편했던 점

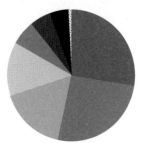

■ 부정확하거나 사실과 다른 답변	27.6%
■ 명령어 이해도가 떨어져서 동문서답하는 경우	25.8%
▨ 답변의 근거와 출처를 제공하지 않는 점	16.6%
▨ 개인 정보나 영업 비밀 노출에 대한 우려	13.2%
■ 응답 시간이 느린 점	6.1%
■ 정치적으로 편향된 답변	5.2%
■ 이미지 생성을 하지 못하는 점	4.8%
▨ 기타	0.7%

출처: 나우앤서베이

공하지 않는 점(16.6%), 4)개인 정보나 영업 비밀 노출에 대한 우려(13.2%) 등이 있었다. 응답자의 절반 이상이 글로벌 생성형 AI 서비스의 출시가 국내 플랫폼 기업(52.1%) 및 본인이 속한 기업의 경쟁력(51.3%)에 긍정적 영향을 줄 것이라고 응답하였으며, 3분의 1 이상(37.0%)은 이미 본인이 속한 기업에서 생성형

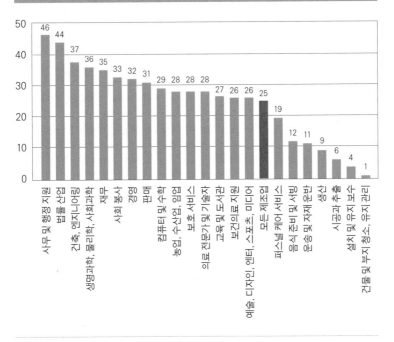

출처: Goldman Sachs, 2023

AI 플랫폼의 사용을 권장하고 있다고 답했다[*]. 한편, 생성형 AI 서비스의 대중화에 대해 가장 우려하는 점으로는 '직업 및 일자리 축소'가 20.6%로 가장 높았다.

세계적인 컨설팅 회사 〈골드만삭스〉의 경제 전문가 조셉 브릭스Joseph Briggs는 2023년 6월 "생성형 AI: 과장인가? 진실인

---

[*] 나우앤서베이(2023.06.14.), 대한민국 직장인 생성형 AI 활용현황, www.nownsurvey.com/board/hotissue/view/wr_id/171

가?_{Generative AI: Hype of Turly Transformative?}"라는 보고서를 통해 생성
형 AI에 의한 잠재적 경제효과에 대해 예측해 보았다.[*] 그는
"생성형 AI로 인해 미국 일자리의 3분의 2가 부분 자동화에 노
출되었으며, 이들 업무 중 25~50%는 생성형 AI로 인해 잠재적
대체가 가능하다"라고 밝혔다. 자동화에 가장 크게 노출된 분
야는 행정직(46%), 법률직(44%)이었으며, 가장 적게 노출된 분
야는 건설(6%), 유지보수(4%)와 같은 육체적 노동이 수반되는
분야였다. 또한, 대체 가능성이 그다지 크지 않을 것으로 예상
되는 컴퓨터(29%), 의료(28%) 관련 분야에서도 생성형 AI로 인
한 대체 확률이 상당히 높을 것으로 예상되었는데, 결론적으
로 그는 생성형 AI의 발달에 따른 노동 대체 문제는 첫째, 생
산직보다는 사무·관리직에게, 둘째, 단순 사무·관리직뿐 아
니라 의료·법률과 같은 전문직 종사자에게도 즉, 지식 노동자
konwledge worker 전반에 걸친 위협 요인으로 분석하였다.

　하지만, 해당 보고서는 ChatGPT에 의한 노동 대체가 반드
시 일자리 감소라는 부정적 결과로 귀결되는 것은 아니라고 말
했다. 브릭스를 비롯한 AI 긍정론자들은 ChatGPT에 의한 생산
성의 향상은 일자리 감소보다는 노동시간의 감소, 여가 시간의
증가, 일자리의 질적 향상 및 새로운 유형의 일자리 창출을 통
해 우리의 삶을 보다 풍요롭게 해줄 수 있을 것이라고 믿는다.

---

[*]　Goldman Sachs (2023), Generative AI: Hype, or Truly transformative?, Top of Mind,
　Issue 120, pp. 14-15.

실제, '혁신과 노동의 대체관계'에 대해 수십 년간 연구해온 데이비드 오터 MIT 교수는 오늘날 60%의 노동자들은 1940년에 존재하지 않았던 직업에 종사하고 있으며, 이는 지난 80년 동안(1940~2018년) 기술이 만들어낸 새로운 직업에서 85%의 고용 성장이 일어났다는 것을 의미한다고 말했다.* 따라서 지금은 도입 초반인 생성형 AI 기술 역시 해당 기술을 적극적으로 수용하고 업무에 잘 활용하는 기업과 개인에게는 일정 부분 노동 대체를 통한 생산성의 향상, 노동시간의 감소, 여가 시간의 증가 혹은 임금수준의 상승이라는 장밋빛 미래를 약속하겠지만, 그렇지 못한 기업과 개인에게는 일자리의 상실 및 보다 열악한 근무환경으로의 이동을 피할 수 없게 할 것이다.

그러므로 우리는 생성형 AI 기술이 일자리에 미치는 부정적인 영향에 집중하기보다 이것이 우리에게 가져다주는 새로운 가능성에 초점을 맞추고 준비해야 한다. 그렇다면 미래 일자리는 과연 어떤 분야에서 얼마만큼 발생하게 되며, 이것을 위해 우리가 준비해야 할 부분은 무엇인가?

WEF의 미래 직업 보고서 2023Future of Jobs Report 2023에 따르면 "인공지능과 기술혁신으로 2023년부터 2027년까지 5년간 약 8,300만 개의 일자리가 사라지고 약 6,900만 개의 새로운 일

---

*   Autor, D., Chin, C., Salomons, A. M., & Seegmiller, B. (2022). New Frontiers: The Origins and Content of New Work, 1940–2018 (No. w30389). National Bureau of Economic Research.

자리가 창출되는 등 현존하는 일자리의 약 2%에 해당하는 약 1,400만 개의 일자리가 사라질 것"이라고 분석했다.[*] 이는 인간의 추론과 문제해결을 시뮬레이션하는 ChatGPT와 같은 생성형 AI 기술 출현은 인간의 추론, 의사소통 및 조정과 관련된 많은 일자리를 대체함으로써 일자리 감소에 대한 뚜렷한 위협을 주겠지만, 기업의 녹색 전환을 촉진하는 투자, ESG 표준의 광범위한 적용, 글로벌 공급망의 재구성과 같은 비기술적 요인들은 기술적 요인에 의한 일자리 감소를 막거나 심지어 새로운 일자리를 창출하는 데 긍정적 영향을 줄 것이기 때문이다. 가장 높은 수요가 예상되는 일자리는 자율주행차와 전기차 전문가로 향후 5년 동안 40% 이상 일자리가 증가할 것으로 예상되었으며, AI·머신러닝ML 전문가에 대한 수요도 35% 이상 증가할 것으로 예상되었다. 지속가능성 전문가, 핀테크 엔지니어, 비즈니스·데이터분석가, 데이터 과학자와 같은 일자리 등도 30% 이상 크게 증가할 것으로 예상되었다. 전체적으로 해당 보고서는 데이터 및 인공지능 관련 분야에서 전체 일자리의 75%가 창출될 것으로 보았으며, 이는 인공지능 및 관련 혁신에 의한 일자리 대체 문제를 지적하면서도 새로운 일자리의 생성 또한 해당 분야 및 관련 분야와 무관하지 않음을 지적하고 있다. 이는 인공지능이 촉발하는 일자리 위기에 대응하기 위해서는 단순히

---

[*]   World Economic Forum (2023), Future of Jobs Report 2023, Retrived from Geneva.

242   2024 한국경제 대전망

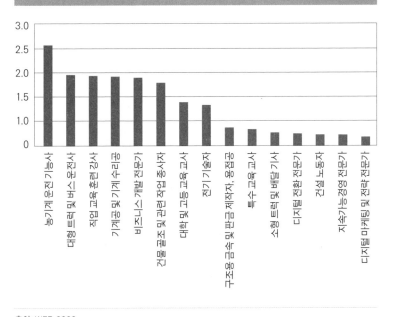

출처: WEF, 2023

이를 회피하는 것이 아닌 보다 직접적으로 수용하고 대면하고 이용해야 한다는 사실을 말한다.

한편, 지금과 같은 GVC의 시대에는 위에서 언급한 것처럼 어떤 직종의 일자리가 사라지고, 어떤 직종의 일자리가 증가할 것이라는 예측도 중요하지만, 보다 현실적으로 어느 나라의 일자리가 사라지고, 어느 나라의 일자리가 줄어들 것인가 또한 매우 중요한 이슈가 될 수 있다. 최근 국제노동기구ILO의 연구보고서에 따르면 생성형 AI에 의한 일자리에의 영향은 크게 1)기존 일자리를 대체하는 자동화automation와 2)기존 일자리를 강화augmentation하는 두 가지 상반된 방향으로 동시에 나타날 수 있는데, 이와 같은 일자리에의 영향은 서로 다른 직업 구조를 가지고 있는 국가 간의 소득수준에 따라 달라질 수 있다고 본다. 해당 보고서는 사무직 근로자 비중이 높은 고소득 국가는 저소득 국가에 비해 전체적으로 생성형 AI에 의한 일자리 대체 및 강화에 더 많이 노출되어 있으며, 고소득 국가의 경우 전체 근로자의 5.5%가 대체 위협에 13.4%가 강화 가능성에 노출되어 있는 반면, 저소득 국가의 경우 오직 0.4%만이 대체 위협에 10.4%만이 강화 가능성에 노출되어 있다고 보았다.[*] 한국은 상대적으로 사무직 근로자의 비중이 높은 고소득 국가로서 관련하여 대체 및 강화 가능성이 클 것으로 예상된다. 따라서 생성형 AI에 의한 일자리 대체를 줄이고 이를 직업적으로 강화하기 위한 보다 GVC의 높은 가치사슬단계로 산업구조를 고도화하기 위한 정책적 대응 마련이 필요하다.

ChatGPT는 멋지지만, 시작에 불과하다!

[*] Gmyrek, P., Berg, J., Bescond, D. 2023. Generative AI and Jobs: A global analysis of potential efW—fects on job quantity and quality, ILO Working Paper 96 (Geneva, ILO). https://doi.org/10.54394/FHEM8239

반도체 전문 조사 기관 가트너Gartner의 애널리스트 브라이언 버크Brian Burke는 'ChatGPT를 넘어서Beyond Chat GPT: The Future of Generative AI for Enterprises'라는 보고서를 통해 ChatGPT와 같은 생성형 AI 기술을 이용한 혁신은 이제 막 시작이며, 앞으로 우리는 보다 다양한 영역에 걸쳐 해당 기술을 이용한 혁신 사례를 관찰하게 될 것이라고 경고했다.[*] 그는 지난 3년간 1.7억 달러의 자금이 생성형 AI 솔루션에 투자되었으며, 초창기 생성형 AI는 창작의 영역(마케팅, 글쓰기, 문화산업)에 집중되었지만 머지않은 미래 신약 개발, 소재 관리, 칩 설계, 합성데이터, 부품개발 등 제조업의 다양한 영역에서도 생성형 AI 기술을 활용한 혁신 사례들을 접하게 될 것이라고 했다. 하지만 이제 막 도입 단계인 생성형 AI 기술이 전체 비즈니스 생태계를 뒤흔들 수 있는 보다 파급력이 있는 파괴적 혁신으로 이어지기 위해서는 ChatGPT와 같은 대중이 보다 쉽게 사용하고 접근할 수 있는 새로운 제품 및 서비스의 개발이 필요하다. 양지훈·윤상혁(2023)은 "혁신이 파괴적 혁신이 되기 위해서는 혁신성 못지않게 일반 대중들이 체감할 수 있는 구체적인 제품이나 서비스의 등장이 필요하다"고 주장했다.[**] 그들은 메타버스와 블록체인 기술이 아이폰

---

[*] Burke (2023), Beyond Chat GPT: The Furue of Generative AI for Enterprise, https://www.gartner.com/en/articles/beyond-chatgpt-the-future-of-generative-ai-for-enterprises

[**] 양지훈·윤상혁, 〈ChatGPT를 넘어 생성형(Generative) AI시대로: 미디어·콘텐트 생성형 AI서비스 사례와 경쟁력 확보방안〉, MEDIA ISSUE & TREND, DOMESTIC REPORT 03, pp.1–9, 2023.

과 달리 기대에 비해 아직까지 우리의 삶에 커다란 영향을 미치지 못하고 있는 이유는 해당 기술이 덜 중요해서가 아니라 해당 기술을 통한 대중이 구체적으로 체감할 수 있는 성공적인 혁신 제품이나 서비스가 아직 등장하지 못했기 때문이라고 했다. 반면, 아이폰의 경우 직관적으로 사용 가능한 UI_{User Interface}와 앱스토어라는 구체적인 프론트 엔드 서비스가 개발되었는데, 이를 통해 아이폰은 단순한 혁신을 넘어 파괴적 혁신이 될 수 있었고, 이러한 관점에서 ChatGPT라는 프론트 엔드 서비스는 생성형 AI가 혁신을 넘어 파괴적 혁신으로 성장하는 데 결정적 역할을 할 수 있을 것으로 기대된다.

| 맺으며

자, 이제 결론으로 넘어가서 ChatGPT와 같은 생성형 AI 기술이 혁신을 넘어 파괴적 혁신이 되고 여기서 무수히 많은 양질의 일자리가 창출되기 위해서 어떻게 준비해야 할까? 첫째, 해당 기술을 활용한 새로운 제품 및 서비스의 개발이 필요하다. 둘째, 이를 위한 개인 및 기업의 의지 및 역량 강화가 필요하다. 그리고 셋째, 이것을 대중이 보다 쉽고 빠르게 접근하고 활용하게 하기 위한 정부의 기술 및 제도적 뒷받침이 필요하다. Chat GPT의 등장은 어렵고 복잡한 AI 기술이 더 이상 특정 기업이나 개인의 전유물이 아닌 일반 대중에게도 널리 사용될 수 있는 범용기술이 되었음을 의미한다. 다시 말해, 이는 지식 노동자가 더 이상 특정 기업의 종속적 노동자가 아닌 독립적 생산자가 될 수 있음을 의미하며, 능력을 갖춘 누구에게나 동등하게 시장 참여의 기회가 제공되며, 그 기회를 통해 부를 축적할 가능성 또한 열리게 되었음을 의미한다. 정부는 이러한 비즈니스 생태계가 형성되고 활력을 찾아갈 수 있도록 기존 노동자에 대한 보호보다는 경쟁력 강화를 특정 기업이나 개인을 대상으로 하는 기술보다는 대중이 쉽게 사용하고 활용할 수 있는 기술개발 및 확산에 지원을 아끼지 말아야 한다. 더 이상 기술에 대한 장벽이 격차를 발생시키고, 그 격차가 인간을 사회로부터 고립시키지 못하도록 기술이 인간에게 다가와 줄 타이밍이다!

02
ESG 대응과 기후 변화와 기술혁신

김광일

금융위원회 공정시장 과장

글로벌 금융위기, 팬데믹을 거치면서 지속가능한 성장에 대한 관심이 고조되고 있다. 특히 기후 변화에 따른 재앙을 대비하기 위한 국제적 공조와 협력이 강조되고 있다. 2015년 파리기후변화협약 이후 미국, EU, 일본 등 주요 국가들의 탄소중립 선언과 같은 일련의 정책 흐름이 대표적인 사례이다.

우리 경제도 예외는 아니다. 정부는 2050년 탄소중립 달성을 선언하고, 기후 변화 대응을 위한 국제사회의 노력에 동참하고 있다. 이와 같은 노력은 비단 정부에 국한되지는 않는다. 기후 변화에 따른 파국을 막기 위해서는 실제로 탄소배출의 상당

부분을 차지하는 기업의 적극적인 동참 없이는 불가능하기 때문이다. ESG로 대변되는 새로운 논의가 바로 그것이다.

ESG는 환경(E), 사회(S), 지배구조(G)를 모두 포괄하지만, 환경 특히 기후 변화를 제외하고는 생각하기 힘들다. 기후 변화 대응에 대한 국제적 공감대 형성이 ESG 논의에서 가장 중요한 부분을 차지하고 있기 때문이다. 이에 따라 최근 ESG 논의는 기업 가치에 대한 평가와 그에 따르는 투자 의사결정 과정에서의 시장 자율적인 논의에서 각국 정부 주도의 정책과 규제의 관점으로 진화하고 있다.

2024년 자율이 아닌 규제로서의 ESG 시대 본격화

1. ESG 공시

ESG 논의에서 가장 앞서 있다고 평가받고 있는 EU의 경우, 기업의 공시 의무 강화, 환경·인권 등에 대한 실사 의무 부과, 탄소 국경 조정 제도 도입 등을 추진하고 있다. 먼저 기업의 공시제도를 살펴보자. 지난 2021년 4월에 기업의 ESG 공시 의무를 강화하기 위해 기존 비재무정보공개지침Non-Financial Reporting Directive, NFRD을 개정한 기업지속가능성보고지침Corporate Sustainability Reporting Directive, CSRD을 발표한 바 있다. 동 지침에 따르면, ESG 공시 의무 대상기업을 기존 EU 역내 대형 상장·금융·

표 4 EU의 ESG 공시 관련 규정 변화*		
항목	NFRD(FY2017년~)	CSRD(FY2024년~)
대상	EU 역내 대형 상장·금융·공익기업	EU 상장·비상장 대기업, EU 상장 중소기업, 일부 非EU기업
채널	사업보고서 또는 별도 보고서	사업보고서 (별도 보고서 불허)
기준	글로벌 표준 중 선택(GRI, SASB 등)	유럽재무보고자문그룹(EFRAG)이 제정하는 표준(ESRS)
검증	회원국 자율에 위임	제3자 검증 의무화

공익기업 중심에서 상장·비상장 대기업, 상장 중소기업뿐만 아니라, EU 역내에서 활동하는 글로벌 기업에까지 확대할 예정이다. 2022년 11월 EU 의회가 CSRD를 최종 승인한 데 이어서, 2023년 7월에는 EU 집행위원회가 구체적인 공시 기준인 ESRS를 승인함에 따라, 2024년(회계년도 기준)부터 강화된 ESG 공시 기준이 적용될 것으로 예상된다.

그동안 기업의 자율적인 ESG 공시 규제체제를 유지했던 미국의 경우에도 관련 규제를 강화하고 있다. 2022년 3월, SEC는 기후 변화 대응을 위해 미국 상장기업을 중심으로 기후 분야 공시 의무화 방안을 발표했다.** 동 방안에 따르면, 상장기업을 중심으로 증권신고서와 사업보고서 제출 때, 온실가스 배출량과 같은 정량적 지표뿐만 아니라, 기업이 직면하고 있는 기후변

---

* 김광일, 〈강화되는 글로벌 ESG 공시 규정, 우리 기업의 능동적 대응 지원한다〉, KDI나라경제, 2023.04.

** 2022년 3월 발표된 SEC의 방안은 초안으로, 최종안은 2023년 10월 기준으로 아직 확정되지 않았다. SEC는 2023년 말까지 최종안 확정을 목표로 하고 있다.

화 리스크와 같은 정보에 대해 공시하도록 하고 있다. 특히 온실가스 배출량의 경우에는 기업 규모와 상장 여부에 따라, 공시의 범위(Scope 1~3)와 공시 내용에 대한 검증 수준을 2024년부터 2026년까지 단계적으로 강화하는 방안을 포함하고 있다. 그 외에도 영국, 홍콩, 일본 등 주요 국가의 경우에도 상장기업을 중심으로 ESG 공시를 강화하고 있는 추세이다.

한편으로는 IFRS 재단을 중심으로 진행되고 있는 글로벌 ESG 공시 표준화 논의에도 주목할 필요가 있다. 지난 2021년 11월 IFRS 재단은 G20, IOSCO 등 국제사회의 지지를 받은 가운데, 글로벌 ESG 공시 기준 표준baseline 제정을 위해 ISSBInternational Sustainability Standards Board를 설립했다. 또한 2022년 3월에는 일반분야(S1)와 기후 분야(S2) 등 2개 분야에 대한 ESG 공시 표준(안)을 발표하고, 전 세계를 상대로 공개 의견 수렴을 진행했으며, 제기된 의견을 반영하여 2023년 6월 말 최종안을 발표했다. 물론 ISSB의 공시 기준을 채택할지 여부는 개별 국가에서 판단할 사안이다. IFRS 회계 기준이 많은 국가에서 도입된 사례를 감안할 때, IFRS가 제정한 ISSB 기준의 영향력도 커질 가능성이 크다.

2. 환경 등에 대한 공급망 실사

EU는 기업의 공시 의무뿐만 아니라, 환경·인권 등에 대한 공급망 실사 의무 부과를 추진 중에 있다. 글로벌 공급망 내 환경과 인권의 중요성이 커짐에 따라 독일 등 일부 국가를 중심으로 원청기업에 공급망에 대한 실사 의무를 부과하는 움직임이 있어 왔다. 최근에는 EU 개별 회원 국가의 법을 넘어서 EU 차원의 통합적인 기준 마련 필요성이 제기됨에 따라, 2023년 말까지 최종안 확정을 목표로 글로벌 공급망 내 환경과 인권 실사를 의무화하는 기업지속가능성 실사지침을 추진 중에 있다. 의무가 부과되는 대상 기업은 기업의 거점지역에 따라 EU 역내와 역외로 분류하고, 직원 수 등 기업의 규모를 고려하여 선정했다. 원청기업은 협력업체를 포함한 공급망 전체에 대해 기업의 활동이 인권과 환경에 등에 미치는 부정적 영향을 평가하고 관리할 의무를 지게 된다. 이에 따라 수출기업을 중심으로 우리 기업들도 상당한 영향을 받을 것으로 예상된다.

3. 탄소국경조정제도

탄소국경조정제도Carbon Border Adjustment Mechanism, CBAM란 유럽연합이 도입하고 있는 탄소 관련 수입 규제이다. EU 지역보다 탄소 규제가 느슨한 지역에서 EU 역내로 수입되는 경우, 해당 제품의 수출기업이 제품의 탄소 배출량을 산정하고, EU에서 규정하는(EU Emissions Trading System) 인증서를 구매해 제출하도록 의무화하는 제도이다. 다만 CBAM 인증서를 제출할 때, 수입 원산지 국가에서 이미 납부한 탄소 가격을 차감할 수 있어서, EU 지역과 수입국가 간 차액에 해당하는 금액만 인증서를 구매하게 된다. 이 제도의 취지는 국가별, 지역별로 다른 탄소 규제의 차이를 이용하여 고탄소 산업이 탄소 규제가 약한 지역으로 생산시설을 이전함으로써, 사실상 규제를 우회하는 것을 방지하기 위한 제도이다.

이와 같은 좋은 취지에도 불구하고 EU 지역에 수출하는 역외국가, 특히 제품 생산 과정에서 탄소를 많이 배출하는 신흥국가나, EU지역에 대한 수출의존도가 높은 기업의 경우 여간 부담스러운 것이 아니다. 대상 품목은 철강, 알루미늄, 시멘트, 비료, 전력, 수소 등 6개 품목이며, 2023년 10월부터 2025년 말까지 시범 사업 성격의 준비기간을 거쳐 2026년부터 본격적으로 시행될 예정이다. 당장은 CBAM의 적용 대상이 한정적인 관계로 산업 전반에 큰 영향이 없을 것이라는 의견이 있지만, 철강산업 등 고탄소 배출산업을 중심으로 우리 기업들에 부담 요인으로 작용할 것으로 예상된다. 특히, EU 지역의 탄소배출권 가격이 한국의 탄소배출권 가격의 약 7배 이상 높게 거래되고 있다는 점을 감안할 때, 제품 생산 과정에서 EU 기준을 초과하는 탄소배출 산업의 경우 큰 부담이 아닐 수 없다.

| 기후 등 ESG 규제 강화에 따른 영향

이와 같은 ESG 규제 강화는 우리 경제 전반에 커다란 영향을 줄 것으로 예상된다. 크게 두 가지 측면에서 볼 수 있다. 먼저 우리 경제의 경우 다른 선진경제권과 달리 제조업의 비중이 크다는 점이다. 경제가 성장함에 따라 일반적으로 제조업 비중이 감소하고 서비스업의 비중이 증가한다. 미국이나 유럽과 같은 선진경제의 경제성장 과정을 보면 분명하게 알 수 있다. 반면에 우리 경제의 경우, GDP 대비 제조업 비중은 25.6%로 1인당 국민소득이 상당히 높은 국가임에도 불구하고 제조업의 비중이 매우 큰 편이다. 미국(10.7%)과 영국(8.4%)을 물론이고, 제조업 강국이라고 불리는 독일(18.5%)과 일본(20.5%)보다 높다. 제조업은 근로자에게 비교적 안정적인 일자리를 제공함은 물론, 다양한 서비스업이 제조업과 연계하여 발전할 수 있는 장점이 많다. 특히 팬데믹 상황에서 우리 경제가 다른 경제권에 비해서 빠른 회복 탄력성resiliency을 보일 수 있었던 것은 우리 경제가 비교적 튼튼한 제조업 기반을 갖추고 있었기 때문이기도 하다. 이와 같은 장점에도 불구하고 제조업은 지속가능한 성장을 위해 글로벌 탄소 규제가 강화되고 있는 시점에서 탄소 감축이 쉽지 않다는 큰 단점이 있다. 철강, 석유화학과 같이 탄소 의존도가 높은 산업이 주력산업 중 일부인 우리 경제의 경우 더욱 그러하다.

다른 한편으로, 우리 경제는 수출의존도가 높고, 글로벌 자본시장에 대한 편입이 크다는 점이다. EU, 미국 등의 ESG 규제 강화는 우리 기업의 경쟁력에 즉각적인 영향을 미치게 된다. 해당 경제권에 직접 진출했거나, 상품을 수출하는 대기업뿐만 아니라, GVC에 편입된 중소기업들에도 전방위적인 영향을 미칠 것으로 전망된다. 일례로 EU의 공급망 실사 법의 경우 EU 수출이 많은 자동차, 부품 업종을 중심으로 상당수 국내 기업들이 영향을 받을 것으로 예상된다. 이는 수출기업이 아니더라도 공급망 내 협력 업체들도 환경과 인권 등에 대한 실사의 대상이 됨에 따라 ESG 이슈를 적극적으로 관리할 필요가 있다. 극단적으로는 탄소배출과 같은 ESG 이슈를 잘 관리하지 못하는 기업의 경우 글로벌 공급망 자체에서 배제될 위험에 직면했다고 할 수 있다.

요컨대, 대외의존도가 높은 우리 경제의 특성상, 글로벌 ESG 규제 강화에 따른 영향이 크고 광범위할 것으로 예상되나, 높은 제조업 비중과 같은 산업구조의 특성상 글로벌 ESG 규제에 적응하기가 쉽지 않다고 할 수 있겠다.

그럼에도 불구하고 상당수의 우리 기업들은 ESG 규제 강화 흐름에 대해 충분히 대비하고 있지 못하고 있는 것으로 보인다. 일례로 대한상공회의소 조사(2023.02.)에 따르면, EU의 공급망 실사 대응과 관련하여 원청기업의 48.2%, 협력 업체의 47.0%가 별다른 대응조치가 없다고 답변했다.

글로벌 ESG 규제 강화를 기술 혁신을 통한 시장 선점의 기회로 활용

기후 변화 대응, ESG 가치의 확산이 이미 시대적 가치로 잡아가고 있다. 당위 논쟁에서 벗어나, 정부, 기업 등 경제주체별로 새로운 시대를 어떻게 준비해 나가야 할지에 대한 구체적인 실행계획을 마련해야 한다.

우선 정부는 해외 규제 강화에 대비하여 국내 ESG 관련 제도를 정비해야 한다. ESG 공시와 관련하여 금융위원회는 코스피 상장사를 대상으로 단계적인 의무화를 추진하겠다고 발표한 바 있다. EU, 미국 등 해외 공시 기준이 있는 만큼, 국내 기업이 이중으로 공시 부담을 짊어지지 않도록 글로벌 정합성을 갖춘 ESG 공시 기준을 만들되, 정보제공자인 기업의 현실적인 부담과 정보수요자인 투자자의 정보 니즈needs를 균형 있게 고려할 필요가 있다.

EU의 공급망 실사법 시행과 탄소국경조정제도의 경우 어느 한 부처만으로 대응하기 어려운 이슈인 만큼 범부처적인 대응이 요구된다. 부처 간 유기적인 협력과 소통이 중요하다. 다행히도, '민관합동 ESG정책협의회(기획재정부 주관)'와 범부처 'EU 탄소국경조정제도 TF'와 같은 정부 부처 간 협의체가 구성된 만큼, EU의 규제 강화에 대해 체계적으로 대응할 수 있는 정책이 마련되어 실행되기를 기대한다.

아울러 민간의 탄소 감축 유인을 높이기 위한 탄소배출권 제도 정비, 재정의 지출 우선순위 조정을 통한 저탄소사회로의 전환 지원 강화, 전환과정에서 파생되는 산업 구조조정과 인력 재배치 등과 같이 검토할 과제들이 많다. 다양한 이해관계자가 있는 만큼 하나같이 만만치 않은 정책과제들이다. 충분한 의견 수렴을 거쳐 구체적인 실행계획을 마련할 필요가 있다.

기업들은 해외 ESG 규제 강화 추세에 보다 능동적으로 준비해 나갈 필요가 있다. 우선, 해외 ESG 규제 동향을 면밀히 점검하여 필요한 조치들을 미리 미리 대비해 나가야 한다. 일례로 EU 지역 내에 일정 규모 이상의 사업장을 가진 현지법인의 경우, 당장 2025년부터 CSRD에 따라 ESG 공시 의무가 발생한다. 내부통제 시스템 구축, 시범 사업 등을 통해 강화된 규제에 선제적으로 준비할 필요가 있다.

무엇보다도 기업의 탄소중립 실현을 위한 연구개발(R&D)과 기술혁신이 중요하다. 탄소중립 사회를 대비하는 궁극적인 방안은 기업의 생산방식과 에너지 사용에 대한 대대적인 전환이라고 할 수 있다. 탄소저감을 위한 기술 혁신, 탄소저감 시설에 대한 투자 확대 등을 통해 우리 경제를 에너지 절약형 산업구조로 전환해야 한다. 경영진의 ESG 경영, 에너지 전환에 대한 인식의 변화와 더불어, R&D, 전환시설 투자 확대와 같은 과감한 실천이 요구된다고 할 것이다.

지금 세계 경제는 고탄소 경제에서 탄소중립 경제로의 이행,

세계화의 퇴조에 따른 경제 블록화 움직임과 같이 그동안의 안온安穩했던 환경에서 벗어나, 새로운 체제로의 전환transition을 시도 중이다. 이와 같은 변화는 우리 기업에게 새로운 도전 과제이나, 기술 혁신을 통해 새로운 변화에 대해 선제적으로 대비해 나갈 경우, 시장 확대는 물론 경쟁기업에 비해 차별화된 강점을 확보할 수 있다. 새로운 시대에 원활히 적응해 나갈 수 있도록 기업의 능동적인 역할이 어느 때보다 중요하다.

▎ 기후 변화 시대를 살아가는 세대를 위한 지혜

기후 위기는 정부, 기업만의 일은 아니다. 기후 재앙을 방지하기 위해서는 제품을 생산하는 기업뿐만 아니라, 이를 소비하는 개개인의 인식 전환과 실천이 필요하다. 에너지 가격의 상승에 따른 실질 소득의 감소를 감내하고, 생활 전반에서 탄소저감을 위한 불편을 받아들여야만 한다. 우리 모두가 기후 재앙만은 피해야 한다는 절박한 인식이 공유될 때 가능하며, 탄소 중립 사회로의 전환 과정에서 예상되는 에너지 가격 상승, 생활의 불편을 어느 정도까지 감내할 수 있을지에 대한 진지한 고민이 필요하다. 사회적 합의가 요구된다.

03
노동력 부족과
외국인력 활용 방안

이규용

한국노동연구원 고용정책연구본부장

　팬데믹으로 주춤했던 외국인 유입이 2022년부터 증가세로 전환한 후 지속해서 증가 폭이 확대될 전망이다. 외국인력 도입 허용을 요청하는 산업계의 요구가 확대되고 있는데다 기존에 외국인력 고용이 허용되어 있던 업종에서는 도입 규모의 확대를 요구하고 있다. 이에 따라 최근 정부는 고용허가제 허용 업종 및 도입 규모의 확대를 비롯하여 계절근로자제도, 숙련기능인력제도, 지역특화비자 등 외국인력 활용 전략을 다변화하고 있다. 이 글에서는 최근의 외국인 체류 동향에서 나타나는 특징을 살펴보고 향후 외국인력 수요 전망 및 이와 관련한 쟁점

들을 살펴보고자 한다,

| 외국인력 개념과 제도

우리나라에서 취업 활동에 종사하고 있는 외국인력이란 한국 국적을 갖고 있지 않은 외국인 취업자를 의미한다. 국내 체류 외국인의 취업 활동을 체류 자격으로 구분하면 다음과 같다. 첫째, 영주권자, 결혼이민자, 거주비자, 재외동포와 같은 정주형 이민자로 이들의 대부분은 취업 활동에 별다른 제약이 없다. 둘째, 취업과 연계되는 체류자격자로 여기에는 유학, 기술연수, 일반연수, 주재, 구직비자 등이 있다. 가령, 유학생의 경우 주당 30시간 일을 할 수 있으며 졸업 후 1년 동안은 국내에서 구직활동을 할 수 있다. 셋째, 취업비자로 여기에는 전문인력 비자(E-1~E7), 계절근로(E-8), 비전문취업(E-9), 방문취업비자(H-2), 선원취업(E-10), 지역특화비자(F2-R) 등이 있다. 이외에 불법취업자가 있는데 이들의 유입 경로는 다양하다. 법무부 출입국 통계는 체류 기간 초과자를 불법체류자로 정의하고 있는데 이들의 상당수는 취업 활동에 종사하고 있을 것으로 추정된다. 또한 불법취업자에는 체류 기간 초과자뿐만 아니라 단기 체류자로 입국하여 체류 기간을 초과하지는 않았지만 불법으로 취업 활동에 종사하고 있는 체류자도 있다.

일반적으로 외국인력 도입정책을 이야기할 때는 취업비자 외국인력에 초점을 맞추고 있기 때문에 취업비자를 좀 더 살펴보면 다음과 같다. 전문인력 취업비자에는 단기취업, 교수, 회화지도, 연구, 기술지도, 전문직업, 예술흥행, 특정활동 비자 등이 있다. 단기취업비자를 제외하고는 이들 비자는 1회에 부여하는 체류 기간이 2~5년이며 대체로 반복 갱신이 가능하다. 대표적인 전문인력 비자인 특정활동(E-7)비자의 도입 직종은 '한국표준직업분류'상 대분류 항목과 직능 수준 등을 감안하여 전문 직종, 준 전문 직종, 일반 기능, 숙련 기능 직종으로 구분되어 있다. 전문직종은 경제이익단체 고위임원 등 15개 직종 관리자와 생명과학전문가 등 52개 직종 전문가 및 관련 종사자가 해당된다. 준전문 직종은 항공운송사무원 등 5개 직종 사무 종사자와 운송 서비스 종사자 등 4개 직종 서비스 종사자가 해당되며, 일반기능직종은 동물사육사, 양식기술자, 할랄도축원 등 기능원 및 관련 기능인력 등 6개 직종이다. 끝으로 숙련기능 직종은 고용허가제 인력 중 선발하며 농림축산어업, 제조, 건설 분야의 숙련기능인력이 해당된다.

비전문인력 취업비자로는 일반 고용허가제(E-9), 특례고용허가제(방문취업제, H-2), 선원취업(E-10)이 있으며 비전문취업자의 체류 기간은 최대 9년 8개월이고 이들은 비전문 업무에 종사하도록 되어 있다. 방문취업제는 허용업종 내에서 직업 선택을 자유롭게 할 수 있는 데 비해 일반고용허가제는 취업이 허용된 업종 내에서 일하도록 되어 있고 사업장 이동은 특별한 사유를 제외하고는 허용되지 않는다.

체류 외국인 및 외국인력 추이와 특징

체류 외국인 추이

2023년 5월 현재 국내 체류 외국인은 236만 명으로 코로나 시기 직전인 2019년 252만 명에는 미치지 못하지만 2021년 196만 명에 비하면 40만 명가량 증가하였으며 향후 증가 폭이 커질 전망이다. 체류 외국인 중 91일 이상 체류하는 장기체류자는 등록외국인과 거소 신고 외국국적동포가 해당되는데, 이

그림 16 체류 외국인 추이

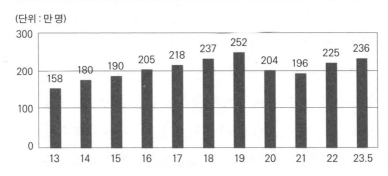

(단위 : 만 명)

자료 : 법무부 출입국외국인정책본부, 통계월보

들의 총수는 176만 명이다. 90일 이하인 단기체류자는 59만 명이다.

체류 기간 초과자로 파악하는 불법체류 외국인은 2013년까지는 20만 명을 넘지 않았으나 2015년 이후 증가추세가 커지고 있는데 2023년 5월 현재 42만 명에 이른다. 불법체류자가 증가하는 주요 원인은 다음과 같다. 첫째, 외국인 수요업종의 다양화, 고용 형태의 다양화 등 외국인력에 대한 수요구조가 다양하게 나타나고 있으나 현행 외국인력 공급제도는 이에 부합하지 못하는 측면이 있다. 둘째, 한국은 대만이나 일본 등 주변 국가에 비해 임금수준 등 이민경쟁력이 우위에 있어 한국으로의 유입이 증가하고 이에 따른 불법 중개인 시장 등이 커지고 있으나 여러 여건 등으로 이에 대한 단속이나 법적 조치가 적극적으로 이루어지지 못하는 데 기인한다.

이민자 상주인구 및 외국인력 추이와 특징

체류자격 여부와 관계없이 취업 활동에 종사하는 외국인력에 대한 정확한 파악은 통계 작성의 한계 등으로 현실적으로 쉽지 않다. 외국인 취업자에 대한 정보는 통계청에서 2017년부터 매년 한 차례 실시하고 있는 '이민자 체류 실태 및 고용조사'* 결과로부터 파악할 수 있다. 통계청 조사에 따르면 2022

---

* 이민자 체류 실태 및 고용조사의 모집단은 만 15세 이상 이민자 중 한국에 91일 이상 계속 거주한 상주인구로 외국인과 귀화허가자를 포함하고 있다. 이에 따라 이 조사에서는 단기체류 자격으로 입국

년 5월 기준 국내 체류 이민자 중 취업자는 877,200명으로 이 중 외국인 취업자는 843,000명이고 귀화허가자는 34,100명이다. 전체 외국인 중 가장 많은 비중을 차지하고 있는 외국인은 외국국적동포이나 이들의 추가 입국 규모는 크지 않기 때문에 향후에는 다양한 국적 및 체류자격 외국인의 유입이 증가할 전망이다. 체류 외국인의 증가와 더불어 정주형 이민자가 늘어나면서 이민자의 고령화도 점차 진행되고 있다. 상주 외국인 중 60세 이상 비중은 2015년 8.6%였으나, 2022년에는 12.5%로 증가하였다. 이에 비해 청년층 외국인은 같은 기간 동안 0.4% 감소하여 전체 상주 외국인 중 청년층이 차지하는 비중은 4.3%p 감소하였다.

체류자격별 외국인 취업자 추이에서 나타나는 특징 중 하나는 〈표 5〉에서 보듯이 비전문취업 등 취업자격으로 입국하는 외국인력의 비중이 줄어들고 있다는 점이다. 취업 체류자격으로 입국한다는 것은 정부가 산업이나 직종별 외국인력 수요를 파악하여 해당 분야의 인력부족 해소를 위해 외국인력의 고용을 허가함을 의미한다. 이런 점에서 3D 분야 등 인력 부족이 심하고 내국인이 기피하는 산업이나 직종에 집중되어 있는 비전문취업 유입 규모를 증대할 필요성이 제기되고 있다.

정부가 적극적으로 유치를 위해 노력하고 있는 전문 외국인

하여 취업 활동에 종사하고 있는 외국인 취업자(체류 기간 초과자 포함)는 제외되어 있다.

표 5 상주 외국인(15세 이상)의 체류자격별 취업자 비중 추이(단위 : %)						
	2015년	20019년	2020년	2021년	2022년	비중 변화 (2015-2022)
합계	100.0	100.0	100.0	100	100	–
재외동포	18.7	23.6	25.2	28.5	28.8	10.0%p
비전문취업	22.4	19.7	18.9	16.3	16.1	-6.3%p
기타	9.9	11.6	12.8	13.8	13.3	3.4%p
유학생	6.4	10.8	10.3	10.8	12.5	6.0%p
영주	8.3	7.8	8.6	9.6	10	1.7%p
결혼이민	9.6	8.3	9.1	9.5	9.4	-0.1%p
방문취업	21.3	15.2	12.1	9.2	7.4	-13.9%p
전문인력	3.5	2.9	3.0	3.0	3.2	-0.3%p

주 : 통계청 조사는 외국인등록자를 대상으로 통계를 작성하고 있기 때문에 단기체류 입국자 중 체류 기간을 초과한 취업자와 체류 기간을 초과하지는 않았으나 취업 활동에 종사(합법 또는 불법)하고 있는 외국인이 누락되어 있어서 실제 취업자보다 과소 추계
자료 : 통계청, 이민자 체류 실태 및 고용조사 자료를 이용하여 작성

력의 경우 총량 규모의 변동이 크지 않다. 대표적인 전문외국인력 체류자격인 특정활동(E-7) 체류자 수는 2012년 17,000명에서 코로나 직전인 2018년에 22,000명까지 증가 후 팬데믹에 주춤하다 2022년에 24,000명으로 증가하였다. 이에 비해 특정활동 체류자격의 입국자 수는 2015~2019년 기간 동안 47,000명 전후를 보여 왔다. 입국자 수 규모에 비해 체류자 수 규모가 증가하지 않는 현실은 이들의 대부분이 일정 기간 체류 후 출국하기 때문이다. 즉 전문외국인력의 장기 정착률이 낮음을 보여주고 있다. 이러한 현상은 전문외국인력들이 한국을 경유지로 받아들이고 있으며, 한국의 이민 사회 성숙도가 낮아 우수 전

문인력의 정착 유인이 높지 않은 점 등에 기인하는 것으로 지적되고 있다.

| 외국인력 도입 전망

저출산 이슈가 사회 문제로 본격적으로 대두되기 이전인 1980년대 후반부터 우리 사회는 외국인력에 대한 수요가 지속적으로 발생하여 이에 대응하여 외국인력 유입 확대 정책을 지속적으로 추진해왔다.

최근 들어 저출산 고령화가 더욱 빠르게 진행됨에 따라 외국인·이민자 유입 및 활용정책이 중요한 정책 대안의 하나로 제기되고 있으며 현 정부 들어 이러한 정책 기조는 더욱 강화되고 있다. 노동시장의 양극화, 수도권과 비수도권 간 격차의 확대는 인구 변동과 더불어 산업부문별, 지역간 일자리 미스 매치를 야기하고 있어 양극화의 아래 부문에서의 외국인력 수요는 더욱 커시고 있다. 여성·고령자 인력 활용도 제고를 통해 인력부족 미스 매치를 해소하는 정책도 지속적으로 추진해 나가야 하나 직무 특성상 외국인력 수요부문과 이들 인력의 활용과는 괴리가 있다. 노동력 확보라는 관점에서 볼 때 외국인·이민자 유입은 필요한 인력을 해외에서 유입한다는 점에서 출산정책을 통한 인적자원 육성에 비해 상대적으로 단기간에 정책 성과를 높일 수 있다는 장점이 있다. 그러나 외국인·이민자의 유입에 따른 사회경제적 영향이 중장기에 걸쳐 발생한다는 점에서 이들의 유입 및 활용 전략은 신중한 접근이 필요하다. 오랜 이민의 역사가 있는 선발이민국가에서도 여전히 이민자와 선주민간 갈등이 지속되고 있는 현실은 이민자 활용 전략이 쉽지 않음을 시사한다. 아울러 선발이민국가들이 적극적으로 이민자를 유입했던 시기와 현재의 산업구조나 기술 혁신에 따른 인력수요 구조에 많은 차이가 있음을 볼 때 다른 나라의 경험을 참고할 수는 있겠으나 우리나라에 적합한 외국인·이민자 전략을 모색해 나갈 필요가 있다.

외국인·이민자 수요가 증가하고 있지만 기술 혁신이나 산업구조의 변화는 외국인력에 대한 수요구조도 바꾸게 될 것이다. 4차산업혁명은 생산 과정에 큰 변화를 가져오는 기술 혁신이 동반되면서 일자리 구조에도 영향을 미치고 있다. 기술의 발달로 단순 반복 직무 및 생산 업무에서 변화가 야기될 전망이며 제조업의 경우 숙련인력에 대한 수요가 증가할 것으로 전망되고 있다. 기술 대체의 용이성에 따라 외국인력에 대한 수요도 변화할 전망이며 이는 서비스업도 예외가 아닐 것이다. 고도의 전문성을 보유한 인재를 제외하고는 상당수의 전문인력이나 숙련인력을 유입하는 전략도 이러한 점을 고려해야 할 것이다.

출산율 저하와 고령화로 외국인력 도입 확대에 대한 각계의 요구가 많아지고 있고 인구정책으로 이민자를 도입하자는 논의도 제기되고 있다. 그런데 간과해서는 안 되는 것이 정주형 이민자 증가가 노동시장의 인력 수급 불일치를 해소하는 데 한계가 있다는 점이다. 정주형 이민자들은 시간이 지날수록 내국인의 노동 공급과 유사한 특성을 보일 가능성이 크다. 수도권 집중화, 상대적으로 열악한 부문의 기피, 그리고 이들 또한 저출산 함정에 빠질 가능성이 있다. 따라서 노동력 부족 해소를 위해서는 정주형 이민자 유입정책과는 별개로 한시적 외국인력 활용을 통한 지역 및 산업 맞춤형으로 외국인력 공급을 확대할 필요가 있다.

이런 관점에서 볼 때 외국인·이민자 활용 전략은 크게 노동시장 관점에서 인력부족에 대응한 외국인력 활용정책과 인구변동에 대응한 중장기 이민전략이라는 두 차원에서의 접근할 필요가 있으며 2024년 이후 이러한 전략적 접근의 중요성이 매우 커질 전망이다. 인구정책으로서 이민자 유입 전략은 노동시장 수급보다는 주민의 관점에서 바라보아야 하며 이는 사회적 합의가 필요하다. 이에 비해 외국인력 정책은 노동시장 수급 여건을 고려하여 접근하여야 한다. 중장기적으로 노동시장에서 필요로 하는 외국인력을 지금부터 도입할 수는 없다. 외국인력도 고령화되고, 인적자본도 고갈될 수 있기 때문이다. 이는 결과적으로 재정지출의 증가로 이어질 수 있다. 한시적 외국인력 활용 전략은 단기순환을 원칙으로 하되 숙련을 갖춘 인력에 대해서는 반복 갱신을 통해 장기체류로 이어지도록 함으로써 노동수요 구조의 변화에 탄력적으로 대응하여야 한다. 나아가 현재 비자유형별로 다양하게 운용되고 있는 외국인력 유입 제도를 정비하여 통합체계를 구축하고 정기적으로 외국인력 수요 분석 및 영향 평가를 통해 외국인력 도입 확대에 따른 문제점들을 해소해 나갈 필요가 있다. 외국인·이민자 정책은 다양한 부처에 걸쳐 있기 때문에 이민청과 같은 전담기관의 강화와는 별개로 이민정책의 총괄 기능은 범정부를 아우를 수 있는 거버넌스 체계의 구축을 통해 이루어져야 할 것이다.

04

만성적 세수 부족의
시대와 대응

우석진

명지대학교 경제학과, 응용데이터사이언스 교수

확정적 세수 결손

2023년은 아마 경제적으로 별일이 없음에도 불구하고 명목 세수가 감소한 첫 번째 해가 될 것 같다. 세수가 전년도에 비해 줄어드는 일은 매우 드문 일이다. 실질 GDP가 감소하는 경우에도 명목 GDP는 늘어나는 것이 보통이다. 과세는 명목 변수에 이루어지기 때문에 명목 GDP가 증가하는 한 세수도 증가하게 된다. 특히, 우리나라와 같이 누진세 체계를 가지고 있는 나라의 경우에는 세제가 가지고 있는 자동안정화장치 기능 때문

그림 17 명목 GDP와 국세 수입의 추이

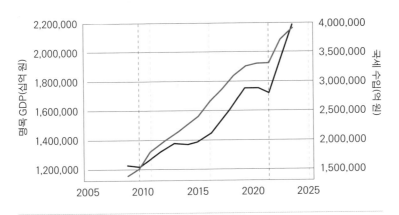

출처: 한국은행, 열린재정(www.openfiscaldata.go.kr)

에 세수는 소득보다 더 빠르게 늘어나게 된다. 그러니 2023년에
우리가 경험하고 있는 세수의 감소 현상은 매우 신기한 일이다.

　2023년 전까지는 두 번 정도 명목 세수 감소가 있었다.
2009년과 2020년이다. 2009년에는 2008년에 집권한 이명박
정부가 총선까지 석권하면서 본격적인 감세가 시작되는 첫 해
였다. 명목 세수가 2008년 167조 원에서 2009년 165조 원으로
2조 원 정도 감소하였다. 명목 GDP는 증가했던 시기임을 고려
해 보면, 이명박 정부의 감세가 세수에 어떤 영향을 주었는지
는 분명하다(《그림 17》 참조).

　또 한 번의 명목 세수의 감소가 발생했던 시기는 지난 팬데

믹 시기였던 2020년이다. 이 시기는 감염병 전염의 여파로 생산과 소비 자체가 정체했던 시기였다. 그리고 세정 지원이라는 이름으로 세금을 면제해주거나 납부를 이연해주던 시기였다. 이연했던 세수는 이듬해에 들어왔다.

2023년은 윤석열 정부 출범 2년차라는 것을 빼고는 별 특징이 없는 해이다. 그럼에도 불구하고 세수 결손이라는 현상이 발생하고 있다. 2023년도 국세 예산은 405조 원 정도이다. 2022년 국세 수입이 395조 원이었던 점을 고려하면, 2023년의 예산 목표를 도전적으로 볼 수도 없다. 그럼에 불구하고 2023년의 세수 진도율은 전년에 비하면 10%p 이상, 평년에 비해도 5~7%p 떨어지고 있는 것이 사실이다(〈그림 18〉 참조). 연말이 되어도 이러

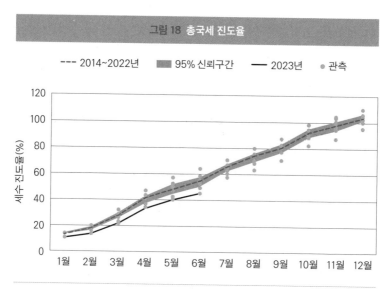

그림 18 **총국세 진도율**

출처: 한국은행, 열린재정(www.openfiscaldata.go.kr)

한 격차를 좁히기는 어려워 보인다. 보통 연말 진도율이 103% 정도임을 고려하면 국세의 경우 30~40조 원 정도의 세수가 부족해 보인다. 이것은 이럴 수도 있고 저럴 수도 있는 미래가 아니라, 우리 재정이 직면하고 있는 확정적인 미래이다.

〈그림 19〉를 자세히 살펴보면, 2023년의 세수가 얼마나 나쁜지 분명히 알 수 있다. 〈그림 19〉의 왼쪽 그림은 총국세의 5월 진도율을 보여주고 있다. 시계의 시침과 비교해보면 그림을 이해하기 쉽다. 균등하게 세입이 발생한다면, 5월의 총국세 진도율은 시침이 5시에 위치할 것이다. 보통은 3~5월은 법인세, 부가가치세, 종합소득세를 통한 세수가 들어오는 시기이기 때문에 5월의 진도율은 5시를 지나 대체로 6시 근처에 도달해 있다.

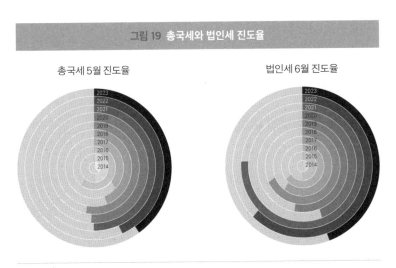

그림 19 총국세와 법인세 진도율

총국세 5월 진도율   법인세 6월 진도율

출처: 한국은행, 열린재정(www.openfiscaldata.go.kr)

하지만 고리 중 가장 바깥에 있는 2023년은 5시에도 미치지 못하고 있다. 〈그림 19〉의 오른쪽 그림은 법인 세수의 6월 진도율을 보여주고 있다. 2022년 전 진도율은 대개 6시를 지나가고 있고, 심지어 2021년의 경우에는 9시를 지났다. 하지만 2023년은 5시를 지나긴 했지만, 6시에는 한참 도달하지 못하고 있다. 역대 최저 수준임을 확인할 수 있다.

더 큰 문제가 있다. 법인세는 세수가 많은 3대 세수 중의 하나이고, 2023년 세수는 아직 윤석열 정부에서 감행했던 법인세율 인하의 효과가 반영되지 않은 것이라는 점이다. 2024년 세수에는 올해 기업이 획득한 영업이익을 기반으로 감세한 세율이 적용된다. 2023년 기업들의 영업활동이 변변치 못하기 때문에 과세표준이 축소될 것이고, 거기에다 낮아진 세율을 적용해야 하기 때문에 2024년의 법인 세수는 상당히 어려울 것으로 예상된다.

| 박근혜 정부의 대응

2023년과 유사하게 세수 진도율이 낮았던 시기가 있었다. 이명박 정부 때의 감세 여파로 박근혜 정부 초기에 세수 실적이 좋지 않았던 적이 있다. 당시 박근혜 정부는 세수를 확보하기 위해서 다양한 노력을 하였다. 대표적인 조치는 기존 소득세의 소득공제 체계를 세액공제 체계로 전환한 것이다. 소득세에서 과세표준을 계산하는 단계에서 공제를 주는 소득공제를 폐지하고, 세액을 먼저 계산하고 산출된 세액에서 세액을 줄여주는 세액공제 체계를 전격적으로 바꾼 것이다. 이는 실질적으로 부자증세에 해당한다(〈그림 20〉 왼쪽 참조).

원래 우리가 걷어야 할 조세를 기준조세라고 한다. 우리는 조세특례제한법을 통해서 다양한 비과세/감면을 허용하고 있다. 취약계층, 서민, 중소기업, 농어민에 대한 조세지원이 필요한 측면이 있는 것도 사실이다. 박근혜 정부 때에는 세수 기반

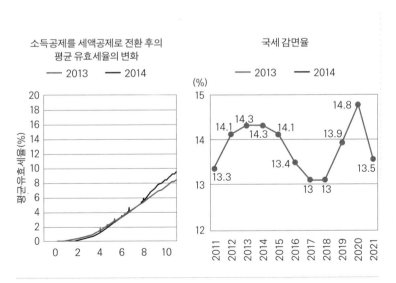

그림 20 박근혜 정부 때의 과세 기반 확대 정책

출처: 한국은행, 열린재정(www.openfiscaldata.go.kr)

을 확충을 위해서 비과세/감면을 줄여왔다. 그 결과 국세 감면율이 2015년부터 감소하면서 세수 상황이 많이 호전되었다(〈그림 20〉 오른쪽 참조). 이러한 세수 기반의 확충은 문재인 정부 들어서도 비교적 풍족한 세수를 누리는 기반이 되기도 하였다.

2013년에는 감액 추경을 하기도 하였다. 예산 때 예상했던 총수입이 373조 원이었는데, 세입 실적이 좋지 않자, 추경을 통해 총수입을 360.8조 원으로 낮추는 감액 추경을 하였다. 한편, 국채 발행을 통해 필요한 지출은 342조 원에서 349조 원으로 소폭 늘리기도 하였다. 상황의 변화에 따라 맞춰가는 탄력 있는 국정 운영이 있었다.

| 만성적 세수 부족의 시대

윤석열 정부는 부족한 세수에 대한 해결책을 내놓지 못하고 있다. 부족한 세수가 아무 문제가 없다면서 건전재정만 반복해서 외치고 있다. 심지어 한국은행으로부터 일시 차입을 통해 정부 지출에 필요한 재정을 마련하고 있다. 2023년 7월 말 한국은행으로부터 차입 금액은 100조 원을 넘어섰고, 그에 따른 이자 부담은 1,100억 원에 이르렀다. 그동안 관리해오지 않았던 한국은행 차입과 재정증권을 국가채무에 포함시켜서 관리해야 할 지경에 이르렀다.

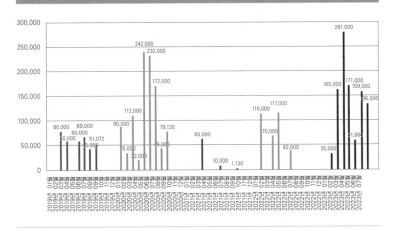

출처: 한국은행

그럼에도 불구하고 윤석열 정부의 기재부는 2023년 여름 2024년을 위한 세제 개편안을 발표하였다. 세입 기반이 상당히 취약해져 있음에도 불구하고, 또다시 조세 지출을 늘리는 감세안을 발표했다. 규모 감세안은 아니지만 건전재정을 위한 세입 기반을 마련하려는 고민은 전혀 반영되어 있지 않았다. 세입 확충을 위한 노력은 담겨있지 않다. 다만, 민간이 활성화되어 자동으로 부족한 세입을 메꾸기를 바랄 뿐이다. 동시에 이를 핑계로 1980년대 미국에서 유행했던 'Starve the Beast'를 연상케 하는 이념적 세출 삭감이 계획되어 있을 뿐이다. 이러다 보니 2024년 우리나라의 재정이 만성적 세수 부족을 겪을 것은 이미 정해진 미래가 된 것 같다.

5장

2024년
주요국 경제의 핵심 변수

글로벌 리스크에서
국내 리스크로 눈을 돌리는 주요국

지만수
한국금융연구원 선임연구위원

팬데믹, 미중 갈등, 러-우 전쟁, 글로벌 인플레이션과 금리 인상 등 숨 가쁘게 이어진 세계 경제 환경 격변이 이제 하나의 큰 주기cycle를 마감하고 있다. 2024년은 세계 각국이 격변 과정에서 수년간 누적된 자국 경제의 내부 문제에 직면하여 이를 최우선으로 챙기는 한 해가 될 것이다.

세계 경제의 발목을 잡아 온 인플레이션과 금리 인상은 어쨌거나 그 정점을 지나고 있다. 치열한 합종연횡이 벌어졌던 미중 갈등도 히로시마 G7 정상회의나 한미일 동맹 강화 등을 계기로 미국이 중국을 타깃으로 하는 선진국 그룹의 가치동맹을 현실화시키고 디리스킹이라는 단어로 요약되는 중국 견제의 수준이 정해졌다. 러-우 전쟁은 종전으로 가는 경로가 보이지 않는 교착상태로 빠져들었다.

미국의 인플레이션과 금리 인상은 멈출 것이다. 2024년의 이슈는 고금리 구조가 얼마나 오래 지속될 것인가, 그리고 그

동안의 고금리가 실물경제를 얼마나 둔화시킬 것인가이다. 이는 미국경제에 양날의 칼이다. 인플레이션이 빠르게 진정될수록 더 빨리 고금리 국면을 해소하고 금리 인하 국면으로 전환될 수 있다. 그동안 지속된 고금리가 시차를 두고 민간의 소비나 투자 등 실물경제를 둔화시키는 것 또한 필연적이다. 그렇지만 경기가 둔화되면 인플레이션도 즉시 안정 국면으로 접어들 것이라는 보장도 없고 경기가 딱 인플레이션을 해소하는 수준까지만 둔화하고 회복될 것이라는 보장도 없다. 11월에 예정된 대통령 선거를 앞두고 인플레이션과 금리와 성장 사이에 만들어지는 이 전형적인 거시경제 문제를 안정적으로 관리하는 것이 2024년 미국경제의 과제다.

중국은 고도성장을 끝내고 과연 무리 없이 중저속 성장 시대로 전환할 수 있을 것인가의 시험대에 놓여 있다. 2023년 중국위기론은 고도성장 시기 형성된 부동산 버블과 부동산 개발업체의 부채를 연착륙시키는 것이 얼마나 어려운지를 잘 보여주었다. 부동산 건설 붐에 의존했던 성장을 끝내자니 기업과 내수가 무너지고 그걸 다시 살리려다 보면 버블을 더 키우게 되는 딜레마를 어떻게 극복할 것이냐가 2024년 중국의 과제다. 즉 중국은 안에서는 20년 이상 누적된 버블을 관리하고 밖으로는 조여 들어오는 중국 견제 포위망을 뚫으면서 국민들에게 공언한 중국식 현대화와 공동부유의 비전을 놓치지 않아야 하는 삼중의 과제에 직면해 있다.

한편 유럽은 2024년에 수년 만에 회복이 가시화될 전망이나 인플레이션과 금리 관련 정책 전환이 미국보다 늦어질 전망이고, 러-우 전쟁이 야기하는 불확실성도 여전하다. 다만 유럽은 가장 중요한 정치 경제적 의제였지만 세계 경제 환경의 급변 때문에 잠시 우선순위에서 잠시 밀려났던 탄소중립 관련된 노력을 재시동할 전망이다. 산업이나 금융 면에서 다양한 내부적 탄소중립 전환과제를 수행하는 데 더 중점을 두겠지만 더 안정적이고 지속가능한 국제적 공조를 위한 글로벌 차원의 제도화와 규범화를 위한 노력 또한 배가할 것이다.

일본은 20년 이상 정체 상태에 있던 소비자물가지수 상승률이 3%대를 기록하는 등 2024년이 저성장과 디플레이션 탈피하는 출발점이 될 수 있을지에 대한 기대가 어느 때보다 높다. 2024년에 일본경제가 오래 지속된 임금 소득 정체를 벗어나고 기업 생태계의 활력을 회복할 수 있을지는 여전히 미지수이다. 특히 잃어버린 30년에 대응하는 과정에서 남아있는 통화 및 재정 정책 수단이 많지 않다는 점도 일본이 처한 어려움 중 하나이다. 기업들이 활력을 되찾고 그에 종사하는 노동자들의 임금이 높아져 아직도 부족한 유효수요를 채워줄 수 있을 것이냐가 일본경제의 중요한 과제이다.

그 속에서 고도성장을 유지하고 있는 인도는 지정학적 변화의 가장 큰 수혜자가 될 수 있을 전망이다. 중국에서 유출되는 제조업 생산기지를 인도에 유치하려는 노력이 성과를 거둔다면

막대한 잠재력이 시장을 넘어 강력한 제조업 생산기지로서의
미래를 보여주게 될 수도 있다.

글로벌 격변의 시대 한 주기가 완료되는 국면이라고 해서
2024년 세계 경제 환경이 평탄하고 순조롭다고 볼 수는 없다.
미국과 중국, G2 경제는 각각 고금리와 구조조정에 따르는 경
기침체를 피하기 어려워 보인다. 세계 경제에서 가장 중요한 두
개개의 성장엔진이 그 속도를 늦춘다는 것이 2024년 세계 경제
의 가장 큰 불안 요인이다. 미중 갈등에서 비롯된 지정학적 재
편의 초반 포석과 합종연횡이 완료되었고 2024년부터는 대결보
다는 대화 국면으로 갈 가능성도 크다. 하지만 그 협상의 주도
권을 잡기 위해 미중 양자관계나 글로벌 규범 분야에서 두 국
가의 치열한 경쟁은 지속될 것이다.

또 하나의 글로벌 이슈인 탄소중립과 기후 변화 대응은 본
질적으로 탄소중립을 위한 비용을 국제사회가 어떻게 분담할
것인가와 연결되어 있다. 그러나 이미 수년간 글로벌 공급망의
혼란과 인플레이션 압력을 경험한 각국이 뜻을 모으기는 어려
워 보인다. 탄소중립에 대한 국가 간의 입장 차이가 새로운 갈
등의 씨앗이 될 수 있다.

또한 11월 미국의 대통령 선거 결과는 미중 갈등, 러-우 전
쟁, 기후 변화 대응 등 중요한 글로벌 이슈의 진행 방향에 영향
을 미치는 중요한 변수가 될 것이다. 남중국해, 대만, 북핵, 일본
오염수 등 이슈가 산적한 아시아 태평양 지역의 지정학적 상황

도 불안하다. 특히 이는 GVC가 중국에서 동남아와 인도로 이전되는 상황과 맞물려 새로운 생산기지에서의 주도권을 확보하기 위한 경쟁과도 결합할 수 있다.

한국도 무엇보다 산적한 국내 경제의 문제를 풀어야 한다는 점에서 주요국과 유사한 상황이다. 2023년 경험한 경제위기 수준의 성장 둔화에서 확실하게 벗어나 성장률을 반등시켜야 하겠지만, 부동산 경기와 가계부채 사이의 딜레마가 그 발목을 잡고 있다. 버블이 한번 형성된 후에 그것을 연착륙시키려면 막대한 경제적 비용을 치르게 된다는 것이 최근의 중국경제 상황이 알려주는 교훈이기도 하다. 우리나라는 버블은 끄면서도 성장의 불씨는 살리는 어려운 과제에 직면해 있다. 대외적으로는 과거 국제유가에 따라 경제가 부침했던 것처럼, 이제는 글로벌 반도체시장의 부침에 전체 수출과 설비투자의 목을 매고 있다. 최대 수출시장인 중국경제의 상황이나 복잡한 지정학적 정세 속에서 한중 관계를 관리하는 것도 중요한 변수이다. 한동안 사라졌던 천수답 경제라는 말이 다시 생각날 지경이다.

각국은 세계 경제의 격변기에 누적된 문제들을 해결하고 그러한 격변이 낳은 새로운 기회를 활용하기 위해 노력하고 있다. 우리도 우선 국내적으로 2023년 1%대로 떨어진 성장률을 회복할 수 있도록 소비와 투자의 활력을 높여가야 한다. 동시에 글로벌 생산기지의 재편과 탄소중립 관련된 산업과 규범 전반의 재편을 새로운 성장의 기회로 활용하기 위한 노력에 기업과 정부가 힘을 쏟아야 한다.

01

연준은 인플레이션 제압에
성공할 것인가?

김형우

미국 어번대학교 교수

| 2023년에도 지속된 연준의 매파 행보

2021년부터 휘몰아치기 시작한 인플레이션의 광풍에도 불구하고 초기에 미온적으로 대응하던 연준은 2022년 3월부터 매파hawkish적 정책 방향으로 돌아선 뒤, 2022년 한 해 동안 무려 네 차례의 소위 자이언트 스텝(금리의 75bp 인상)을 포함한 금리 인상을 단행해서 기준금리인 연방기금금리Federal Funds Rate, FFR를 425bp(4.25%p)나 끌어올렸다. 이어 2023년에도 네 차례의 추가적 금리 인상을 통해 2023년 8월 기준금리를 5.25%에서

5.5% 구간에서 유지하고 있다. 연준의 매파행보는 언제까지 계속될까?

이를 위해 기준금리를 결정하는 FOMC 참여 위원들의 미래 금리에 대한 전망을 보여주는 점도표dot-plot를 살펴볼 필요가 있다. 2023년 6월에 발표된 점도표 중간값median에 따르면 2023년 8월을 기점으로 남아있는 3번의 공개시장위원회 회의에서 1번 정도의 소규모 금리 인상이 추가로 있을 것으로 예상된다. 또한 이후 금리의 추가적 인하가 이뤄져 2024년에는 5% 아래로, 2025년에는 4% 아래로 기준금리가 인하할 것이라는 중간값 의견이 제시되었다. 시장참여자들도 이러한 방향에 대체로 동의하는 것으로 파악이 된다. 예를 들어 시카고 상품거래소Chicago Mercantile Exchange, CME의 연방기금금리 관련 선물futures contracts 가격을 살펴 봐도 점도표에 나타난 정책입안자들의 예상과 유사한 시장의 기대를 확인할 수 있다.

따라서 2023년 8월 기준으로 볼 때 연준이 늦어도 2024년에는 매파 스탠스에서 중립적인 정책 스탠스로 전환하기 시작할 가능성이 조심스럽게 점쳐지는 것으로 보인다. 물론 이는 지난 팬데믹 위기 같은 심각한 외부 충격이 다시 발생하지 않을 경우를 전제한 것이며, 연준의 파월 의장이 8월 말 잭슨 홀 미팅에서 밝힌 것처럼 인플레이션이 연준 목표치(2%) 수준으로 잡히지 않을 경우 금리 인상이 당분간 계속될 가능성도 배제할 수 없다.

연준은 지속적인 경제성장과 안정적인 물가 달성이라는 양대 정책목표Dual Mandat를 기본으로 하며, 동시에 금융 및 지불제도 안정을 추구한다. 연준의 정책 결정 시스템은 철저히 데이터에 기반한 것이기에 다음에서 시장 데이터를 바탕으로 미국의 현 경제 상황에 대한 평가와 2024년 전망을 해보고 향후 정책 방향에 대해서도 생각해 보도록 하자.

현 미국경제 진단과 향후 전망

미국은 최근 오래도록 겪어보지 못했던 높은 인플레이션을 경험했다. 2021년 가파르게 상승하기 시작한 소비자물가지수Consumer Price Index, CPI가 2022년 7월 전년동기 대비 8.9% 상승의 정점을 찍은 뒤 꾸준한 하락세를 기록하여 2023년 8월 3.3%를 기록했다. 식품 및 에너지 가격을 제외한 근원 CPI 인플레이션 역시 비슷한 추세를 보이고 있으나 아직 4.7%라는 높은 수준에 머무르고 있어 연준이 목표하는 2% 수준으로 진입하기에는 다소 시간이 필요할 것으로 생각된다.

최근의 인플레이션은 팬데믹 위기 및 러-우 전쟁 등으로 공급망이 교란되며 발생한 비용인상형 인플레이션과, 경기가 회복하며 재화 및 서비스에 대한 수요가 급격히 증가함에 따른 수요견인형 인플레이션의 복합 현상으로 볼 수 있다. 올해 인플레이션이 진정되는 추세를 보인 이유에 대해서 생각해보면, 시장이 공급망 교란 등의 공급 충격을 상당 부분 흡수하였고, 이와 동시에 연준이 공격적으로 금리를 인상함에 따라 총수요가 둔화한 점을 우선 생각해 볼 수 있다.

긴축적 통화정책을 통해 총수요가 줄어들 경우 경기의 둔화가 초래될 가능성이 있다. 1970년대의 두 차례의 석유파동으로 발생했던 높은 인플레이션을 잠재우기 위해 당시 폴 볼커Paul Volcker 연준 의장(1979~87)이 과감한 통화긴축정책을 사용했는데, 이로 인해 1980년과 1981~82년 두 차례의 경기침체가 있었다. 파월 현 의장이 당시 볼커 의장과 같은 강력한 긴축정책을 폈음에도 불구하고, 심각한 경기침체 없이 미국경제가 여전히 견실하게 유지되고 있는 것은 다행스러운 일이라고 생각된다.

실질 GDP 및 민간 소비의 경우 2022년 2% 내외의 다소 낮은 성장률을 보이며 경기 하강에 대한 우려가 생겼지만, 2023년 들어서도 이 수준이 유지되고 있어 경기후퇴 내지는 침체로 이어지지는 않고 있다. 노동시장도 여전히 견조하다. 실업률의 경우 2023년 9월 3.8%에 안착해 있고, 2.5%를 넘는 고용증가율 및 낮은 신규실업수당 청구 건수 등 주요 지표들도 아주 좋은 상황이다. 그러나 이를 통해서 연준의 통화정책이 경제성장과 물가안정이라는 두 마리 토끼를 동시에 잡았다고 단정짓는 것은 다소 시기상조인 듯하다.

우선 가파르게 상승한 이자율의 영향으로 실질 민간투자가

2023년 전반기 들어 마이너스 성장세를 계속하고 있으며, 특히 7%를 넘어선 30년만기 주택담보대출 이자율 등의 영향으로 부동산 부문 민간투자real residential private investment가 급격히 위축하고 있는 것은 앞으로의 경기 전망이 반드시 낙관적일 수만은 없음을 암시한다. 세후 기업이윤 역시 2022년 4/4분기 마이너스 성장으로 접어든 데 이어 2023년 1/4분기에도 마이너스 5%를 넘는 큰 폭의 하락세를 기록 중이다. 그렇다면 현재 및 향후의 경기 변동에 대해 시장참여자들은 어떤 전망을 하고 있을까?

이를 위해 필라델피아 연준이 1968년부터 민간부문 전문가들에 대한 설문조사를 통해 구축해 온 전문가 컨센서스 조사Survey of Professional Forecasters, SPF 8월 보고서를 살펴보도록 하자. 〈표 6〉에서 볼 수 있듯이 민간부문 전문가들은 2023년 연초에 가졌던 올해 경기에 대한 비관적 전망을 다소 낙관적으로 수정한 데 반해 2024년 경기에 대해서는 보다 비관적인 전망으로 돌아선 것으로 보인다. 고용 역시 비슷한 패턴을 보이고 있지만, 실업률의 경우 계속 낮은 수준에 머무를 것으로 예상을 하고 있다. 이러한 저성장과 저실업률이 공존하는 특이한 현상은 소위 조용한 사직Quiet Quitting 현상과 관련되어 이해할 수 있으며, 단순히 실업률이 낮다는 이유만으로 경기가 여전히 좋다는 주장을 펴기는 어려운 것으로 생각된다.

또 다른 민간부문 경제예측 보고서인 리빙스턴 서베이

Livingston Survey의 6월 보고서 역시 SPF 보고서와 유사한 전망을 내놓은 데 반해 미 의회 예산국Congressional Budget Office, CBO의 7월 보고서는 민간보다 다소 낙관적인 전망을 하고 있다. 동 보고서에 따르면 2023년 하반기 성장률이 0.4% 정도로 하락하겠지만, 통화정책 스탠스가 보다 확장적으로 조정됨에 따라 2024년 1.5%, 2025년 2.4%의 성장률을 나타낼 것으로 보고 있다.

종합적으로 볼 때 향후 미국경제는 경기하강세를 이어갈 가능성이 적지 않으나 경기침체로 떨어질 가능성은 아직 낮은 것으로 예상할 수 있다. 따라서 수요견인형 인플레이션이 재등장할 가능성은 적은 것으로 판단되기에 더 이상의 비용인상형 인플레이션이 발생하지 않을 경우 미국 내 인플레이션이 차차 안정화되지 않을까 생각해 볼 수 있다.

한 가지 더 짚고 넘어갈 사항으로 연준의 공격적 긴축정책에 따른 금융시장 교란 가능성을 들 수 있다. 2023년 3월 발생

표 6 SPF 거시변수 예측(2023년 8월 보고서)					
	실질 GDP (%)		실업률 (%)		고용 (천 명/월)	
	전분기자료	현분기자료	전분기자료	현분기자료	전분기자료	현분기자료
2023년 3/4분기	0.6	1.9	3.8	3.6	43.8	168.6
2023년 4/4분기	0.0	1.2	4.0	3.7	25.6	103.7
2024년 1/4분기	1.0	1.1	4.1	3.9	37.2	56.5
2024년 2/4분기	2.5	1.0	4.2	4.0	22.7	78.0
2024년 3/4분기	N.A.	1.3	N.A.	4.1	N.A.	77.9

출처: 필라델피아 연준, 중간값

했던 실리콘밸리은행의 파산에서 볼 수 있었던 것처럼 급격한 기준금리 인상으로 인한 채권가격의 하락, 그리고 이에 따른 은행의 대차대조표상 자산가치 하락에 의한 금융권의 부실화 가능성에 대해 생각해 봐야 할 것이다. 물론 이는 금융시스템 전반의 문제보다는 고髙이자율정책에 탄력적으로 대응하지 못했던 은행들의 개별적idiosyncratic 문제에 기인한 것으로 볼 수 있기에, 금융 및 실물경제 전반으로의 파급효과spillover effects가 발생했던 2008년 금융위기 당시의 상황과는 매우 다른 상황이다. 그러나 심각한 경기침체가 발생할 경우 금융권의 불안정성이 비즈니스의 스펙트럼이 좁은 중소은행권에서 금융 및 실물부문 전반으로 번져 나갈 가능성 역시 배제할 수 없다. 다만 그 실현 가능성은 현 경제 상황에 비춰 매우 낮은 것으로 생각된다.

전반적으로 보아 高인플레이션에 대해 연준의 정책은 현재까지는 성공적이었던 것으로 조심스럽게 평가할 수 있을 것으로 보인다. 그렇다면 인플레이션 압력은 이제 완전히 제거된 것으로 볼 수 있을까? 그리고 금융권의 안정적 운용은 유지될 수 있을 것인가? 다음에서 이에 대해 생각해 보도록 하자.

| 미국경제에서 인플레이션 전망

최근의 데이터를 살펴보면 적어도 미국에서는 인플레이션이

2022년 중반 이후 꾸준한 하락추세를 보이고 있음을 확인할 수 있다. CPI 및 근원 CPI에 기반한 인플레이션은 모두 그 정점에서 하락해서 연준이 목표로 하고 있는 2% 수준으로 되돌아가고 있는 모습을 확인할 수 있다. 변동성이 훨씬 크지만 소비자물가 인플레이션에 대한 선행지수leading indicator 역할을 하는 공급자물가지수Producer Price Index: All Commodities, PPI 인플레이션 역시 큰 폭의 하락세를 보이며 2023년 7월 -7% 수준을 보이고 있다.

이와 관련 글로벌시장에서 유통되는 국제 상품commodities 가격의 증가율 살펴볼 필요가 있다. IMF에서 제공하는 데이터를 이용해서 국제상품가격지수를 세부항목별로 살펴보면, 2022년을 기점으로 식품, 중간재 및 에너지 등 모든 항목에서 가격 상승률이 하락하고 있음을 확인할 수 있다. 상품 가격의 하락은 이를 중간재로 사용하는 기업의 비용을 낮추게 되어 낮은 PPI 증가율로 귀결되고, 이는 기업이 최종재final goods 가격을 낮추도록pass through 유도하여 소비자물가 상승률이 낮아지게 되는 효과를 가져온다. 이는 앞서 언급했던 비용인상형 인플레이션과 관련한 물가 상승 압력이 낮아졌음을 시사한다.

그렇다면 세계시장에서 상품가격의 하락이 발생한 이유는 무엇이며 이는 지속가능한 것인지를 생각해볼 필요가 있다. 우선 이러한 가격 하락은 연준과 보조를 맞춰 각국이 통화정책을 긴축적으로 운용함에 따라 경기가 둔화하였고 이에 따라 상품에 대한 수요가 줄어들었기 때문이라고 생각해볼 수 있다.

이와 더불어 연준의 급격한 금리 인상으로 인해 달러가치가 상승한 점 역시 생각해 볼 수 있다. 지난 수십 년 간의 경험에 따르면 달러가치가 하락할 때 기업 중간재 및 에너지 등을 포함하는 국제상품가격이 상승하는 경향이 있으며, 반대로 달러가치의 상승시 이들 가격이 하락하는 모습을 볼 수 있다. 다시 말해서 달러 가치와 상품 가격이 대체로 반대로 움직이는 경향이 있다. 이는 국제상품가격이 달러화로 표시됨에 따라 달러화 (비달러화) 가치가 상승(하락)할 경우 비달러화로 환산한 상품 가격이 상승하게 되고, 이로 인한 수요의 감소를 통해 인해 달러 상품 가격이 하락하게 되기 때문이다.

따라서 연준이 긴축적 통화정책을 통해 달러 가치를 높게 유지할 경우, 이러한 채널을 통해 상품 가격이 안정화되고 나아가 기업의 원자재 비용 부담을 절감시키는 효과를 가져와 소비자물가를 안정시키는 데 공헌할 수 있다. 물론 연준이 급격하게 금리를 인하하여 달러가치를 내릴 경우 이 반대의 현상이 발생할 수 있지만, 현재 그럴 가능성은 크지 않을 것으로 생각된다.

SPF 및 리빙스턴 서베이 등에 나타난 민간부문의 인플레이션 전망에 따르면 2024년에는 소비자 물가 기준 2.5% 수준으로 물가가 안정화될 것으로 예상되며 이러한 안정화 추세가 그 이후에도 계속될 것으로 예상된다. 경기회복세에 보다 낙관적인 미 의회예산국 역시 대동소이한 전망을 하고 있다. 종합적으로 보아 인플레이션은 연준이 지향하는 2% 수준의 목표 인플레이

표 7 인플레이션 전망(%)						
	SPF		Livingston Survey		CBO	
	CPI	Core CPI	CPI	PPI	CPI	Core CPI
2023년	3.1	4.1	4.1	2.3	3.3	4.5
2024년	2.5	2.7	2.5	2.3	2.7	3.0
2025년	2.4	2.3	N.A.	N.A.	2.2	2.4

출처: 필라델피아 연준 (SPF August Report, Livingston Survey June Report), CBO May Report

션 구간으로 천천히 수렴하는 양상을 보일 것으로 보인다.

│ 금융부문의 안정성

앞서 살펴본 바와 같이 2023년 현재 미국경제는 높은 인플레이션을 성장률의 큰 희생 없이 잘 통제한 것으로 생각되며, 2024년에도 심각한 경기침체 없이 낮지만 안정적인 저성장 국면을 이어 나갈 것으로 생각된다. 마지막으로 높아진 이자율에 따른 금융산업의 부실화 가능성에 대해 살펴보도록 하자.

앞서 간략하게 언급한 바와 같이 연준의 급격한 금리 인상으로 인해 재무성채권 등의 가격이 크게 낮아졌고, 이는 은행들의 보유자산 가치의 하락으로 이어져 2023년 3월과 5월에 3개의 중견은행(실리콘밸리은행, 시그니처은행, 퍼스트리퍼블릭은행)들이 파산했고, 이후 7월에도 소규모 은행 하나가 추가로 파산했다. 그러나 이들의 파산은 2008년 금융위기 당시와 같은 금융부문 전반적인 시스템의 문제에 기인한 것이 아니라 이들 개별 은행들이 고금리시기에 자산운용을 제대로 하지 못해서 발생한 것으로 판단이 된다. 그럼에도 불구하고 연준은 즉각적인 지불보증 선언을 함으로써 뱅크런을 조기에 차단하였다.

2024년에도 경기의 급격한 하강이 발생하지 않는 한 금융 및 지불제도는 안정적으로 유지될 것으로 생각된다. 이를 위해 금융부문 자산의 건전성을 살펴볼 수 있는 대출 대손상각률 net charge-off rate을 살펴보자. 금융부문 전체의 소비자대출consumer loan 관련 대손상각률의 경우 2023년 1/4분기 1.75%로 역대 최저수준을 기록하고 있으며 비즈니스 대출business and commercial loan 및 부동산 대출real estate loan 관련 대손상각률 역시 각각 0.28%, 0.03%로 역대 최저수준을 유지하고 있다. 금융부문 전반의 안정도를 나타내는 St. Louis 연준의 금융스트레스 지수St. Louis Fed Financial Stress Index 및 시카고 연준의 금융상황지수Chicago Fed National Financial Conditions Index 등도 매우 낮은 수준을 나타내고 있어 미국 금융권의 안정적인 운용에 대한 전망에 힘을 보태고 있다.

실물부문도 마찬가지이다. 리스크 프리미엄의 지표로 사용되는 무디스Moody's Baa 회사채 수익률과 무위험자산인 10년만기 재무성채권Treasury Note 수익률의 차이spread도 완만한 하락세를 보이며 2023년 8월 1.84%라는 매우 낮은 수준에 머무르고 있다. 우량기업 관련 무디스 Aaa 회사채 대비 스프레드 역시 유사한 패턴을 보이며 2023년 8월 0.77%에 불과하며, 연준의 기준이자율 대비해서는 -0.28%를 보이며 금리 역전현상까지 나타났다. 다시 말해서 시장이 인지하는 기업 관련 리스크도 매우 낮은 것으로 사료되며, 기업 등의 부실화를 통한 금융권 부실 가능성 역시 아주 낮은 수준임을 짐작할 수 있다.

| 결론

경제가 안정적으로 운용되던 소위 대안정기Great Moderation 이래 처음 겪어본 높은 물가상승을 마주한 연준은 거침없는 매파 행보를 통해 2023년 8월까지 기준금리를 무려 525bp나 끌어올렸다. 다행히 미국 내 인플레이션은 2023년 8월 CPI 기준 3.3%, 근원 CPI 기준 4.7%로, 연준의 목표치에는 미치지 못하지만 점차 안정화되는 모습을 보이고 있다.

인플레이션을 잡기 위해 금리를 올리는 경우 보통 성장률이 감소하는 경향이 있는데, 실질 국내총생산 및 민간소비 등이 2% 내외의 성장률을 보이는 등 저성장 국면에 접어든 징후가 나타나고 있지만 경기침체로 이어질 가능성은 낮은 것으로 보인다. 금리의 급격한 상승에 대응을 잘 하지 못한 몇몇 시중은행의 파산이 있기도 했지만 연준의 적절한 대응으로 큰 무리 없이 통제가 되었다.

팬데믹 위기가 터지며 기준이자율을 제로Zero lower bound 수준으로 인하했던 연준이 높은 인플레이션을 제어하기 위해 불과 2년도 되지 않는 기간동안 금리를 5%p 넘게 올리는 롤러코스터 정책을 채택하는 것은 쉽지 않은 결단이었던 것으로 생각된다. 그럼에도 불구하고 앞서 살펴본 바와 같이 미국 내 실물부문과 금융부문 모두 대체로 안정적인 모습을 보여주고 있어 연준의 인플레이션과의 전쟁은 대체로 성공적이었다고 판단할 수 있을 것 같다.

그러나 시장금리가 급격히 오름에 따라 기업투자가 마이너스 성장을 보이고 있으며, 높은 주택담보대출 이자율의 영향으로 주택시장이 점차 냉각하는 등 우려스러운 모습이 나타나고 있는 점은 간과해서는 안 될 것이다. 또한 기업의 이윤율이 떨어지는 등 시장 여기저기서 경고 신호가 나타나고 있는 것도 사실이다. 연준이 앞으로 어떤 정책 디자인을 통해 현재의 매파 스탠스를 벗어나 보다 중립적인 통화정책으로 전환해 나갈 것인지 우려 섞인 기대를 해본다.

02

일본경제는
다시 비상할 것인가?

권혁욱

일본대학교 경제학부 교수

2023년 7월 3일의 니케이 평균 주가가 33,753엔으로, 버블경제 당시 니케이 평균 주가 최고치 38,915엔에 육박할 정도로 상승하고 있고, 디플레이션으로 어려움을 겪었던 적이 있었나 할 정도로 소비자물가지수가 일본은행의 목표물가를 뛰어넘어 오르며, 2분기 GDP(속보치)도 연율로 6% 성장하는 등 일본경제가 예상 이상으로 잘나가고 있다. 이에 따라 일본경제가 다시 비상할 것이라는 기대가 커지고 있다. 기대대로 일본경제가 잃어버린 30년의 굴레에서 벗어나 비상할 것인지 살펴보고자 한다.

여전히 부족한 총수요

거시경제의 상황은 총수요와 총공급의 관계를 통해 상당부분 이해할 수 있다. 정부가 균형 재정 상태(정부 지출과 조세 수입이 일치)이고, 무역수지가 균형(수출과 수입이 일치)이면 민간저축과 민간투자는 일치한다. 만약에 민간저축이 민간투자보다 큰 초과저축 문제가 발생할 경우, 즉 총공급이 총수요를 초과하는 수요부족 문제가 발생할 때에는 정부부문에서의 투자초과(재정적자)와 해외부문에서의 저축초과(무역수지 흑자)를 통해서 해소할 수 있다. 일본은 오랫동안 초과저축의 문제를 엄청난 규모의 재정적자(현재 정부 채무 잔액은 GDP의 2.6배)와 국가 간의 마찰을 야기하는 막대한 무역수지 흑자로 해결해왔다. 이 해결법은 한계에 다다랐다. 지속가능한 해결법은 민간투자와 민간소비를 증가시키는 것이다. 그래서 일본 정부는 민간투자를 촉진하기 위해서 법인세 인하를 실시했고, 제로금리정책, 양적완화정책, 급기야 이차원 금융완화정책으로 이자율 하락를 유도해 왔다. 그렇지만 이러한 정책에도 불구하고 민간투자, 특히 기업의 설비투자가 생각보다 증가하지 않았다.

총수요 부족을 해결하기 위한 또 하나의 방법인 민간소비를 증가시키기 위해서는 명목임금을 높이는 것이 필요하다. 만일 임금이 높아지지 않고 국민의 소득과 소비가 늘지 않아서 총수요가 부족해지면 일반물가가 하락하는 디플레이션이 발생한다. 일본은 실제로 디플레이션으로 오랫동안 어려움을 겪었다. 일본은행은 수요견인 인플레이션 2%를 달성하기 위해서 명목임금 3%의 상승이 필요하다고 본다. 일본경제가 호경기 국면에 있음을 밝힌 2분기 실질국내총생산 보고에서 국내수요의 기여도가 -0.3%에 머물고 있어 여전히 총수요가 부족한 상태가 지속되고 있음을 보여주고 있다.

│ 문제의 핵심은 명목임금의 정체

상용노동자(일반 노동자 + 파트타임 노동자)의 평균 임금 수준을 대변하는 현금급여총액은 1997년 월평균 37만 2천 엔이었지만, 2022년에 32만 6천 엔으로 1997년 수준에도 미치지 못하고 있음을 알 수 있다. 지난 25년 동안 일본의 임금수준이 전혀 높아지지 않고 오히려 하락하였다. 설상가상으로 자원과 곡물가격의 상승과 엔화의 약세로 2022년 9월에 코어 소비자물가지수가 30년 만에 3% 상승하는 비용상승cost-push 인플레이션이 일어났다. 그래서 실질임금은 명목임금보다 더 하락하였다. 실질임금의 하락은 민간소비를 직격했다. 팬데믹 위기 이전의 2018년 실질소비를 100으로 가정했을 때 2023년 6월의 실질소비지수가 94.6으로 떨어졌다. 그래서 일본경제가 호경기임에도 소비는 줄어드는 이상한 현상이 일어나고 있다. 소비의 감소는 국내 기업의 설비투자의 감소로 이어져 초과저축 문제의 지속 가능한 해결법으로부터 멀어지게 할 뿐만 아니라 경제 성장의 원천 중 하나인 자본축적의 증가율을 크게 하락시킨다. 2005년 이후의 일본의 GDP성장률 하락은 주로 자본축적의 정체에 기인하고 있음을 밝힌 연구도 있다.

위의 내용을 요약하면 실질임금의 하락은 먼저 소비를 감소시키고, 그에 따라 기업의 설비투자도 줄어들어 자본축적이 필요한 만큼 이루어지지 않는다. 따라서 경제성장률이 떨어져 임금이 하락하는 악순환의 상황에 빠질 수 있음을 시사한다.

일본의 임금이 왜 올라가지 않는가에 대해서는 겐다 유지 玄田有史가 편저한 책에 잘 정리되어 있다. 임금 정체의 요인으로 우선 평균적으로 임금 수준이 낮은 여성, 고령자, 비정규직의 비중이 늘어나고, 평균적으로 임금 수준이 낮은 산업의 구성 비율이 높아지는 고용 및 산업구조의 변화가 있었다는 것이다. 제도적 요인으로 고령화, 주주중시의 기업지배구조, 외부노동시장의 미발달도 들고 있다. 기존 연구는 미국의 아마존, 월마트 같은 고임금으로 엄청난 수의 노동자를 고용하는 슈퍼스타 기업이 일본에 출현하지 않았다는 부분은 간과하고 있다. 아마존은 미국 내에서 약 95만 명, 월마트는 약 160만 명을 고용하고 있다. 두 회사가 고용하는 종업원 수만으로 일본의 1,898개의 대기업이 고용하는 종업원 수 280만 명에 필적하고 있음을 알 수 있다. 대기업이 중소기업에 비해서 임금 수준이 월등히 높지만, 고용에서 차지하는 비중이 현저히 낮음을 알 수 있다. 대신에 임금이 낮은 중소기업(50인 미만)이 고용의 60% 이상을 담당하고 있다. 이러한 상황에서 명목임금을 올리기는 쉽지 않다. 그래서 일본 정부는 명목임금을 높이기 위해 최저임금을 41엔 올려서 2023년 10월부터 전국 평균으로 1,002엔이 되게 했다. 최저임금의 인상으로 전체 노동력 중 약 30%에 해당하는 2000만 명의 노동자들이 혜택을 본다고 한다. 이 결과로부터 일본의 노동자가 지나치게 생산성과 임금이 낮은 열악한 기업에 고용되어서 일하고 있음을 알 수 있다. 따라서 일본에서 명목임금이 상승하기 위해서는 무엇보다도 국제경쟁력이 있어서 많은 수의 사람을 고용할 수 있는 기업의 출현과 성장이 필요불가결하다고 할 수 있다.

| 반도체는 구세주가 될 것인가?

일본에서 고용과 설비투자를 동시에 달성할 수 있는 산업이 잃어버린 30년 동안 나타나지 않았다. 그렇지만 최근 주목할 만한 변화가 새로 나타나고 있다. 인공지능과 디지털 트랜스포메이션과 같은 기술변화에 있어서 중요한 반도체가 미중 갈등의 핵심 아이템으로 떠오르면서 일본이 주목을 받고 있다. 세계적인 반도체 제조기업인 TSMC, 인텔, 마이크론, 삼성 등이 반도체 공장과 연구소 건설을 위해 2조 엔을 투자할 계획이라고 한다. 새로운 설비투자만 아니라 TSMC가 쿠마모토현에 건설 중인 공장에서 일할 대졸 사원의 초임을 일본 국내 기업에 비해 40% 높게 책정해서 일본 노동시장에 상당한 충격을 주고 있다.

해외 주요 반도체 제조기업의 일본 투자에 자극을 받아서 일본의 주요 반도체기업인 소니, KIOXIA, 후지전기 등이 3조 5천억 엔 정도의 설비투자 계획을 발표했다. 또한 반도체 생산에 필요한 재료를 생산하는 JSR, SUMCO 등도 5천억 엔 설비투자를 하려고 하고, 도쿄 일렉트론, DISCO 등과 같은 반도체장치기업도 설비투자를 크게 늘리려고 한다. 이처럼 주요 반도체 제조기업들의 설비투자가 관련 기업의 설비투자를 촉진하는 파급효과가 상당하다.

반도체 제조기업과 관련되는 기업들의 설비투자와 임금이 높은 양질의 고용창출을 통한 소비촉진으로 일본이 직면하는 총수요 부족 문제를 일거에 해결해줄 가능성이 크다. 1980년대, 반도체로 세계 경제의 총아로 군림했던 일본이 미일 무역분쟁을 해소하기 위해서 미일반도체협정을 맺었다. 이 협정으로 인해 급격한 국제경쟁력 상실을 경험했던 일본이 미중의 반도체 전쟁으로 얻은 반사이익을 살려서 다시 비상할 기회를 갖게 된 지금의 상황이 정말 역사의 아이러니가 아닐 수 없다.

세계적인 공급망 재편에 따른 반도체 제조기업의 일본회귀는 일본경제가 잃어버린 30년에서 벗어날 수 있는 좋은 기회임은 틀림없지만, 기회를 현실로 바꾸기 위해서는 반도체 설계와 제조에 필요한 인적 자원의 충분한 공급과 설비투자에 필요한 자금지원이 필수적이다. 전제조건이 충족된다면 반도체를 통해서 일본경제는 다시 비상할 수 있을 것으로 생각된다.

03

유로 지역, 성장회복 기대 속에
탄소중립 주도 노력

김득갑

연세대학교 동서문제연구원 교수

2023년 경제: 내수 주도로 1% 미만의 완만한 성장 전망

유로 지역 경제는 2019년에 발생한 팬데믹과 이로 인한 글로벌 공급망의 붕괴 등으로 인해 2020년에 급격한 경기침체를 경험했다. 2020년 2/4분기 유로 지역의 GDP 규모는 팬데믹이라는 예상치 못한 충격으로 인해 2019년 4/4분기 대비 무려 14.3% 감소하였다. 이후 대규모 경기부양책과 기저효과 등에 힘입어 두 자릿수의 높은 성장률을 보였으며, 이후 2023년 중반까지 완만한 성장세를 이어가고 있다. 2020년 3/4분기 이래 2023년

2/4분기까지 지난 3년간 유로 지역 경제는 연평균 1.5% 성장하였다.

유로 지역의 2023년 2/4분기 GDP 성장률은 전기 대비 0.3%를 기록했으며 전년 동기 대비로는 0.6% 성장하였다. 하지만 회원국들의 경제 성장률은 편차를 보이고 있다. 프랑스(0.1%→0.5%)와 스페인(0.5%→0.4%)이 플러스 성장을 기록한 반면, 제조업 수출 비중이 높은 독일의 성장률은 0%, 이탈리아는 마이너스 성장을 기록(0.6%→-0.3%)하였다. 현재의 지표상으로는 프랑스와 스페인이 가장 양호한 경기흐름을 보이고 있다. 또한 2023년 1/4분기 중 마이너스를 보였던 아일랜드의 성장률이 큰 폭의 플러스로 전환(-2.8%→3.3%)되어 유로 지역 성장률에 약 0.1%p 기여하였다.

2023년 하반기에 유로 지역 경제는 중국의 리오프닝, 에너지 수급 불균형 축소, 공급망 제약 완화 등에 힘입어 개선 추세를 보일 것으로 전망된다. 다만 2023년 상반기부터 이어져 온 고물가와 긴축 통화정책 등으로 개선의 정도는 완만할 것으로 예상된다. 유럽중앙은행ECB, IMF 등 주요 기관들은 2023년 유로 지역 경제가 1% 내외 성장할 것으로 예상하고 있다. 유로 지역의 소비자물가는 그동안 큰 폭의 물가 상승을 주도했던 에너지 및 음·식료품 가격이 안정세를 보이고 있어 둔화세가 이어질 것으로 예상된다. 이에 따라 소비자물가는 2023년 1/4분기 8.0%에서 2023년 4/4분기에 2.9%로 더욱 낮아질 것으로 보인다. 다만 근원물가Core inflation는 고물가 및 고용 호조에 따른 임금 인상 요구 확대 등으로 인건비 비중이 높은 서비스 부문을 중심으로 높은 상승률을 보일 전망이다.

반면 주요 기관들과는 달리 민간투자은행들IB의 유로 지역 경제를 바라보는 시각은 비관적이다. 실물경제와 관련된 각종 선행 지표들의 최근 부진과 기저 물가 압력 등을 감안한다면 2023년 하반기의 회복세 지속 여부는 불확실하다는 견해를 갖고 있다. 그동안 통화 긴축 효과로 민간대출 수요 위축 등 신용 여건도 악화되고 있어 내수 부문의 회복세를 제약할 것으로 예상하고 있다. 따라서 투자은행들은 하반기 중 유로 지역 성장률이 소폭의 플러스에 그쳐 2023년 연간 성장률이 0.5%에 머물 것으로 전망하고 있다.

2024년 전망: 잠재성장률(1.5%) 회복이 예상되나 경기 하방 요인 상존

현재 유로 지역 경제의 중기 잠재성장률은 1.5%로 추정된다(EU집행위, 2023년 춘계 경제전망). ECB와 OECD, EU집행위 등 주요 기관들은 2024년에 유로 지역 경제가 잠재성장률에 근접하는 성장률(1.5%)을 보일 것으로 예상하고 있다. 이러한 전망은 물가 안정에 따른 긴축 통화정책의 중단과 이로 인한 서비스 부문의 회복세 지속, 공급망 안정에 따른 제조업 수출의 점진적 개선 등을 전제로 하고 있다. 비록 제조업부문의 완전 회복은 기대하기 힘들겠지만 공급망 차질 완화 및 에너지 가격 하락, 물가 안정과 임금 상승에 따른 실질소득의 증가 등에 힘입어 내수가 주도하는 견고한 성장세를 예상하고 있다. 특히 유로 지역의 최대 경제대국(유로 지역 내 비중 28.9%)인 독일경제도 2023년의 저조한 성장(EU집행위 전망 0.2%, 독일연방은행 전망 -0.3%)에서 벗어나 2024년에는 1%대 초반의 성장률을 기록할 것으로 예상된다.

하지만 2024년 유로 지역 경제를 낙관만 할 수 없는 상황이다. ECB의 긴축적 통화정책이 장기화될 경우 경기 하방 요인이 커질 수 있음을 유의할 필요가 있다. 유로 지역 경제의 서비스 부문은 개선 추세를 지속하겠지만 제조업 부문의 부진이 지속될 가능성을 배제할 수 없다. 물가상승률 둔화 기조는 민간소비를 중심으로 긍정적 요인으로 작용하겠지만 러-우 전쟁, 긴축적 통화정책의 파급 효과 등 부정적 요인도 상존해 있기 때문이다. 에너지물가가 하락세로 전환했으나 식품물가 상승률은 높은 수준을 지속하고 있고 서비스물가 상승률도 오름세를 지속하고 있다. 따라서 금융시장의 최종 정책금리인 수신금리(2023년 8월 현재 3.75%)는 소폭 더 상승할 가능성이 높다. 이런 추세대로라면 ECB의 금리 인하는 2024년 중반이 되어서야 기대해 볼 수 있을 것으로 예상된다.

표 8 유로 지역 경제성장률 및 소비자물가 전망(%)							
	예측시점	경제성장률			소비자물가		
		2022년	2023년	2024년	2022년	2023년	2024년
ECB	2023.6	3.3	0.9	1.5	8.4	5.4	3.0
OECD	2023.6	3.3	0.9	1.5	8.4	5.8	3.2
EU집행위	2023.5	3.3	1.1	1.6	8.4	5.8	2.8
IMF	2023.4	3.3	0.8	1.4	8.4	5.3	2.9
투자은행 평균	2023.8	3.3	0.5	0.8	8.4	–	–

출처: 각 기관 및 국제금융센터(2023.8.3)

한편, 2024년 유로 지역 경제에 영향을 줄 수 있는 주요 대외 변수로는 최대 교역 상대국인 중국경제의 악화 가능성을 꼽을 수 있다. 2023년 기준으로 중국은 EU 상품 수출의 9%, EU 상품 수입의 20%를 차지하는 최대 무역 파트너이다. 만약 중국 경제 침체가 본격화될 경우 중국과 긴밀하게 연결되어 있는 제조업부문이 유로 지역 경제의 아킬레스건으로 작용할 가능성이 높다. 유로 지역은 러-우 전쟁 여파와 높은 에너지 수입 의존도로 인해 미국에 비해 공급 측면의 취약성이 크다. 최근 EU가 강화하고 있는 대중국 견제성책도 공급망 차질에 따른 유럽 산업계의 대응에 부담으로 작용할 소지가 있다.

탄소중립산업의 주도권 확보를 위한
EU 정책에 주목해야

EU는 2019년 유럽그린딜European Green Deal 제시 이후 경제위기 극복 및 구조개혁 차원에서 환경 및 기후 변화 정책을 적극 추진하고 있다. 탄소배출 억제를 통한 기후 변화 대응, 지속가능한 산업 구조로의 전환을 통한 순환경제 달성, 소비 행태의 녹색전환 등이 EU의 주요 정책 방향이라 할 수 있다. 이를 위해 EU는 미국과 중국처럼 산업보조금 정책을 강화하고 있다.

EU는 핵심원자재법Critical Raw Materials Act, CRMA*과 기후중립산업법Net-Zero Industry Act을 제정하고 이를 위한 후속 조치로 재정 지원 정책을 강화하고 있다. 탄소중립 필수산업의 역내 제조 역량을 강화하기 위해 보조금 지원 절차를 간소화하고 지원 대상과 규모를 확대하는 것이 핵심 내용이다. 이를 위해 EU는 한시적 위기 및 전환 프레임워크Temporary Crisis and Transition Framework, TCTF를 시행하고 있다. EU는 러-우 전쟁으로 인한 산업 피해 대응을 위해 2022년 3월부터 한시적 위기 프레임워크Temporary Crisis Framework, TCF를 시행해왔으며, 최근 이를 TCTF로 개정하여 탄소중립 필수산업 분야에 대한 지원을 추가하였다. 5개의 위기 관

---

* EU는 전략적 중요성, 미래 수요 증가, 생산량 확대 난이도 등을 기준으로 16개의 전략원자재Strategic raw materials와 전략원자재를 포함한 경제적 중요성 및 공급 리스크를 고려한 34개 핵심원자재Critical raw materials를 선정, 집중관리할 방침이다.

런 분야에는 2023년 말까지, 3개의 전환 관련 분야에는 2025년 말까지 보조금 지급을 마칠 계획이다. 지원 대상은 탄소중립 전환과 연관된 산업으로 배터리, 태양광 패널, 풍력터빈, 히트펌프, 전기분해장치, 탄소 포집·활용 관련 제조기업과 신재생에너지 관련 산업의 장비·핵심부품·핵심원자재 생산 및 재활용 기업들을 망라하고 있다. EU가 엄격히 제한하던 보조금을 탄소중립산업에 대해 완화한 것은 탄소중립산업의 글로벌 주도권을 확보하겠다는 강력한 의지를 반영한 것으로 풀이된다.

기후 변화 대응에 적극적으로 나서고 있는 EU는 세계 2위의 전기차EV 판매국이자 배터리 수요 대국이다. EU는 온실가스 배출을 줄이기 위해 2035년까지 모든 신차를 전기차로 대체할 방침이어서 앞으로도 전기차 배터리 수요는 지속적으로 증가할 전망이다. 2022년 기준으로 국내 기업들은 EU 전기차 배터리 시장의 63%를 차지하고 있다. 하지만 대규모 투자를 앞세운 중국 기업들이 무서운 속도로 EU 시장을 잠식하고 있다(중국 시장점유율이 2019년 11.8%에서 2022년 34.0%로 가파르게 상승했다). 국내 전기차 배터리 기업들이 거대 자국 시장을 갖고 있는 중국 기업들과 경쟁하기 위해서는 규모의 경제 측면에서 EU 시장의 확보가 필수적이다.

따라서 국내 기업들은 EU 내 전기차 배터리 생산체제 강화는 물론 이와 관련하여 성장 잠재력이 큰 광물, 소재, 장비, 재활용 분야에 대한 추가 투자를 고려해볼 만하다. 한편 EU는 기업 공급망 전반에 적용되는 '공급망 실사 지침'과 '지속가능성 공시 지침'은 물론 순환경제 측면에서 다양한 제품에 적용되는 '에코디자인 규정' 등을 제정, 시행하고 있다. 이러한 지속가능 경영과 관련된 규제 강화는 현지 진출 기업은 물론 국내 수출 기업에도 영향을 줄 것이므로 기업들은 EU의 규제 동향을 철저히 모니터링하고 선제적으로 대비해야 할 것이다.

04
고성장 독주로 세계 3위 경제대국으로 부상하는 인도

정무섭

동아대학교 국제무역학과 교수

| 외국인직접투자 주도로 6% 이상의 고성장 지속

IMF에 따르면 인도경제는 2023년 6.1% 고성장에 이어 2024년 이후에도 6.3%로 고성장을 지속할 전망이다. 글로벌 신용평가 기관인 S&P도 인도가 향후 3년 동안 6.7% 성장할 가능성이 높다고 발표했다. 2023년 5%대, 2024년 4%대로 떨어지고 있는 중국의 성장률 전망에 비해 인도는 2024년이 2023년에 비해 더 높은 성장을 할 것으로 기대되고 있다. 이는 세계 최대 인구 대국으로의 급부상, 모디 정부의 강력한 제조업 중심 전략 등 인도경제 자체가 가진 내부적 요인과 함께 최근 미중 갈등 등 국제 정세의 급변이라는 외부적 요인이 동시에 인도경제에 긍정적으로 작동하고 있기 때문으로 판단된다.

이러한 인도의 고도성장은 실제 경제 현장에서는 다국적 기업의 대인도 투자 급증으로 나타나고 있고, 이에 따라 GVC의 중심이 중국에서 인도로 빠르게 재편되고 있는 것으로 확인된다. 예를 들어 삼성전자의 전체 스마트폰 중에서 인도 내 스마트폰 생산 비중은 2021년 17%에서 2022년에는 21%까지 높아졌으며, 2025년까지 25%까지 올라갈 전망이다. 인도 내 존재감이 상대적으로 약한 애플의 아이폰 또한 전 세계 스마트폰 중 인도 내에서의 생산 비중을 2022년 7%에서 2025년까지 25%로 급격히 올릴 것으로 예측되고 있다. 이처럼 인도가 전 세계 스마트폰 제조의 거점으로 빠르게 부상하고 있다. 인도에서 판매되는 전체 스마트폰 중에서 인도 내에서 생산되는 스마트폰의 비중은 2014년에는 19%에 불과했으나 2022년에는 98%에 달하고 있다. 향후 전 세계 시장을 상대로 하는 수출용 스마트폰 또한 기존 생산기지인 중국과 베트남 등에서 빠르게 인도로 전환될 가능성이 높아 보인다. 실제로 2014년부터 2022년까지 9년간 인도의 휴대폰 생산량은 연평균 23% 성장하면서 누적 20억대를 돌파했다고 한다.[*]

---

[*] 오현식, "중국 넘어 '전세계 생산공장'된 인도…정부 주도 이니셔티브 성과 톺아보기", IT비즈뉴스, 2023.08.18., www.itbiznews.com/news/articleView.html?idxno=108038

자동차산업에서도 인도는 이미 중국, 미국에 이이 세계 3위의 자동차 판매시장으로 부상했다. 2022년 기준 미국, 중국, 일본, 독일 등 세계 주요국의 자동차시장 규모는 5년 전인 2017년보다 감소했지만, 인도는 지난 5년간 연간 약 20%의 급성장세를 보였다. 이처럼 급성장하는 시장을 토대로 자동차산업의 글로벌 공급기지로서의 위상도 빠르게 확대될 전망이다. 인도 시장 내 승용차 부문에서 20% 내외의 시장점유율을 지속적으로 유지해온 현대차그룹(기아차 포함)은 이미 인도 내에서 연간 100만 대 이상의 생산체제를 구축했다. 현대차그룹은 향후 인도 내 자동차 생산에 대한 투자가 미국에 이어 가장 많은 투자 확대 국가가 될 가능성이 높다. 현대차는 최근인 2023년 8월 현대차 인도법인에서 지엠 인도법인의 탈레가온 공장을 인수했다. 이 인수로 인해 2024년 이후 현대차그룹은 기존의 첸나이 현대차 80만 대와 아난타푸르의 기아차 35만 대와 함께 연간 130만 대 이상의 생산 규모로 확대될 전망이다.[*] 여기에 테슬라 또한 인도시장에 저가형 전기차 공장을 짓는 것을 모디 총리 등과 논의한 것이 발표되면서, 향후 인도는 전 세계 자동차 시장의 공급망에서도 중요한 역할을 담당할 국가로 부상할 가능성이 높다.

---

[*] 최우리, "현대차, 인도공장 100만대 생산체제로… GM 탈레가온 공장 인수", 한겨레, 2023.08.16., www.hani.co.kr/arti/economy/car/1104532.html

세계 3위 경제대국으로 급부상하고 있는 인도경제

지난 10여 년의 세계 경제는 중국의 미국에 대한 도전의 과정으로도 설명될 수 있지만, 인도경제의 도약의 역사라고도 볼 수 있다. 아래 IMF 명목 달러 기준의 전 세계 국가별 GDP 순위를 보면 12위 안에 들어가는 국가 중 지난 10여 년간 순위가 급격히 올라가는 나라는 인도가 유일하다. 또한 현재 미, 중, 일, 독 다음으로 5위인 인도의 경제 규모는 2027년이 되면, 독일과 일본마저 제치고 세계 3위의 경제대국이 될 것으로 IMF는 예측하고 있다.

이러한 IMF의 예측은 현재 격화되는 미중 갈등으로 인한 GVC 조정 효과 등의 반사이익으로 더 빨라질 가능성도 존재한다. 이러한 인도의 전략적 중요성을 고려할 때, 미국은 중국과의 패권 경쟁에서 기존의 역사적 우방인 G7 국가들 이외에 상대 진영으로도 볼 수 있는 브릭스 국가 중에서 인도를 가장 적극적으로 우방국가화할 가능성이 높다. 이러한 적극적 노력의 가장 큰 수단은 인도에 대한 미국과 서방 국가들의 투자 확대를 통한 교역 확대가 될 것이다. 즉 자국의 다국적 기업의 제조업이나 서비스업의 밸류체인을 인도를 중심으로 구축하도록 지원하는 통상적, 외교적 노력을 집중할 가능성이 높다. 이는 최근 인도에 대한 미국의 직접 투자가 급증하면서, 대인도 투자국 중 압도적 1위 국가로 올라간 것에서 확인된다. 중국과 러시아 등 나머지 브릭스 국가들 또한 인도를 자기편에 가깝게 유도하기 위해 투자나 자원 교역 등에서 인도에 대한 우호적 전략을 적극적으로 추진할 가능성이 높다. 이처럼 앞으로 10여 년 동안 인도는 작게는 미국과 중국 간의 패권 경쟁, 크게는 G7 국가와 인도를 제외한 나머지 브릭스 국가들 사이의 패권 경쟁에서 가장 강력한 캐스팅보터 역할을 수행할 역량과 기회를 갖고 고도성장을 이어갈 것으로 전망된다. 미국 내 빅테크기업의 최고경영자의 상당수가 인도인이며, 영국 총리 또한 인도인이 된 것은 이러한 잠재력의 불길을 더욱 타오르게 할 기름이 될 것이다.

표 9 국가별 연도별 GDP 규모 순위(명목 USD 기준)

국가	2011	2012	2013	2014	2015	2016	2017	2018	2019	2020	2021	2022	2023	2024	2025	2026	2027	2028
미국	1	1	1	1	1	1	1	1	1	1	1	1	1	1	1	1	1	1
중국	2	2	2	2	2	2	2	2	2	2	2	2	2	2	2	2	2	2
인도	10	11	10	10	7	7	6	7	6	6	5	5	5	5	5	5	3	3
일본	3	3	3	3	3	3	3	3	3	3	3	3	3	3	3	3	4	4
독일	4	4	4	4	4	4	4	4	4	4	4	4	4	4	4	4	5	5
영국	6	5	6	5	5	5	5	5	5	5	6	6	6	6	6	6	6	6
프랑스	5	6	5	6	6	6	7	6	7	7	7	7	7	7	7	7	7	7
브라질	7	7	7	7	9	9	8	9	9	12	11	10	9	8	8	8	8	8
캐나다	11	10	11	11	10	10	10	11	10	9	9	9	10	10	9	9	9	9
이탈리아	8	9	8	8	8	8	9	8	8	8	10	8	8	9	10	10	10	10
러시아	9	8	9	9	12	12	12	12	11	11	10	8	11	11	11	11	11	11
대한민국	14	14	13	12	11	11	11	10	12	10	11	13	12	12	12	12	12	12

자료 : IMF WEO DB(2023년 4월 기준)을 활용한 저자의 작성

2024 한국경제 대전망

한국도 인도 중심의 GVC 전환 기회를 활용해 G8 국가로 도약

　인도는 1991년 외환위기를 겪은 후 시장경제 전환과 대외 개방을 통해 세계 경제 편입을 시도했으나, 지나친 민주주의라는 대내적인 복잡한 문제로 인프라 구축과 산업화의 고도성장기 진입에 들어오지 못하면서, 중국과 비슷한 인구 대국임에도 불구하고, 1인당 GDP 2,000달러 내외의 저소득 국가 시절을 20년 넘게 지속해 왔다.

　이러한 인도경제에 여타 개도국의 개발독재와도 같은 기간이 시작된 것은 2014년 모디 정부의 출범 이후라 할 수 있다. 힌두 원리주의로 다소 과격하다는 비판을 받고 있지만 구자라트 주지사 경력과 성과를 토대로 인도 전체 국민의 경제발전 열망을 토대로 선출된 모디 정부는 지난 10년간 국민 전체를 위한 국가의 기초가 되는 인도경제의 제조업 중심 성장의 성과를 보여준 것으로 평가된다. 이러한 제조업 중심 성장의 핵심 전략은 중국, 동남아 등 다른 모든 국가들이 보여준 바와 같이 외국인 직접투자 유치를 통한 GVC에 대한 편입과 고도화 전략이었고, 각종 제조 연계 인센티브Product-Linked Incentive, PLI 제도나 부가가치세 개혁 등 내부적인 제도개혁과 외교적 노력을 통해 달성해 오고 있다. 이러한 노력의 결과 항상 열악한 사업환경으로 유명했던 인도가 세계 제조업 리스크지수World Manufacturing Risk Index에서 세계 2위의 제조업하기 좋은 국가로 선정되기도 했다.

최근 연간 20%가량 급성장하며, 1천 억 달러에 육박하는 대인도 연간 FDI 규모는 인도경제가 과거와는 다른 새로운 국면에 접어들었음을 보여주는 여러 지표들 중 하나라 할 수 있다. 연간 FDI 증가 금액은 2013~14년과 2014~15년에는 각각 280억 달러와 450억 달러로 500억 달러를 넘지 못하다가, 2021~22년과 2022~23년에는 820억 달러와 710억 달러로 증가해 천 억 달러 대를 바라보고 있다. 이러한 대인도 FDI의 증가에 가장 기여한 국가는 미국이다.

이러한 상황에서 다양성 존중이라는 세계 최고의 역사적 전통 속에서 중국과 달리 내국 기업과 해외 기업 간 차별이 심하지 않은 인도의 국민적 정서는 여러 물리적 제약 조건이 해소되어가는 최근의 상황 속에서 한국 등 다국적 기업들의 최고의 사업 대상지가 될 가능성이 높다. 따라서 최근 세계 경제 모든 국가들에서 위기의 경고음 일색인 경제 상황과 이러한 위기의 연속으로 예측되는 2024년의 상황에서 인도에 대한 투자와 경제성장의 성과는 더 돋보일 가능성이 높아 보인다. 세계 경제의 패권 경쟁이 격렬할 것으로 예상되는 2024년 경제 상황에서 한국의 G8 진입 전략 또한 인도와의 경제협력 확대에서 그 길을 찾을 수 있을 것으로 보인다.

05
중국정점론Peak China 평가*

지만수

한국금융연구원 선임연구위원

 팬데믹 봉쇄 해제에 따른 강력한 반등이 나타날 것이라는 기대와 달리, 2023년 중국경제는 강한 회복력을 보여주지 못했다. 소비, 투자, 수출이 모두 기대보다 부진한 가운데, 이러한 부진이 일시적인 것이 아니라, 중국이 안고 있는 구조적인 성장 둔화 요인들이 본격적으로 작동하기 시작했기 때문이라는 평가도 나온다. 중국경제가 다양한 구조적 요인들 때문에 장기적인 둔화 국면에 들어섰으며 2024년에도 극적인 회복을 보여주

---

* 하나금융그룹, 하나가득 2023-08 vol. 153에 기고한 "피크차이나, 파티는 정말 끝났을까" 제하의 글을 수정 보완하였음.

기는 어렵다는 것이다. 이른바 중국정점론이다.

이 중국정점론은 단지 경제적 관측에 그치는 것이 아니라 중요한 지정학적 함의를 가질 수 있다. 즉 Peak China가 현실화 된다면 중국의 경제 규모가 가까운 시일 내에 미국을 추월하여 세계 1위의 자리에 오를 수 있다는 지정학적 전망도 수정되어 야 한다는 것이다. 실제로 미국 재무장관 재닛 옐런Janet Yellen은 2023년 4월 20일 미중 관계에 관한 연설에서 중국의 장기 성장 률이 떨어지고 있다는 판단을 이례적으로 강조한 바 있다. 또 G7 정상회의에서 선진국들이 중국을 견제하는 공동전선을 구 축하는 논의를 하던 무렵인 2023년 5월 14일 〈이코노미스트〉는 이 중국정점론을 표지 기사로 다루기도 했다.

중국위협론과 중국정점론

그런데 지난 수년간 유행했던 담론은 중국정점론이 아니라 중국위협론이었다. 중국경세가 빠르게 성장하고 산업이 고도화 되고 국제적 영향력이 커지고 있는데, 이것이 결국 기존 패권국 인 미국의 지위를 위협할 뿐 아니라 다른 선진국들이 존중하는 가치, 이익, 안보를 위협할 것이라는 얘기가 바로 중국위협론이 었다. 그리고 이러한 인식을 바탕으로 중국의 부상을 견제하는 동맹을 구축해야 한다는 논의와 움직임이 지난 몇 년간 이어졌다.

그런데 이제는 중국의 성장이 한계에 직면해 성장률이 하락할 것이며, 장기적으로도 미국의 지위를 위협하지 못할 것이라는 중국정점론이 등장하고 있다. 그런데 중국정점론이 중국의 부상이 한계에 직면했다는 얘기라면, 그것은 중국의 빠른 경제적 부상이 기존의 경제 질서를 위협한다는 중국위협론과는 방향이 다른 얘기이다. 한편으로는 중국의 위협을 강조하면서 한편으로 중국의 쇠락을 점치는 모순적인 상황이 벌어지는 것이다.

과거의 중국위협론이든 최근 등장한 중국정점론이든 모두 객관적이고 경제적인 분석을 통해 나온 얘기라고 보기는 어렵다. 오히려 특정 시점의 지정학적이고 전략적인 필요성 때문에 등장하고 활용되는 개념들이라고 보인다. 이를테면 2023년 5월 G7 정상회담 등을 계기로 그동안 미국이 중심이 되어 구축해온 선진국 그룹의 중국 견제를 위한 동맹구조가 대체로 완료되었다고 볼 수 있는데, 이 시점에서 이 동맹을 통해 중국의 부상을 억제하는 데 성공할 것이고 중국의 부상은 한계에 직면할 것이라는 서사를 제공함으로써 동맹의 결속을 강화하려는 얘기일 수도 있다는 것이다. 수십 년 동안 거듭되어 온 중국붕괴론의 2023년 버전쯤 되는 셈이기도 하다.

중국의 성장률 둔화

중국정점론이 어떤 의도를 담고 있건 간에, 중국의 성장률이 장기적으로 둔화되고 있다는 것은 객관적인 사실이다. 그리고 이러한 둔화가 지속될 것으로 보이는 다양한 구조적 요인들도 존재한다.

우선 인구구조가 변하고 있다. 중국 인구 중 생산가능인구가 차지하는 비중이 2010년부터 빠르게 감소하고 있다. 2021년과 2022년 사이에도 생산가능인구가 670만 명이나 감소했다. 이에 따라 그동안에는 투입 가능한 노동력이 늘어나면서 자연적으로 잠재성장률이 높아지는 이른바 인구보너스를 누려왔다면, 이제는 그 보너스가 사라지고 오히려 인구구조의 변화가 잠재성장률을 낮추는 압력으로 작동한다.

미중 갈등이나 주요 선진국이 도입하고 있는 다양한 방식의 중국에 대한 제재 조치 및 이른바 디리스킹 움직임도 중국의 경제성장을 둔화시킨다. 중국기업들이 선진국의 기술기업을 M&A하면서 관련 첨단기술을 흡수하고 자국 산업을 고도화하던 방식은 각국이 외국인투자심사제도를 잇따라 도입하면서 활용하기 어렵게 되었다. 선진국 기업의 중국에 대한 투자를 제한하는 방안도 논의되고 있다. 미국, 일본, 네덜란드 등이 실시하고 있는 반도체 장비에 대한 수출제한도 중국 반도체 산업의 발전과 관련 투자를 지연시키고 있다. 중국산 배터리의 사용을 제한하는 미국의 각종 조치(IRA 등)도 마찬가지이다. 나아가 미중 갈등에 따른 지정학적 위험이 부각되면서 중국산 제품에 대한 의존을 줄이고 수입선을 다변화하려는 움직임도 나타나고 있다. 이런 조치들은 당장 중국의 수출과 투자에 악영향을 줄 뿐 아니라, 장기적인 산업고도화 또한 지연시킬 수 있다.

또 중국정부가 중국의 길, 또는 중국식 현대화라는 이름으로 국가주도적 경제체제를 강화하고 있는데, 이 역시 민간기업의 투자심리를 약화시키고 있다. 팬데믹 봉쇄 해제 이후에도 민간투자 둔화가 계속되고 있는 현실이 이를 뒷받침한다. 지난 7월 14일에 중국정부가 '민영경제발전 촉진을 위한 의견'을 발표하는 등 민간기업의 투자심리를 회복시키기 위해 뒤늦게 나서고 있으나 실제 과거 경제성장을 최우선 목표로 삼던 시기 수준의 투자심리를 회복할 수 있을지는 미지수이다.

장기적 시스템 안정과 이를 위한 구조조정을 중시하는 정책기조도 성장에는 유리하게 작동하지 않는다. 최근 관심의 초점이 되고 있는 부동산시장의 경우, 중국정부는 부동산기업의 과도한 부채를 줄이기 위한 구조조정 고삐를 늦추지 않고 있다. 비구이위앤碧桂園, 헝다恒大나 완다萬達 같은 대형 기업들도 그 칼날을 피하지 못하고 있다. 동시에 중국이 이미 주택 수요의 정점에 도달했다는 인식하에 투기적 수요를 억제하고 실수요 및 리노베이션 수요에 대응하는 것을 중심으로 부동산시장을 재편하려는 의지도 강하다. 즉 과거처럼 부동산 붐을 통해 성장을 촉진했던 방식이 재현되기는 어렵다.

실제로 2010년 이후 중국의 경제성장률은 3년마다 1%p 하락하는 속도로 둔화되어 왔다. 이러한 둔화 추세를 되돌릴 계기를 찾기는 어려운 반면, 성장을 둔화시킬 수 있는 요인들은 늘어나고 있다. 만일 중국의 성장둔화 추세가 지속된다면 2030년 이후에는 중국의 성장률이 2%대까지 떨어지면서 미국과 비슷해진다. 이 경우 중국의 GDP는 2030년경 미국의 90% 선에 도달한 이후 더 이상 경제 규모의 격차를 줄이기 어려울 수도 있다. 장기적인 성장둔화가 미국 대비 중국 경제 규모의 정점을 만드는 것이다. 경제성장의 둔화로 인해 지정학적인 추격의 한계에 도달하는 중국정점론이 현실화된다고 해석할 수도 있다. 미중 갈등 과정에서 '시간은 중국 편이다'라고 믿는 중국인들의 통념도 깨지게 된다.

▌ 피크는 실패도, 붕괴도 아니다.

이처럼 중국의 성장둔화는 현실이다. Peak China도 현실화될 수 있다. 그렇지만 그것이 중국경제의 실패를 의미하는 것도, 중국경제의 붕괴로 이어지는 것도 아니다. 다만 이제 중국경제도 미국, EU, 일본 등 거대경제 국가들과 유사한 발전 단계로 접어들면서 고도성장 시기를 끝내고 정상화된다고 보는 것이 더 정확하다.

그동안 중국의 경제 규모가 빠르게 커졌기 때문에 2023년 5% 성장이 주는 경제적 효과는 예전의 10% 성장이 주는 경제적 효과만큼이나 크다. 또 중국은 세계 최대의 제조업국이자 수출국이다. 2021년 제조업 부가가치는 중국이 4.86조 달러, 미국이 2.5조 달러로 중국의 미국의 두 배 수준이다. 세계의 공장으로서뿐 아니라 세계의 시장으로서의 지위에서도 마찬가지다. 2020년부터는 중국 수입시장(홍콩 포함)의 규모가 미국을 제치고 세계 1위가 되었다. 대표적인 내수시장 지표인 자동차 판매량에서도 2022년 중국은 2,356만 대, 미국은 1,369만 대이다. 글로벌 500대 기업 안에 들어가는 기업의 수도 중국이 145개로 미국(124개, 2022년)을 앞서고 있다.

즉 중국의 성장이 둔화되어 10년쯤 뒤면 2%대로 주저앉고, 미국의 90% 언저리에서 성장의 정점에 도달한다고 해도, 그것이 결코 중국에 무슨 큰 문제가 생긴다는 얘기는 아니다. 오히려 미국이나 EU 같은 경제가 하나 더 생긴다는 얘기일 뿐이다. 그 지정학적 의미도 마찬가지다. 미중 어느 일방이 다른 일방을 굴복시키는 결과는 나타나기 어렵다. 경쟁하고 갈등하면서 공존하고 이익을 나누는 질서가 만들어질 가능성이 더 크다. 결국 미국과 중국이 각각 세계에 얼마나 새로운 제품, 기술, 시장, 기회를 제공하느냐에 따라 그 경쟁의 결과가 판가름 나게 될 것이다.

중국정점론, 시대의 변수

한편 중국의 고속, 중속 성장마저 둔화되고 장기적으로 미국 등 선진국의 성장률로 수렴한다고 할 때, 미중 간의 경제 규모 격차는 앞으로는 성장률보다 환율의 변화에 따라 결정될 가능성이 크다. 장기적으로 환율은 경상수지뿐 아니라 거시경제 및 금융의 장기적 안정성이나 안보 및 군사적 측면을 포함한 더 복합적이고 근본적인 요인들에 의해 결정된다. 중국이 부채와 부동산 등 거시적 불안 요인을 안정적으로 관리할 수 있을 것인가, 그리고 금융시장을 질서 있게 개방할 수 있을 것인가 등은 중요한 경제적 과제일 뿐 아니라 미중 간의 지정학적 경쟁에서도 중요한 변수가 된다.

다른 하나의 변수는 중국의 자체적인 혁신 및 산업고도화 능력이다. 앞으로 중국이 과거처럼 GVC을 활용해 해외의 선진 기술, 장비, 투자를 자유롭게 활용할 수 있을지는 미지수이다. 그렇다면 자체적으로 반도체 장비의 병목을 해결하는 등 성장과 고도화를 뒷받침할 혁신 능력을 유지할 수 있을 것이냐가 점점 더 중요해진다. 중국은 2021년 이후 이른바 국내대순환 전략이라는 이름으로 중국 내에서 고급 제품 및 기술에 대한 수요와 공급 사이의 선순환을 만들어 내겠다는 새로운 산업정책 방향을 제시하고 있다. 고속철도, 전기차, 배터리, 태양광, 풍력, 플랫폼 등에서는 이미 이러한 선순환의 성공 사례가 만들어진

바 있다. 국내대순환 전략이란 이처럼 정부주도적인 시장 창출을 통해 기술과 산업의 발전을 촉진하는 사례를 더 많은 분야와 업종에서 만들어 내겠다는 것이다.

그런 의미에서 이미 현실화되고 있는 Peak China 시기 중국 경제의 관건은 과거처럼 높은 성장률을 유지하는 데 있는 것이 아니라, 거시경제적 안정과 지속적인 혁신모델을 창출하는 데 있다. 안정과 혁신이야말로 Peak China 시대 지정학적 경쟁의 관건이라는 얘기이기도 하다.

06

2024년 한국경제, 반도체·중국·가계부채가 관건이다

이동진

———

상명대학교 경제금융학부 교수

2023년 우리 경제는 기대보다 큰 폭의 경기침체를 경험하고 있다. 당초 정부와 한국은행, KDI 등 주요 기관은 2023년 우리 경제가 상반기 침체 후 하반기에 빠르게 회복되는 상저하고의 형태를 띨 것으로 전망하였으나 현재까지의 진행 상황을 보면 하반기 빠른 회복은 현실적으로 어려울 것으로 보인다. 일부 기관에서는 경기 저점을 지나고 있다고 하였으나 단언하기에는 아직은 섣부르다. 악화되었던 경상수지가 조금씩 나아지고 있기는 하나 2분기 GDP 통계를 보면 소비의 개선 속도가 생각보다 더디고 아직 건설투자 역시 아직까지는 회복의 기미가 보이지 않고 있다.

그동안 급등하였던 물가는 2023년 중반을 정점으로 공급망 교란 완화에 따른 원자재가격 하락, 주택가격 하락 등으로 진정세를 보이고 있다. 다만 물가 자체가 경직적인 특징을 가지고 있는 데다 팬데믹으로 묶였던 소비 심리 회복으로 서비스 물가가 상승세를 지속하고 있어 물가 안정화 속도는 2024년에도 더딜 것으로 전망된다.

제조업 중심으로 침체되었던 실물경기와 달리 고용의 경우 팬데믹 시기 움츠러들었던 대면 소비의 개선 효과로 서비스 업종을 중심으로 회복세가 지속되고 있다. 다만 경기에 시차를 두고 반응하는 고용의 특성상 제조업의 부진이 2024년까지 이어질 경우 고용 역시 충격을 받을 수밖에 없다.

결국 2024년의 관건은 경기침체로부터 회복될 수 있을 것인가, 그리고 회복된다면 얼마나 빠른 속도로 회복될 것인가이다. 최근 주요 기관들의 전망을 보면 2024년 우리 경제의 성장 속도는 잠재성장률로 표현되는 장기평균 수준에 이를 수 있을 것으로 보고 있다. 이와 관련해서는 다음의 세 가지 측면이 중요한 결정 요인으로 작용할 것이다. 첫째는 세계 경기 및 반도체 경기의 회복 속도이다. 둘째는 우리의 최대 교역국인 중국의 경기회복 여부 및 한중 관계의 개선 여부이다. 마지막으로 세 번째는 가계부채 문제이다. 수요 측면에서 본다면 경제성장은 소비, 투자와 순수출(수출-수입)에 의해 결정된다. 첫 번째와 두 번째 요인은 수출과 관련된 것이며 세 번째 요인은 주로 소비와 관련이 된다. 투자는 수출과 소비가 개선된다면 그에 따라 증가할 것이다.

│ 세계 경기 및 반도체 경기

2023년 경기침체의 주요인은 역시 수출 부진이었다. 우리나라 GDP에서 수출이 차지하는 비중은 55% 내외로 11%의 미국 등 주요국에 비해 크게 높을 뿐만 아니라 우리와 같은 수출 주도형 국가인 독일(49%)과 비교하여도 높은 수준이다. 수출이라는 것은 세계 각국에서 우리가 만든 재화와 서비스를 구입하는 것을 의미한다. 따라서 우리의 수출 수요자인 세계 경제가 얼마나 빠른 속도로 회복되는가에 따라 우리의 경기회복 속도도 결정될 것이다. IMF와 World Bank 등 해외 기관은 2024년도에도 세계 경제 성장이 2023년과 유사한 수준(3.0%, IMF)에 그칠 것으로 전망하고 있다. 이는 2024년에도 세계 경제가 장기평균 수준을 하회하는 부진이 지속될 가능성이 높음을 의미한다. 주요국 중앙은행들의 금리 인상이 1년 이상의 시차를 두고 실물경제에 영향을 미치는 데다 SVB, CS은행 사태 등에서 볼 수 있듯이 금융시장의 시스템 리스크 가능성이 여전히 상존하고 있다. 게다가 러-우 전쟁, 미중 갈등 등 국제분쟁이 심화될 가능성이 여전하여 2024년 경기 반등은 어렵다는 것이 현재의 평가이다. 우리나라의 주요 수출국인 중국, 미국, 아세안, 일본 등의 2024년 전망도 미국을 제외하곤 전년보다 개선될 것으로 평가되고 있지 않다.

한편 우리 산업에서 가장 큰 비중을 차지했던 반도체 경기는 긍정적 전망과 부정적 전망이 교차하고 있다. 당초 지난해 말 저점을 통과하며 2023년에는 경기가 회복세로 돌아설 것으로 전망되었으나 저점이 계속 지연되면서 마이너스 전망이 확실시되고 있다. 다만 반도체 재고가 감소세로 돌아서기 시작한 데다 시차를 두고 감소 속도가 가속화될 가능성이 높아 2024년에는 회복 국면으로 접어들 것으로 전망된다. 다만 회복 속도는 세계 경기, 미국 등 글로벌 데이터 센터의 구조적 수요 등에 따라 달라질 것으로 보인다.

우리 경제가 장기평균 수준의 성장을 이룰 수 있을지를 2024년의 세계 경제를 기준으로 평가할 때 하방리스크, 즉 평균 수준을 하회할 가능성이 크다고 판단된다. 다만 반도체 부문의 경기회복 속도가 관건이 될 것이다. 과거 반도체 슈퍼 호황기였던 2017년의 경우에도 반도체 경기회복 속도가 기대를 크게 웃돌면서 3년 만에 3%대 성장률을 회복한 사례가 있음을 참고할 필요가 있다.

중국의 경기 위축과 대중 외교

중국은 우리나라의 최대 교역국이다. 몇 년 전만 해도 우리나라 전체 수출의 1/4 이상을 중국이 차지할 정도로 수출에서 대중 의존도는 매우 크다. 우리나라 경제에서 수출이 차지하는 비중을 고려할 때 중국과의 교역이 우리 경제에 미치는 영향은 무시할 수 없다. 그러나 작년부터 이어져 온 중국의 경기 부진과 한중 관계 악화로 무역 비중은 크게 감소하고 있고 이는 최근 경상수지가 감소하는 가장 큰 원인이 되고 있다. 2023년 1월부터 6월까지의 무역수지는 작년 같은 기간 대비 160억 달러나 감소하였는데 중국과의 무역수지 감소 규모는 그보다 더 큰 176억 달러이니 2023년 무역수지의 감소는 모두 중국과의 교역에서 비롯되었다고 보는 것이 맞을 것이다. 이처럼 대중 교역이 크게 위축된 이유는 여러 가지가 있다. 우선 중국의 경기개선이 매우 더디다는 점이다. 지난해 12월 중국이 기나긴 봉쇄를 마치고 리오프닝을 선언할 때에만 해도 중국의 경제가 빨리 정상화되고 우리 수출과 대중 관광 수요도 크게 개선될 것이라는 기대가 있었다. 그러나 실제 중국경제의 정상화는 예상과는 달리 매우 더디게 진행되고 있다. 부동산시장이 크게 위축되고 지방 정부의 부채 문제가 표면화되면서 내수 반등의 걸림돌로 작용하고 있고 미중 갈등 등으로 교역 역시 빠르게 개선되지 않고 있다. 2023년에는 중국 정부의 적극적인 재정, 통화정책으로 어느 정도 성장률을 끌어올렸으나 대부분의 기관들은 2024년 성장률이 전년을 밑돌 것으로 전망하고 있다.

중국과의 교역이 악화되는 둘째 이유는 대중 관계의 악화이다. 전통적으로 중국은 정치와 경제를 분리해오지 않았다. 또한 사회주의 제도의 특성상 경제 분야에서 정치적 영향력이 클 수밖에 없다. 대표적인 것이 흔히 달라이 라마 효과라고 불리는 것이다. 중국과의 독립 갈등을 겪고 있는 티베트의 수장인 달라이 라마를 초청하는 국가에 대해서 중국 정부가 무역 보복을 취해 왔다는 것이다. 저명한 학술지에 게재된 연구에 따르면 달라이 라마 방문에 따른 무역 보복으로 상대국들의 대중 수출이 평균 17% 감소하였다고 하니 중국과의 정치적 갈등이 경제에 미치는 영향은 무시할 수 없는 수준이다. 우리나라는 윤석열 정부 들어 한미일 동맹 강화가 외교의 기본전략으로 자리잡으면서 미국과 정치 경제적 대립 상태에 있는 중국과의 갈등이 심화되고 있다. 최근 중국은 미국과의 관계 개선에 다소 노력하는 방향으로 전환하는 징후가 보이나 우리나라에 대해서는 대만 영토 관련 발언 등으로 인해 갈등을 봉합하지 않는 이중전략을 취하고 있다는 분석이 나오고 있어 대중 갈등이 단기간에 봉합되기는 어려울 것으로 보인다.

중국의 더딘 경제회복과 대중 외교 회복 지연을 종합할 때 대중 무역이 2024년 중 빠른 속도로 개선되기는 쉽지 않을 것 같다. 반도체 경기가 개선될 경우 과거 반도체 수출의 40%를 담당했던 중국과의 교역은 전년보다 개선될 것이다. 그러나 이미 중국의 반도체 자립화가 어느 정도 진행되고 있는데다 미국 IRA를 고려할 때 과거와 같은 수준으로의 성장을 기대하기는 힘들다. 따라서 대중국 교역 문제는 2024년 우리 경제의 하방 리스크로 작용할 전망이다.

│ 가계부채

흔히들 가계부채 문제를 금융 리스크 문제로 이야기한다. 그리하여 가계부채 문제도 단순히 금융 시스템 리스크로 갈 것인가, 말 것인가의 문제에 집중하곤 한다. 이에 따라 정부의 입장은 국내 은행들의 건전성이 우수하여 당장의 시스템 리스크 가능성은 매우 적어 크게 걱정할 필요가 없다는 것이다. 그러나 과도한 가계부채 문제는 금융 시스템으로 악화되지 않는다 하더라도 그 자체로 실물경제에 심각한 문제를 야기할 수 있다.

한 나라의 GDP 중 가장 큰 비중을 차지하는 것은 소비이다. 미국과 같은 선진국의 경우 소비가 차지하는 비중은 전체 GDP의 80%를 넘어서며 수출주도형 산업구조인 우리나라에서도 65%를 차지한다. 그중에서도 가계 소비가 중요하다. 가계 소비를 결정하는 요인들은 여러 가지가 있으나 대표적인 것이 현재와 미래의 처분가능소득이다. 전체 소득 중에서 세금이나 이자 등 필수적으로 지출해야 하는 것을 제외한 것으로 한마디로 가계가 소비할 수 있는 소득 수준을 의미한다. 가처분 소득이 많을수록 소비할 여력이 생기고 당장의 가처분 소득이 적더라도 가처분 소득이 늘어날 것이 예상된다면 이 역시 소비를 늘일수 있다. 적당한 가계부채는 가계의 일시적인 자금 부족 문제를 완화시켜 소비에 긍정적 영향을 미칠 수 있으나 너무 많은 가계부채는 원리금 상환 압박 때문에 현재와 미래의 가처분 소득을 감소시켜 결국 소비를 크게 위축시키는 문제가 있다.

우리나라의 가계부채는 세계적으로 가장 심각한 수준이다. 일반적으로 가계부채 수준이 적절한지를 판단할 때 소득 대비 부채 수준을 보게 되는데 나라 경제에서는 명목 GDP 대비 총 가계부채의 비율(이하 가계부채 비율)을 보는 것이 일반적이다. 국제결제은행BIS에 따르면 우리나라의 가계부채 비율은 2022년 말 기준 105%로 43개국 중 호주와 스위스에 이어 세 번째로 높은 수준이다. 게다가 여기에는 우리나라 고유의 제도인 전세제도가 포함되어 있지 않다. 전세라는 것이 거주권을 대가로 세입자가 집주인에게 대출을 해 주는 것이라고 볼 수 있다. 필자의 추정에 따르면 전세까지 부채에 포함시킨다면 우리나라의 가계부채 비율은 130%를 넘어가 호주, 스위스를 넘어 세계에서 가계부채 문제가 가장 심각한 국가가 된다. 높은 가계부채는 높은 이자 부담을 의미하여 현재의 가처분 소득을 감소시키고 미래에 결국 갚아야 할 돈이므로 부채만큼 미래의 가처분 소득이 감소하는 것이다.

　최근 팬데믹 이후 소비 회복이 우리 경제의 가장 큰 버팀이 되어 주고 있는데 소비마저 침체될 경우 경기침체의 골은 더욱 커질 수밖에 없다. 특히나 부채 수준이 높은 대부분의 나라들이 금리 급등기에 접어들기 전에 가계부채 감축을 의미하는 디레버리징에 접어들었으나 우리나라는 금리 급등에도 가계부채가 축소되지 않아 부채 부담을 더욱 심각해졌다. 과도한 가계부채 문제가 단기간에 해소되기가 어렵다는 점을 감안할 때 2024년도 소비 회복에 부담으로 작용할 전망이다.

｜ 글을 맺으며

　2023년 우리 경제성장률은 2000년 이후 글로벌 금융위기와 팬데믹 위기를 제외하고 가장 낮은 수준을 기록할 것이 확실시된다. 2024년은 전년보다는 개선될 것이나 과거의 위기 상황에서와 같은 반등은 어려울 깃으로 전망된다. 세계 경제 여건이나 대내 여건 모두 성장의 상방리스크보다는 하방리스크가 큰 상황으로 보는 것이 적절하다. 대외 여건은 주어진 것이라 할지라도 대내 여건을 어떻게 극복하는가에 따라 회복 속도는 크게 달라질 것이다. 대내 여건의 극복에는 정부의 적극적인 역할도 중요하다. 재정을 이용한 정부 소비와 정부투자 확대를 통해 유효수요를 증대시키고 경기침체에 희생된 경제주체들에 대한 보호도 강화하여 침체의 충격을 최소화시키는 것이 정부의 역할이겠다. 또한 경기침체는 항상 부정적인 요인만 있는 것이 아니다. 생산성이 낮은 좀비기업들이 퇴출되고 새로운 혁신 기업들이 등장할 수 있는 계기를 만들어 주기도 한다는 점을 고려할 필요가 있다.

경제추격지수로 본 세계 경제와 한국경제: 한국, 일본 추월 지속, 중국의 미국 추격 대폭 감속

신호철 , 이근

한남대학교 경제학과 조교수,
서울대학교 경제학부 석좌교수

│ 추격지수는 무엇인가

1인당 GDP와 그 증가율은 주어진 기간 동안에 한 국가의 경제 성과를 보여주는 지표이나. 그러나 이 두 값으로는 한 국가가 미국의 1인당 소득 대비 몇 퍼센트 수준에 도달했는지 보여주기 어려우며 국가 간 격차가 어느 정도 줄어들고 있는지도 보여주지 못한다. 따라서 최상위 선진국과의 소득 격차 정도와 그 변화를 보여주기 위해서는 두 가지가 필요하다. 첫째, 각국의 1인당 소득이 최상위 국가와 얼마나 차이가 나는지를 보여주어야 한다. 둘째, 그 차이가 어느 정도 줄거나 확대되었는지 변화율을 보여주어야 한다. 이를 반영한 지표가 추격지수와 추격속도지수다.

한편, 각국의 경제 성과를 평가하는 데 있어서 소득 수준의 차이에 추가하여 그 나라의 상대적 경제 규모도 중요하다. 1인당 소득으로 표현되는 소득 수준은 한 국가 내 국민 개개인의 후생 수준을 대표한다. 반면 전 세계 총생산 대비 각국의 경상 GDP가 차지하는 비중으로 표현되는 각국의 경제 규모는 해당 국가의 경제적 위상, 즉 경제력을 대표한다. 1인당 소득 수준뿐만 아니라 국가의 경제력도 함께 고려하는 것이 국가의 경제 성과를 설명하는 데 보다 적절하다.

경제추격연구소에서 개발한 추격지수catch-up index는 1인당 소득 수준 이외에도 경제 규모를 기초로 해서 전 세계에서 경제 비중이 가장 큰 나라인 미국 대비 각 나라의 경제 비중과, 그 비중이 얼마나 빠르게 확대되는지를 나타내는 변화율을 모두 지수화해서 국가 성장의 다양한 면모를 다각도에서 정확하게 포착하는 목적을 갖고 있다.

이하에서는 2023년 4월에 발표된 IMF 세계 경제 통계(2023, 2024년 예상치 포함)를 기초로 도출된 추격지수 중심으로 팬데믹 충격 이후 한국과 주요국의 추격-추월-추락에 대해 분석하고 전망하고자 한다.

| 한국경제의 추격과 추월

시장환율을 기준으로 하였을 때 한국의 1인당 소득은 2022년 32,250달러, 2023년 33,393달러로 3.5% 성장하기는 하지만 2021년 34,998달러보다는 낮은 수준을 기록할 전망이다. 그러나 구매력을 고려한 환율(2017년 물가 기준)을 사용했을 때 IMF는 2023년 한국의 1인당 소득은 46,257달러, 2024년에는 47,441달러를 달성할 것으로 전망하였다. 이를 기준으로 했을 때, 추격의 중요한 지표인 미국 대비 1인당 소득 비율은 2023년 70.9%로 70%선을 넘을 것으로 전망된다. 작년 대전망에서 미국 대비 1인당 소득 비율 70%가 장벽으로 작용할 가능성을 언급하였는데, 일단 최근 추세는 70%를 간신히 넘어서고 있으나, 일본도 현재는 70% 밑이지만, 2000년대 초반 70%를 약간 상회한 적은 있어서 (〈그림 22〉 참조) 좀 더 두고 볼 일이다. 특히 2023, 2024년 연속 1%대의 성장을 보인다면 더욱 그렇다. 경상 GDP로 본 세계 경제에서 차지하는 한국경제의 비중은 2020년 세계 10위, 2022년 13위, 2023년 12위 예상으로 등락을 보이고 있다.

일본 추월 지속 그러나 대만과의 격차 확대

그러나 일단 한국은 일본 대비 1인당 소득의 추격 및 추월을 지속하여, 2018년에 일본을 추월한 이후, 2022년 109.6%,

2023년 109.5%로 추월 추세를 지속하고 있다. 반면에, 대만과
의 격차는 점점 확대되고 있다. 2022년 대만은 PPP(구매력평
가) 기준으로 미국 대비 1인당 소득 비율도 90%를 돌파하였고,
2023년에는 91.6%이다. 2002년에는 대만의 1인당 GDP가 한국
에 비해 12% 높은 수준이었으나 팬데믹을 거치며 더욱 증가하
여 2023년에는 대만의 1인당 GDP가 한국보다 30% 정도 더 높

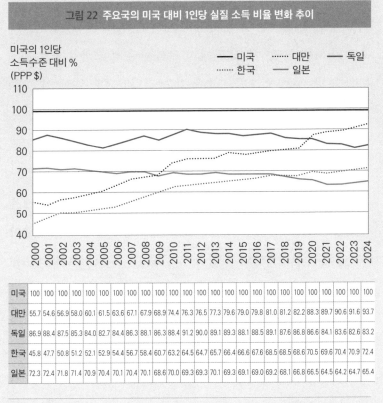

그림 22 **주요국의 미국 대비 1인당 실질 소득 비율 변화 추이**

미국의 1인당
소득수준 대비 %
(PPP $)

— 미국 ···· 대만 — 독일
···· 한국 — 일본

	2000	2001	2002	2003	2004	2005	2006	2007	2008	2009	2010	2011	2012	2013	2014	2015	2016	2017	2018	2019	2020	2021	2022	2023	2024
미국	100	100	100	100	100	100	100	100	100	100	100	100	100	100	100	100	100	100	100	100	100	100	100	100	100
대만	55.7	54.6	56.9	58.0	60.1	61.5	63.6	67.1	67.9	68.9	74.4	76.3	76.5	77.3	79.6	79.0	79.8	81.0	81.2	82.2	88.3	89.7	90.6	91.6	93.7
독일	86.9	88.4	87.5	85.3	84.0	82.7	84.4	86.3	88.1	86.3	88.4	91.2	90.0	89.1	89.3	88.1	88.5	89.1	87.6	86.8	86.6	84.1	83.6	82.6	83.2
한국	45.8	47.7	50.8	51.2	52.1	52.9	54.4	56.7	58.4	60.7	63.2	64.5	64.7	65.7	66.4	66.6	67.6	68.5	68.5	68.6	70.5	69.6	70.4	70.9	72.4
일본	72.3	72.4	71.8	71.4	70.9	70.4	70.1	70.4	70.1	68.6	70.0	69.3	69.3	70.1	69.3	69.1	69.0	69.2	68.1	66.8	66.5	64.5	64.2	64.7	65.4

자료 : 경제추격연구소

다. 다른 각도에서 보면 대만은 2009년에 이미 일본을 추월하였고, 연이어서 영국과 프랑스를 추월한 뒤 2020년에는 팬데믹 대응에 성공하며 성장 모멘텀을 받아 독일까지도 추월하며 한국과의 격차를 벌리고 있는 상황이다.

〈그림 22〉를 보면 대만은 두 차례의 경제 위기 기간인 글로벌 금융위기와 팬데믹 기간에 미국에 대한 추격 속도를 가속화하였다. 이는 경제 위기에 대응하는 대만 기업과 정부의 대응이 성공적이었음을 시사하며 대만 경제가 강한 회복 탄력성을 가지고 있음을 보여준다. 한국경제 역시 두 차례의 위기 기간에 추격 속도를 높였지만 대만에 비해서는 추격 성과가 저조하다. 이에 따라 2023년 대만의 소득수준 추격지수도 사상 최고 순위인 12위를 기록하고 내년에는 11위로 상승할 전망이다.

한국의 1인당 소득, 사상 최초로 영국 추월

1인당 소득 기준으로 한국은 2020년부터 이탈리아경제를 추월한 뒤 2023년에는 사상 최초로 영국경제를 추월할 전망이다. 영국이 산업혁명의 발상지이자 1961년 영국의 1인당 GDP가 한국의 8.1배에 달했다는 것을 감안해 보면 대단한 추격 성과라고 할 수 있다. 2023년 소득수준 추격지수를 보면 한국과 영국, 이탈리아는 각각 24위, 25위, 27위이다. 지난해까지는 영국이 24위, 한국이 25위였으나 올해 순서가 바뀔 전망이다. 역대 최고 순위인 24위를 기록한 한국경제는 바로 앞 23위에 있는 프랑스를 치열하게 추격하고 있다. 브렉시트, 팬데믹, 러-우 전쟁 등으로 타격을 받은 영국과 유럽 경제를 한국이 빠르게 추격하고 있는 상황이다. 2023년 1인당 실질국민소득(2017년 PPP기준) 전망치를 보면 독일, 프랑스, 영국은 각각 53,947달러, 47,988달러, 46,066달러이다. 이에 대해 한국은 46,257달러를 달성할 전망이다. 그러나 한국경제 역시 과거와 같은 빠른 성장은 어렵기 때문에 프랑스 추격은 2027년에나 가능할 것으로 전망된다.

| 경제 규모의 추격

세계 경제에서의 한국 GDP 비중 지속적 하락, 순위는 12위로 한 단계 상승

2022년 한국경제는 원화기준 실질 GDP 성장률이 2.6%로 그리 나쁘지 않았음에도 불구하고 미국발 금리 인상에 따른 환율 상승 효과로 달러 표시 경상 GDP 규모가 2021년 1.81조 달러에서 2022년 1.67조 달러로 감소하였다. 2021년 1,100원대였던 환율이 2022년 9월 1,445원까지 20% 넘게 치솟으면서 한국경제가 상위 100개국 GDP에서 차지하는 비중 역시 2021년 1.9%에서 2022년 1.68%로 하락하여 GDP 비중의 감소율이 11.6%에 달했는데, 이는 외환위기 이후 최대폭의 감소율이다.

이에 따라 2022년 한국경제 규모의 순위는 작년 IMF와 대전망에서 예측한 12위가 아닌 13위로 집계되었는데 우리나라 밑에 있을 것이라고 예상된 호주가 실제로는 우리나라보다 위로 올라갔다.

2023년에는 경기침체 등으로 환율이 1,300원 부근에서 등락하고 있는데 이 추세가 연말까지 유지된다면 2023년에는 다시 호주를 제치고 경제 규모 12위를 탈환할 것으로 예상되며 2024년에도 같은 순위를 유지할 전망이다. 하지만 한국경제의 GDP 비중은 2023년 1.66%, 2024년 1.65%로 예측되어 2%라는 벽을 못 넘고, 2022년과 비슷한 수준에서 유지될 것으로 전망되고 있다. 즉, 한국경제가 2000년대 중반에 달성했던 세계 경제 비중 2%선을 다시 회복하기는커녕 점점 비중이 하락하고 있어, 2%가 강고한 벽이라는 가설이 굳어지고 있음을 시사한다. 특히 저출산·고령화와 인구 감소의 효과가 본격적으로 나타나기 시작한 상황에서 GDP나 생산성 증가율의 극적인 개선 또는 원화 가치의 대폭 상승이 없다면 세계 경제 비중 2%선을 다시 회복하는 것은 어려워 보인다.

2023년 경제 규모 예상 순위는 미국, 중국, 일본, 독일, 인도, 영국, 프랑스, 이탈리아, 캐나다, 브라질, 러시아, 한국 순이다. 한때 한국이 규모 면에서 추월하였던 러시아와 브라질이 다시 한국을 추월하여 각각 10위, 11위를 차지할 전망이다. 2005년만 해도 한국보다 경제 규모가 작던 인도와 브라질은 2028년이

되면 경제 규모 3위와 8위까지 상승할 것이라고 예상되고 있다.

제로 코로나 정책으로 중국의 미국 추격 속도 대폭 둔화

세계 상위 100개 국가의 GDP 합계 대비 미국의 GDP 비중은 2000년대 초반에 30%를 넘었으나, 그 이후 20% 초반 정도까지 추락하였다가 회복하여 2023년에는 25.8%를 차지할 것으로 예상되는데 이는 글로벌 금융위기 이후 가장 높은 수치이다. 한편, 중국의 세계 경제에서의 비중은 2000년 3.6%에서 약 5배 상승하며 2021년 18.6%까지 증가하였으나 2022년에는 고강도 방역 정책인 제로 코로나의 부작용으로 경제 규모 비중이 사상 처음으로 감소하여 18.3%를 기록하였다. 2023년에는 약간 회복하여 다시 18.6%가 예상된다.

미국 대비 중국경제의 크기는 2021년 76.2%였으나, 제로 코로나 정책으로 2022년에는 역사상 유례가 없이 5%P 정도 하락하여, 71.1%를 기록하였다(〈그림 23〉 참조). 즉, 트럼프 이후 미중 갈등에도 불구하고 미국을 계속 추격해오던 추세가 2022년 봉쇄 정책 강화와 1년의 곤란으로 확 꺾인 점이 특이하다. 다만, 2023년에는 추격세를 미약하나마 회복하여 72.1%를 찍을 것으로 예상된다.

이에 따라 중국이 미국을 따라잡는 추세선은 2022년을 기점으로 하방 이동하였다. 즉, 중국의 미국 추월 시점은 10년 이상 늦춰질 수밖에 없다. 즉, 최근 5년간 추세를 보면 2018년

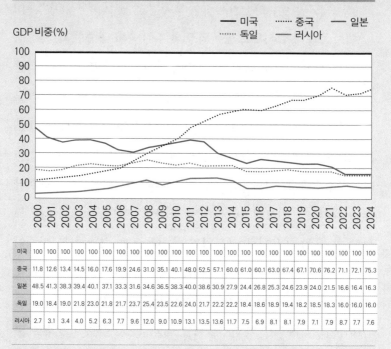

그림 23 중국은 미국을 추월할 것인가: 미국 GDP 대비 중국의 크기

GDP 비중(%)

범례: 미국 / 중국 / 일본 / 독일 / 러시아

	2000	2001	2002	2003	2004	2005	2006	2007	2008	2009	2010	2011	2012	2013	2014	2015	2016	2017	2018	2019	2020	2021	2022	2023	2024
미국	100	100	100	100	100	100	100	100	100	100	100	100	100	100	100	100	100	100	100	100	100	100	100	100	100
중국	11.8	12.6	13.4	14.5	16.0	17.6	19.9	24.6	31.0	35.1	40.1	48.0	52.5	57.1	60.0	61.0	60.1	63.0	67.4	67.1	70.6	76.2	71.1	72.1	75.3
일본	48.5	41.3	38.3	39.4	40.1	37.1	33.3	31.6	34.6	36.5	38.3	40.0	38.6	30.9	27.9	24.4	26.8	25.3	24.6	23.9	24.0	21.5	16.6	16.4	16.3
독일	19.0	18.4	19.0	21.8	23.0	21.8	21.7	23.7	25.4	23.5	22.6	24.0	21.7	22.2	22.2	18.4	18.6	18.9	19.4	18.2	18.5	18.3	16.0	16.0	16.0
러시아	2.7	3.1	3.4	4.0	5.2	6.3	7.7	9.6	12.0	9.0	10.9	13.1	13.5	13.6	11.7	7.5	6.9	8.1	8.1	7.9	7.1	7.9	8.7	7.7	7.6

자료 : 경제추격연구소

67.4%에 비해 2023년까지 4.7%P 증가한 것이다(〈그림 23〉 참조). 따라서 1년에 0.94%P씩 따라잡는다고 가정하면 남은 27.9%P를 중국이 따라잡는 데 대략 앞으로도 30년이 걸린다는 계산이 나온다. 시간을 더 길게 잡아 최근 10년 추세를 보면, 미국 대비 중국 GDP의 상대적 크기가 2013년 57.1%에서 2023년 72.1%로 15%P 증가했으므로 1년에 1.5%P씩 따라잡는다고 보면 남은 27.9%P를 따라잡는 데 19년이 걸린다. 즉 기존의

2035년 예측에 비해 최소 2042년, 최대 2053년으로 약 7~18년 정도 뒤로 늦춰지게 된다. 즉, 중국의 경제 규모가 미국을 추월하는 시점은 예상보다 더 늦어지거나 영원히 불가능할 수도 있지만, 어쨌든 중국경제 크기가 미국에 90%대로 근접하는 즉, 미국과 중국 두 나라의 양강 체제가 유지되는 기간이 상당히 장기간이 될 것이라는 점을 시사한다. 더불어 과학기술, 학문, 문화, 교육 등 소프트파워 측면에서 미국이 앞서 있는 반면 중국이 잠시 추구하였던 소프트파워 전략은 최근 권위주의 통제의 재강화와 주변국과의 갈등 등으로 이제 물 건너간 것으로 볼 수 있어서, 중국이 미국의 대항 세력으로서는 역할을 할 것이나, 경제외적 측면에서까지 영향력을 가지고 존경을 받는 강대국이 되는 것은 요원해 보인다.

다른 측면에서 보면 트럼프 이후 노골적인 미국의 중국 견제 정책이 중국의 경제적 팽창을 저지하는 데까지는 실패하더라도 그 추격 속도를 늦추는 역할을 할 수 있다는 작년 대전망의 예측은 그대로 유효하다고 볼 수 있다. 이에 따라 미국은 앞으로도 지속적으로 반도체, 배터리, 전기차 등 첨단 분야에서 중국을 견제하고 중국을 배제하는 GVC를 구축하는 전략을 지속적으로 추진할 것이고 중국은 이에 대항해 독자적 GVC를 구축하려고 시도할 것이다. 그럼에도 불구하고 중국의 1인당 GDP는 2020년 미국의 27% 수준에서 꾸준히 증가하여 역성장을 보이지 않고, 2024년 미국의 30.4% 수준이 될 것이라고 예측되는

데 이는 중국이 1인당 소득을 기준으로 할 때 중진국 함정에 빠지지 않고 꾸준히 성장해 나갈 가능성은 있음을 시사한다고 볼 수 있다.

| 맺음말: 천하양분 체제의 지속

경제의 추격을 소득수준의 추격과 경제 규모의 추격으로 나누어 본다면 2023년 한국경제는 1인당 소득 기준으로 일본 추월을 지속하고, 사상 최초로 영국을 추월하는 성과를 낼 것으로 예상되지만, 경제 규모 면에서는 기존의 하락세를 회복하지 못한 한 해라고 볼 수 있다. 특히, 원화 가치가 회복되어, 환율이 상당히 떨어지지 않는 한 당분간 어려울 것이고, 이와 같은 추세는 2024년에도 이어질 전망이다.

1인당 소득 면에서 이제 한국경제 추격의 목표는 미국 대비 70%가 아닌 80%로 설정하고 독일 추월을 목표로 해야 하는데, 1%대 성장으로는 이것이 가능할지 불확실하다. 구체적으로, 지난 5년간 추세를 보면 2018년 미국 대비 68.5%에서 2023년 70.9%를 찍어서, 5년간 미국과의 격차를 2%P 줄였는데, 이는 그 이전 5년에 비해서 추격속도가 반으로 떨어진 것이다(2012년 64.7%에서 2017년 68.5%, 즉 5년간 4%P 따라잡음). 즉, 잠재성장률이 5년마다 1%P씩 떨어지는 것이 한국경제의 회색코뿔소형

표 10 주요 15개국 추적지수(2022~2024)

국가	추적지수 지수 2022	2023	2024	추적지수 국가순위 2022	2023	2024	1인당 GDP(2017 PPP int'l$) 2022	2023	2024	소득수준 지수 2022	2023	2024	소득수준 국가순위 2022	2023	2024	경상GDP비중(%) 2022	2023	2024	경제규모 지수 2022	2023	2024	경제규모 국가순위 2022	2023	2024
미국	100.0	100.0	100.0	1	1	1	64,661	65,288	65,546	100.0	100.0	100.0	8	9	9	25.7	25.8	25.5	100.0	100.0	100.0	1	1	1
중국	48.9	50.0	52.2	10	10	10	18,117	19,074	19,945	26.7	27.9	29.1	59	59	57	18.3	18.6	19.2	71.1	72.1	75.2	2	2	2
일본	40.1	40.2	40.5	23	24	24	41,536	42,263	42,894	63.6	64.1	64.8	32	31	31	4.3	4.2	4.2	16.6	16.3	16.2	3	3	3
독일	49.6	49.1	49.4	9	11	11	54,047	53,947	54,521	83.3	82.3	82.9	15	15	15	4.1	4.1	4.1	15.9	15.9	15.9	4	4	4
영국	41.6	40.8	41.0	22	23	23	46,407	46,066	46,293	71.3	70.0	70.1	24	25	25	3.1	3.0	3.1	12.0	11.6	12.0	6	6	6
프랑스	42.1	41.9	42.1	20	19	19	47,788	47,988	48,454	73.4	73.0	73.4	22	23	23	2.8	2.8	2.8	10.9	10.8	10.7	7	7	7
이탈리아	37.6	37.5	37.6	27	28	28	43,910	44,226	44,593	67.3	67.1	67.4	28	27	27	2.0	2.1	2.0	7.8	8.0	7.9	8	8	8
브라질	14.8	14.8	14.9	59	59	60	15,192	15,243	15,384	22.1	21.9	22.0	64	65	65	1.9	2.0	2.0	7.5	7.6	7.8	11	10	9
러시아	25.6	25.0	25.2	44	45	47	28,171	28,418	28,839	42.5	42.5	42.9	48	48	48	2.2	2.0	1.9	8.6	7.6	7.5	8	11	11
한국	38.1	38.3	39.1	25	26	25	45,510	46,257	47,441	69.8	70.3	71.8	25	24	24	1.7	1.7	1.6	6.5	6.3	6.3	13	12	12
멕시코	17.0	17.3	17.3	55	55	55	19,247	19,431	19,574	28.5	28.4	28.5	57	57	58	1.4	1.6	1.6	5.5	5.5	6.1	14	14	13
인도네시아	11.4	11.7	12.2	65	66	64	12,439	12,934	13,465	17.8	18.3	19.0	69	69	67	1.3	1.3	1.4	5.1	5.1	5.3	16	16	16
대만	46.7	47.1	48.2	13	14	13	58,565	59,830	61,386	90.4	91.5	93.5	12	12	11	0.8	0.8	0.8	2.9	2.8	2.9	21	21	21
말레이시아	22.8	23.3	24.0	49	49	49	29,127	30,057	31,042	44.0	45.0	46.3	47	47	47	0.4	0.4	0.4	1.5	1.5	1.6	36	35	35
남아공	10.3	10.0	9.9	69	69	69	13,312	13,126	13,165	19.1	18.6	18.5	67	68	69	0.4	0.4	0.4	1.5	1.4	1.3	38	39	39

* 2023년 이후는 IMF 예상치.

리스크라고 지적되어 왔는데, 이와 병행하여 추격속도도 5년마다 절반으로(50%) 떨어지고 있는 것이다. 이런 추세로 라면 미국 대비 80% 즉, 추가로 10%P를 따라잡는 데 25년이나 걸리고, 2050년 부근에야 가능하다는 계산이 나온다.

한편 경제 규모 측면에서 매년 2~3%P씩 빠른 속도로 미국을 추격하던 중국은 2022년 제로 코로나 정책의 부작용으로 2022년 처음으로 세계 경제에서 차지하는 경제 비중이 축소되는 상황을 맞았고 올해는 이를 겨우 회복하는 수준으로 예상된다. 이에 따라 중국이 미국을 경제 규모 면에서 추월하는 시점도 상당 기간 뒤로 늦춰질 가능성이 있으며, 따라서 2023년 및 그 이후에도 세계 경제는 작년 대전망에서 예측했던 것처럼 천하양분 구도로 흘러갈 가능성이 높으며 특히 러-우 전쟁의 영향 아래 미국-서방 블록과 중국-러시아 블록의 사이 대립과 갈등 위주로 흘러갈 가능성이 높다고 하겠다. 최근 브릭스가 서방의 대안 세력으로서 위상이 상승하고는 있고, 브릭스 4개국의 GDP 합계가 세계 경제에서 차지하는 비중이 29%로 미국의 25%를 추월했지만, G7 국가의 합인 40%와는 아직 격차가 크다. 또한 브릭스 내 국가 간의 일관된 정책 공조는 아직 어려워 보인다. 대표적으로 인도와 중국 간의 갈등이 존재하고, 특히 인도는 미국 주도의 안보 동맹인 Quad의 멤버이면서도, 중국의 주도의 상하이 협력기구sco의 멤버이기도 하다.

저자 소개

류덕현·이근 외 경제추격연구소 편저

대표편저자 소개

류덕현

현 중앙대학교 경제학부 교수이자 경제추격연구소 부소장이다. 동 대학교 교무처장을 역임했으며 국민경제자문회의 거시경제분과위원으로 활동했으며 한국사회과학회장을 지냈다. 미국 라이스대학교에서 경제학 박사학위를 취득했고, 한국조세연구원KIPF의 전문연구위원 및 세수추계팀장을 역임했다. 2012년 한국재정학상을 수상한 바 있다. 재정정책 및 응용 시계열 계량경제학 연구를 주로 하고 있다.

이근

현 서울대학교 경제학부 석좌교수 겸 비교경제연구센터장이고, 경제추격연구소 이사장이다. 캘리포니아 주립대학교(버클리)에서 경제학 박사학위를 취득했고, 국민경제자문회의 부의장, 국제슘페터학회장ISS, UN본부 개발정책위원, 서울대학교 경제연구소장, 세계경제포럼WEF GFC위원, 한국국제경제학회 회장 등을 역임했다. 비서구권 대학 소속 교수로는 최초로 슘페터Schumpeter상을 수상했고, 기술혁신 분야 최고 학술지인 《리서치 폴리시Research Policy》의 공동편집장이다.

박태영

현 한양대학교 경영대 교수이자 기술경영경제학회 부회장이다. KAIST에서 경영학 박사학위를 받았고, KPMG 컨설팅, 전남대학교 MBA, KIST유럽 과학기술국제협력센터 등에서 근무했으며, 국민경제자문회의 혁신경제분과위원으로 활동했다. 관심 연구 주제는 기술혁신전략과 혁신정책이며, 정성연구방법을 주로 활용한다.

오철

현 상명대학교 글로벌경영학과 교수이다. 서울대학교에서 학사, 경제학 석사, 경제학 박사 학위를 취득했고, 보고경제연구원 선임연구위원과 기술보증기금KIBO 자문위원을 역임했다. 한국 재정정책학회 이사, 한국 항공경영학회 이사, 극동방송 운영위원, 프로복싱 트레이너로 활동하고 있으며, 기업과 산업의 기술혁신 등 기술경제학 분야의 연구를 주로 하고 있다. 기술혁신 분야 최고 학술지인 《리서치 폴리시Research Policy》의 Reviewer 이기도 하다.

정무섭

현 동아대학교 국제무역학과 교수이자 국제통상연구소장을 맡고 있다. 서울대학교에서 경제학 박사학위를 받고 삼성경제연구소에서 신흥국 경제와 기업 및 인도경제를 연구했고, 외국인직접투자와 글로벌가치사슬, 지역혁신과 국가균형발전 등을 연구해왔다.

정문영

현 한국기업평가 금융3실 실장으로 국내외 은행과 국가신용등급 평가를 담당하고 있다. 안진회계법인 세무자문본부에서 근무했고, 서울대학교에서 경제학 박사학위를 취득했으며, 한국기업평가에서 석유화학, 저축은행, 할부리스, 국내외 은행 신용평가를 담당한 바 있다. 현재는 사내에서 금리 전망, 중국 국유기업 디폴트, 한국 금융기관의 해외 부동산 대체 투자 등 해외 이슈가 국내기업에 영향을 미치는 사안에 대한 연구도 담당하고 있다.

지만수

현 한국금융연구원 선임연구위원이자 금융지정학연구센터장이며, 경제추격연구소 소장을 맡고 있다. 서울대학교에서 경제학 박사학위를 받고 중국경제, 한중 경제관계, 미중 갈등 등을 연구해왔다. LG경제연구원, 대외경제경책연구원, 동아대학교, 대통령 비서실 등에서 근무했으며 국민경제자문회의 대외경제분과장으로 활동한 바 있다.

개별저자 소개

권혁욱 일본대학교 경제학부 교수

김계환 산업연구원 선임연구위원

김광일 금융위원회 공정시장 과장

김규정 한국투자증권 자산승계연구소장

김득갑 연세대학교 동서문제연구원 교수

김선우 메리츠증권 연구위원

김양희 대구대학교 경제금융학부 교수

김윤지 한국수출입은행 해외경제연구소 수석연구원

김학균 신영증권 리서치센터장

김형우 미국 어번대학교 교수

박복영 경희대학교 국제대학원 교수

박종훈 KBS 기자

신동준 KB증권 WM투자전략본부장, 숭실대 겸임교수, 경제학 박사

신호철 한남대학교 경제학과 조교수

우석진 명지대학교 경제학과, 응용데이터사이언스 교수

유형곤 한국국방기술학회 정책연구센터장

이강국 리쓰메이칸대학교 경제학부 교수

이규용 한국노동연구원 고용정책연구본부장

이동진 상명대학교 경제금융학부 교수

이민우 경기도 투자통상과장

임지선 육군사관학교 경제법학과 교수

정무섭 동아대학교 국제무역학과 교수

조영탁 한밭대학교 경제학과 교수

지만수 한국금융연구원 선임연구위원

최준용 후오비주식회사 대표

하정우 네이버클라우드 AI Innovation 센터장

허준영 서강대학교 경제학부 부교수

KI신서 11216

2024 한국경제 대전망

1판 1쇄 발행 2023년 10월 25일
1판 2쇄 발행 2023년 11월 29일

지은이 류덕현, 이근 외 경제추격연구소
펴낸이 김영곤
펴낸곳 (주)북이십일 21세기북스

콘텐츠개발본부이사 정지은
정보개발팀장 이리현 **정보개발팀** 강문형 이수정 박종수
교정교열 권새미
표지·본문 디자인 푸른나무디자인
출판마케팅영업본부장 한충희
마케팅1팀 남정한 한경화 김신우 강효원
출판영업팀 최명열 김다운 김도연
제작팀 이영민 권경민

출판등록 2000년 5월 6일 제406-2003-061호
주소 (10881) 경기도 파주시 회동길 201(문발동)
대표전화 031-955-2100 **팩스** 031-955-2151 **이메일** book21@book21.co.kr

ⓒ 류덕현, 이근 외 경제추격연구소, 2023
ISBN 979-11-7117-171-2 (03320)

(주)북이십일 경계를 허무는 콘텐츠 리더

21세기북스 채널에서 도서 정보와 다양한 영상자료, 이벤트를 만나세요!

페이스북 facebook.com/jiinpill21   **포스트** post.naver.com/21c_editors
인스타그램 instagram.com/jiinpill21   **홈페이지** www.book21.com
유튜브 youtube.com/book21pub

서울대 **가**지 않아도 들을 수 있는 **명강**의! 〈서가명강〉
'서가명강'에서는 〈서가명강〉과 〈인생명강〉을 함께 만날 수 있습니다.
유튜브, 네이버, 팟캐스트에서 '서가명강'을 검색해보세요!